SNULT 프랑스어 vol. 2

SNULT 프랑스어 vol. 2

초판 1쇄 발행 2019년 12월 26일
초판 3쇄 발행 2024년 12월 20일

편저자 서울대학교 언어교육원

펴낸곳 서울대학교출판문화원
주소 08826 서울 관악구 관악로 1
도서주문 02-889-4424, 02-880-7995
홈페이지 www.snupress.com
페이스북 @snupress1947
인스타그램 @snupress
이메일 snubook@snu.ac.kr
출판등록 제15-3호

ISBN 978-89-521-2041-0 94760
978-89-521-1167-8 (세트)

Seoul National University Language Test

SNULT 프랑스어 vol. 2

서울대학교 언어교육원 편

서울대학교출판문화원

책머리에

서울대학교 언어교육원은 1967년 '국가공인 언어능력 검증기관'으로 선정된 이래, 그동안 국내 최고의 공신력으로 정부기관, 공공기관, 금융기관 및 일반기업에서 직원의 해외파견, 승진, 입사, 각종 교육훈련, 또는 인사고과를 위한 외국어 능력 시험을 시행해 왔습니다. 규모가 작았던 초기에는 해당 언어권의 전문가들에게 개별적으로 출제를 의뢰했지만, 응시 인원이 증가하고 평가 언어가 많아지면서 각 언어 간 유형과 난이도가 표준화된 시험이 필요하게 되었습니다. 이에 서울대학교 언어교육원은 오랜 연구 끝에 SNULT(Seoul National University Language Test)라는 독자적인 외국어 능력 시험을 개발하게 되었습니다. 이후 언어교육원에서는 국내 외국어 교육 환경과 수요자의 요구를 반영하여 SNULT 시험의 공정성과 신뢰성을 높이기 위해 꾸준한 연구와 노력을 거듭해 왔습니다.

그러나 SNULT 시험을 준비하는 수험자들이 참고할 만한 안내서나 문제집이 없어서 불편을 겪었고, 많은 사람들이 SNULT 문제집의 필요성을 제기해 왔습니다. 이번에 서울대학교출판문화원에서 출간되는 SNULT 기출문제집은 시험을 채택하고 있는 여러 기관과 전국 각지에서 SNULT 시험을 준비하고 있는 수험자들의 요청에 부응하여 만들어지게 되었습니다. 그런 의미에서 서울대학교 언어교육원과 서울대학교출판문화원의 공신력을 바탕으로 출간되는 SNULT 기출문제집은 수험자들에게 외국어 능력 시험 대비를 위한 믿음직스러운 길잡이가 되어 줄 것이라 믿습니다.

오늘날 외국어 실력은 개인의 경쟁력 및 국가의 발전과 미래를 결정짓는 중요한 요소가 되었습니다. 세계가 일일생활권이 된 지구촌 국제 무대에서 활동해야 하는 우리 모두에게 외국어 능력은 세계 시민으로서 갖춰야 할 필수적 자질이며, 국가 경쟁력의 척도가 되었습니다. SNULT는 다양한 전문 분야에서 일하고 있는 한국인들의 외국어 능력을 측정하는 국내 최고의 신뢰도와 효율성을 갖춘 시험입니다. 아무쪼록 이 책이 SNULT 시험을 준비하는 모든 사람들에게 큰 도움이 되기를 바랍니다.

2019년 11월

서울대학교 언어교육원장

차례

SNULT란 무엇인가

SNULT(Seoul National University Language Test)는 서울대학교 언어교육원이 출제하고 TEPS관리위원회가 주관하는 국내 최고 권위의 외국어 능력 평가입니다.

SNULT(Seoul National University Language Test)는 서울대학교 언어교육원이 출제하고 TEPS관리위원회가 주관하는 국내 최고 권위의 외국어 능력 평가로 6개 언어(일본어, 중국어, 프랑스어, 독일어, 스페인어, 러시아어)를 평가하고 있습니다.

SNULT는 정부기관·공공기관·금융기관 및 일반기업의 의뢰를 받아 해외파견 요원이나 유학생을 선발할 평가 도구의 필요에 의해 개발되어 1967년부터 기관 대상으로만 시행되다가, 2008년 8월 제1회 SNULT 정기시험부터는 일반인도 응시할 수 있게 되었습니다.

현재 SNULT는 신입사원 선발, 각급 기관·단체의 직원 인사고과 등의 용도로 사용되고 있으며, 최근 공신력 있는 외국어 능력 평가에 대한 요구가 증가하여 시험의 중요성이 강조되고 있습니다.

SNULT는 완벽한 보안 속에서 해당 언어의 박사학위를 소지한 연구원, 원어민, 교수 등 최고의 전문가들이 출제·검토한 후 녹음과 인쇄를 거쳐 시행하고 있으며, 지난 50여 년간의 시험 데이터와 성과를 바탕으로 높은 신뢰도와 타당도를 지니고 있습니다.

SNULT는 6개 외국어 능력을 언어 간의 객관적인 난이도 및 형평성을 고려하여 평가함으로써 언어에 따른 성적 편차를 최대한 줄이도록 고안되었습니다. 외국에서 개발된 언어능력 평가와 비교해도 충분한 경쟁력을 갖추고 있으므로, 수험자들은 SNULT를 통해 자신의 학습 투여 시간에 따른 공정한 평가를 받을 수 있습니다. 또한 응시 절차가 간편하고 경제적인 효율성이 우수합니다.

SNULT 프랑스어 시험이란

프랑스어는 현재 세계 32개국에서 약 3억 명의 사람들이 사용하고 있습니다. 프랑스어는 오래전부터 국제어로서 유엔과 올림픽 등 국제기구와 국제행사에서 영어와 더불어 공식 언어로 사용되고 있습니다. 이에 서울대학교 언어교육원은 프랑스어의 중요성을 일찍부터 인식하고 그동안 프랑스어 언어능력 측정에 많은 관심을 기울여 왔습니다.

SNULT 프랑스어 시험은 국제화 시대에 영어뿐만 아니라 제2외국어에 대해서도 신뢰성 있는 어학능력 평가가 요구됨에 따라 서울대학교 언어교육원에서 개발하기 시작해 결실을 맺은 프랑스어 능력 평가 모델입니다. 시험은 청해(Compréhension de l'oral)와 독해(Compréhension des écrits) 두 영역으로 나뉘어 있으며, 영역당 50문항씩 총 100문항으로 구성되어 있습니다. 청해 영역은 대화 완성, 대화 내용 이해, 담화 내용 이해로 구성되고, 독해 영역은 문법과 어휘, 담화문 빈칸 채우기, 담화문 내용 이해로 세부 영역이 나뉘어 있습니다. 이러한 세부 영역 구성은 최근 외국어 학습과 교수의 방법이 문법과 어휘보다는 청해와 독해를 중심으로 실질적인 의사소통 능력을 중시하는 추세를 반영한 것입니다.

SNULT 프랑스어 시험은 영어의 경우와 달리, 국내의 프랑스어 교육수준이 높지 않다는 점을 십분 고려하여 난이도 조정에 심혈을 기울였습니다. 프랑스어 교육기관이 그다지 많지 않고 원어민과의 접촉 기회도 상대적으로 적은 데다 학습 자료 역시 제한되어 있는 현실에서 영어와 동일한 난이도의 시험을 실시할 수는 없기 때문입니다. 난이도 조정 작업은 이제까지 서울대학교 언어교육원이 주관한 각종 프랑스어 능력 시험 자료 및 그 측정 결과를 근간으로 하여 2001년 발효된 유럽공

통참조기준의 6등급 체계를 참조하여 프랑스어를 전공한 교수와 연구원, 그리고 영어를 비롯한 여러 외국어 전공 교수 및 연구원 등과의 협의를 통해 이루어졌습니다.

SNULT 프랑스어 시험에 대한 수요가 증가하고 점점 더 많은 사람들이 응시하면서 시험 준비에 도움을 줄 수 있는 교재의 필요성이 커짐에 따라 서울대학교 언어교육원에서는 이 문제집을 발간하게 되었습니다. 문제집은 이미 시행된 SNULT 프랑스어 시험에서 프랑스어 학습과 시험 대비에 도움이 될 만한 문항들을 선정하여 구성한 모의 프랑스어 시험 두 세트와 이에 대한 풀이 부분으로 이루어져 있습니다. 풀이 부분에서는 해설과 번역, 참고 등을 가미하여 SNULT 프랑스어 시험에 대한 이해를 높이고 프랑스어 학습에서 꼭 알아야 할 내용을 점검할 수 있도록 했습니다.

본 문제집이 SNULT 프랑스어 시험 준비를 위한 효과적인 길잡이가 되어 줌과 동시에 외국어 교육의 방향성을 밝혀 주는 데에도 크게 이바지할 것으로 기대합니다.

SNULT 구성(프랑스어)

영역	영역별 설명		문항수	시간	배점
청해	Part I	한 문장을 듣고 이어질 대화로 가장 적절한 답 고르기	15	50분	100점
	Part II	짧은 대화를 듣고 이어질 대화르 가장 적절한 답 고르기	15		
	Part III	긴 대화를 듣고 질문에 가장 적절한 답 고르기	10		
	Part IV	담화를 듣고 질문에 가장 적절한 답 고르기	10		
독해	Part I	문법적으로 가장 적절한 답 고르기	10	50분	100점
	Part II	빈칸에 가장 적절한 어휘 고르기	10		
	Part III	지문을 읽고 빈칸에 가장 적절한 답 고르기	15		
	Part IV	지문을 읽고 질문에 가장 적절한 답 고르기	15		
			100	100분	100점

☑ SNULT 프랑스어 시험은 청해와 독허의 두 영역으로 이루어져 있으며, 각각 50문항으로 시험시간은 50분씩 총 100분입니다.

☑ 청해 영역은 정확한 청해력 측정을 위해 듣기로만 진행되며 문제지에 내용이 인쇄되지 않습니다. 청해 영역의 지문과 문제는 2회, 선택지는 1회 들려 드립니다.

약어 일람표

표제어와 함께 쓰이는 요소의 약어

N		명사
	øN	관사가 없는 명사
	qqn	사람을 지칭하는 명사
	qqc	사람이 아닌 것을 지칭하는 명사
inf		부정법 동사

Adj		형용사 또는 이에 상당하는 요소
Adv		부사 또는 이에 상당하는 요소
P		문장
	Psub	접속법 동사로 이루어진 문장
	Pint	간접의문문

품사의 약어

v.	동사			
loc.	구			
n.	명사			
	n.m.	남성명사	n.m.pl.	남성복수명사
	n.f.	여성명사	n.f.pl.	여성복수명사
pn.	대명사			
a.	형용사			
adv.	부사			
prép.	전치사			
int.	감탄사			
conj.	접속사			
rel.	관계사			
m.	명사, 형용사 등의 남성형			
f.	명사, 형용사 등의 여성형			
pl.	명사, 형용사 등의 복수형			
m.pl.	명사, 형용사 등의 남성복수형			
f.pl.	명사, 형용사 등의 여성복수형			

SET 1

청해

독해

Part I

| 문제 1~15 | 다음 문장을 듣고 자연스러운 대화를 이룰 수 있는 가장 적절한 응답을 고르시오.

01

H: Quel est votre prénom ?
F: ______________________

(a) C'est facile.
(b) C'est Cécile.
(c) C'est bien moi.
(d) C'est madame Dupont.

| 해설 | 이름, 좀 더 정확하게 말하면 성을 제외한 이름인 « prénom »을 묻고 있다. 성과 이름을 모두 알고자 할 때는 « Quel est votre nom ? »으로 묻는다. 따라서 정답은 (b)이다.

번역

남: 당신의 이름은 무엇입니까?
여: ______________

(a) 쉬워요.
(b) 세실입니다.
(c) 바로 저예요.
(d) 뒤퐁 부인입니다.

참고

Quel(le) est + 단수명사 ? / Quel(le)s sont + 복수명사 ? ~은 무엇입니까?

prénom n.m. 이름
- nom (de famille) n.m. 성

facile a. 쉬운 (↔ difficile)

bien adv. 잘, 적절하게, 능숙하게; 매우, 많이; 바로, 정말, 분명히

02 F: Dis-moi, comment vas-tu?
H: ____________________

(a) Je vais prendre le métro.
(b) Viens avec moi, j'y vais aussi.
(c) Très bien, mais un peu occupé.
(d) Ravi de faire votre connaissance.

| 해설 | 안부를 묻는 질문에 쓰인 동사 «aller»는 (a)와 (b)에도 나오지만 그 의미가 다르다. (a)에서처럼 뒤에 동사가 오면 문맥에 따라 '~하러 가다'라는 이동과 그 목적을 나타내거나 '곧 ~한다, ~할 것이다'와 같이 가까운 미래 또는 계획을 표현한다. (b)에서는 장소 표현 «y»와 함께 쓰여 '거기에 가다'로 해석된다.

번역 여: 이봐, 어떻게 지내니?
남: ____________________

(a) 나는 지하철 타러 가.
(b) 나랑 같이 가자, 나도 거기 가거든.
(c) 아주 잘 지내, 하지만 조금 바빠.
(d) 당신을 알게 되어 기뻐요.

참고
dis-moi, dites-moi loc. 이봐/이보시오, 있잖아, 말해/말해 보시오
aller v. ❶ (+ 장소) 가다 ☞ Il va à Paris. 그는 파리에 간다.
❷ (+ bien/mal) 지내다 ☞ Vous allez bien? 잘 지내십니까?
❸ (+ inf) ~하러 가다 ☞ On va prendre le bus. 버스 타러 갑니다.
❹ (+ inf) (곧) ~하다, ~할 것이다 ☞ On va prendre le bus. (곧) 버스를 탑니다.
prendre + 교통수단 v. ~을 타다
occupé (f. -e) a. 바쁜, 일에 매인 (↔ libre)
ravi(e) de faire votre connaissance loc. 당신을 알게 되어/만나서 기쁩니다

03 H: Excusez-moi, la gare est encore loin?
F: ____________________

(a) Non, elle est tout près.
(b) Oui, elle est déjà partie.
(c) Non, elle est déjà arrivée.
(d) Oui, elle est juste devant vous.

| 해설 | 기차역이 아직 멀리 있는지 묻는 말에 적절한 응답을 고르는 문제로 정답은 (a)이다. (b)와 (c)는 질문과 무관한 내용이다. 그리고 '아직 먼가요?'라는 질문에 '네'로 답하면 뒤에는 '멀리 있다'는 내용이 와야 하므로 (d)는 적절한 응답이 될 수 없다.

번역 남: 실례합니다, 기차역이 아직 먼가요?
여: ____________________

(a) 아니요, 아주 가까이에 있습니다.
(b) 네, 벌써 떠났습니다.
(c) 아니요, 이미 도착했습니다.
(d) 네, 바로 당신 앞에 있습니다.

참고
excusez-moi, excuse-moi loc. 실례합니다, 미안, 잠시만
gare n.f. 기차역 (지하철역은 station)
loin (de N) adv. (~로부터/에서) 멀리
près (de N) adv. (~로부터/에서) 가까이, 가까이에
encore adv. 아직, 여전히
déjà adv. 이미, 벌써
tout adv. (형용사, 부사 앞에서) 매우, 아주, 완전히
partir v. 떠나다
arriver v. 도착하다, 오다
juste adv. 바로, 꼭, 겨우, 간신히
devant prép. 앞에, 앞에서 (↔ derrière)

04 F : Tu vas souvent à la piscine?
H: ________________________

(a) Oui, on se voit tous les jours.
(b) Oui, mais plutôt avec des skis.
(c) Non, une fois par mois au maximum.
(d) Non, je n'aime pas les sports de combat.

| 해설 | 수영장에 자주 가는지 묻는 말에 적절한 응답을 고르는 문제이다. « souvent », « tous les jours », « une fois par mois »는 빈도 표현으로, 각각 '자주', '매일', '한 달에 한 번'을 뜻한다는 것도 알아두자. 정답은 (c)이다.

번역 여: 너 수영장에 자주 가니?
남: ________________________

(a) 응, 우리는 매일 봐.
(b) 응, 하지만 오히려 스키를 가지고.
(c) 아니, 많아야 한 달에 한 번.
(d) 아니, 나는 격투기를 좋아하지 않아.

참고

piscine n.f. 수영장
se voir v. (복수 주어) 만나다, 사귀다
plutôt adv. 오히려, 차라리
fois n.f. 번, 회, 차례; 배
par mois loc. 한 달에
✪ par semaine 한 주에, par jour 하루에, par an 일 년에
au maximum loc. 최대한, 기껏해야
sport de combat n.m. 격투기

05

H: Vous avez un peu de temps à m'accorder?
F: ____________________

(a) Oui, il est 7 heures.
(b) Oui, il fait très beau.
(c) Oui, quelques minutes.
(d) Oui, il y a deux minutes.

| 해설 | 자신에게 할애해 줄 시간이 있는지 묻는 말에 적절한 응답을 고르면 (c)이다. (a)는 시각을, (b)는 날씨를 표현하므로 답이 될 수 없다. (d)에서 «il y a»는 '~ 전에'의 의미를 가지며, 기간 표현과 함께 쓰인다.

번역

남: 제게 시간 좀 내주실 수 있나요?
여: ____________________

(a) 네, 7시입니다.
(b) 네, 아주 화창하네요.
(c) 네, 몇 분이요.
(d) 네, 2분 전에요.

참고

un peu de øN loc. 약간의 ~

quelque (pl. -s) a. (+ 단수명사) 약간의(양); (+ 복수명사) 몇몇의(수)

N à inf loc. ~할, ~해야 할 ~

- un livre à lire 읽을 책, 읽어야 할 책

accorder qqc à qqn v. 무엇을 누구에게 허락하다, 주다

Il est + 수사 + heure(s). ~시이다.

- Quelle heure est-il? / Il est quelle heure? 몇 시입니까?

il y a + 기간 loc. ~ 전에

06 F : Monsieur, vous êtes perdu ?

H : ______________________

(a) Oui, je perds souvent mes clés.

(b) Oui, je cherche la gare, s'il vous plaît.

(c) Non, madame, je ne perds pas la tête.

(d) Non, madame, je ne vous connais pas.

| 해설 | 여자가 남자에게 길을 잃었는지 묻는다. 이에 대한 적절한 응답은 (b)이다. 형용사 «perdu»는 사람을 가리키는 명사와 함께 쓰면 '길을 잃은, 정신을 잃은, 정신이 없는'으로 해석된다. 한편 (a)와 (c)에는 동사 «perdre»가 쓰이는데, 이 동사의 과거분사가 바로 «perdu»이다. 즉 «perdu»는 문맥에 따라 형용사 또는 과거분사로 쓰인다.

번역 여: 선생님, 길을 잃으셨나요?

남: ______________________

(a) 네, 저는 종종 열쇠를 잃어버려요.

(b) 네, 기차역을 찾고 있어요.

(c) 아니요 부인, 저는 미치지 않았습니다.

(d) 아니요 부인, 저는 당신을 도룹니다.

참고

perdu (f. -e) a. 잃은, 잃어버린, 길을 잃은; 패배한

perdre v. 분실하다, 잃다, 상실하다; 패하다

perdre la tête loc. 분별을 잃다, 머리가 돌다, 당황하다

clé, clef n.f. 열쇠

chercher v. 찾다, 구하다, 모색하다

s'il vous/te plaît loc. 부디, 제발, 어서

connaître qqn v. 누구를 알다, 누구와 안면이 있다, 누구를 알아보다

07

H: Vous faites quoi dans la vie ?
F : ______________________________

(a) Je pense que c'est facile.
(b) Je veux bien le faire, moi aussi.
(c) J'enseigne le français au collège.
(d) Je rêve de travailler dans une banque.

| 해설 | 직업을 묻는 질문에 대한 적절한 응답을 고르는 문제로, 정답은 (c)이다. (d)는 동사 « rêver » 때문에 어울리는 답이 될 수 없다. 참고로 직업을 묻는 표현에는 « Quelle est votre profession ? »이나 « Quel est votre métier ? »가 있으며, 이때 « profession »과 « métier »는 '직업'을 뜻한다.

번역

남: 하시는 일이 무엇입니까?
여: ______________________________

(a) 저는 쉽다고 생각합니다.
(b) 저도 역시 그것을 하고 싶어요.
(c) 저는 중학교에서 프랑스어를 가르칩니다.
(d) 저는 은행에서 일하기를 원합니다.

참고

faire qqc v. 무엇을 하다, 만들다
dans la vie loc. 인생에서, 생활 속에서
penser que P v. ~라고 생각하다
bien vouloir inf loc. 흔쾌히 ~하다, 아주 ~하고 싶다
moi aussi loc. 저도 그래요, 저도 마찬가지입니다
enseigner v. 가르치다 (↔ apprendre)
collège n.m. 중학교
rêver de inf / de N v. ~하기를/~을 원하다
travailler v. 일하다, 근무하다, 공부하다

08

F : Ton nouveau patron, il est comment ?
H : ______________________

(a) Tout ira bien, pour moi.
(b) Pierre Dumont, n'est-ce pas ?
(c) Bah... ce n'est pas bien, non ?
(d) Je sais pas... Il parle pas beaucoup.

| 해설 | «Il est comment ?»은 사람의 외모와 성격에 대해 묻는 표현이므로 적절한 응답은 (d)이다. 또한 (d)에서는 «ne» 없이 «pas»만 쓰이는데, 이처럼 구어에서는 «ne»가 종종 생략된다.

번역 여: 너의 새 사장님은 어떠니?
남: ______________________

(a) 나는 다 잘될 거야.
(b) 피에르 뒤몽이야, 그렇지?
(c) 글쎄… 좋지 않아, 그렇지?
(d) 잘 모르겠어… 그는 말을 많이 하지 않아.

참고

nouveau (f. nouvelle) a. 새, 새로운
✪ 모음 또는 무성 h로 시작하는 남성명사 앞에서는 nouvel을 쓴다.

patron (f. -ne) n. 주인, 사장

comment adv. 어떻게, 어떤 방법으로

Tout va bien. 모든 것이 다 잘되다, 만사가 순조롭다.

pour prép. ~을 위해; ~의 관점에서는, ~에 관해서; ~로 말하자면

P, n'est-ce pas ? / non ? loc. ~이지, 그렇지?/그렇지 않니?

bah int. 설마, 글쎄, 흥

savoir v. 알다

parler v. 말하다

beaucoup adv. 많이, 매우

09

H: Si on allait au cinéma ?
F : ______________________

(a) *Superman*, je l'ai vu aussi.
(b) Deux places, s'il vous plaît.
(c) Pas le temps aujourd'hui, désolée.
(d) Ah le cinéma ! C'est par là, monsieur.

| 해설 | « Si on / nous + 반과거 동사 ? »는 상대방에게 뭔가를 같이 하자고 제안하는 표현이다. 즉 영화관에 가자는 제안에 적절한 응답을 고르는 문제로, 정답은 (c)이다.

번역

남: 영화관에 갈까?
여: ______________________

(a) 〈슈퍼맨〉, 나도 그거 봤어.
(b) 두 자리 부탁합니다.
(c) 오늘은 시간이 없어, 미안해.
(d) 아 영화관이요! 저쪽입니다, 선생님.

참고

cinéma n.m. 영화관, 영화
voir v. 보다, 보이다
place n.f. 자리, 좌석
aujourd'hui adv. 오늘
désolé (f. -e) a. 미안한, 유감인
par prép. (방향, 경로) ~(쪽)으로, ~을 통해서

10 F: Monsieur, s'il vous plaît, vous êtes d'ici ?
H: ______________________________

(a) Oui, on est dix.
(b) Non, je suis arrivé tout à l'heure.
(c) Désolé, je ne connais pas le quartier.
(d) Ce n'est pas grave, je ne vous ai pas attendue longtemps.

| 해설 | 이곳에 사는지 묻는 말에 대한 적절한 응답은 (c)이다. « être de + 장소 »는 '~ 출신이다, ~에 살다'를 뜻한다. (a)는 발음이 비슷하지만 뜻이 완전히 다르므로 주의해야 한다. (b)는 '아니요, 방금 도착했어요'로, « Vous m'avez attendu longtemps ?(저를 오래 기다리셨죠?) »과 같은 물음에 대한 답이다.

번역 여: 선생님, 실례합니다, 이곳에 사시나요?
남: ______________________

(a) 네, 10명입니다.
(b) 아니요, 저는 방금 도착했어요.
(c) 미안합니다, 저는 이 동네를 모릅니다.
(d) 괜찮아요, 당신을 오래 기다리지 않았어요.

참고
ici adv. 여기에(서) (↔ là, là-bas)
tout à l'heure loc. 방금, 조금 전에, 곧, 조금 후에
quartier n.m. 구역, 동네
Ce n'est pas grave. 별일 아닙니다, 큰일 아니에요.
attendre v. 기다리다, 예상하다, 기대하다
longtemps adv. 오래, 오랫동안

11

H: On se voit demain, alors ?
F: ______________________

(a) J'aime les jours de pluie.
(b) Ce serait mieux après-demain.
(c) Demain, c'est son anniversaire.
(d) Moi, je préfère une boisson sans alcool.

| 해설 | 내일 만나는지 묻는 말에 적절한 응답을 고르는 문제로, 정답은 (b)이다. 한편 « Ce serait mieux. »는 « C'est mieux. »의 완곡한 표현으로, 후자가 '더 좋아'라면 전자는 '더 좋을 것 같아' 정도로 해석된다. 이처럼 직설법 대신 사용하여 완곡하게 표현하는 것은 조건법의 중요한 용법의 하나이다.

번역

남: 그럼 내일 만나는 거지?
여: ______________________

(a) 나는 비 오는 날을 좋아해.
(b) 모레가 더 나을 것 같아.
(c) 내일은 그의 생일이야.
(d) 나는 알코올이 없는 음료수가 더 좋아.

참고

alors adv. 그러면, 그래서; 그때에
jour de pluie n.m. 비 오는 날
demain adv. 내일
après-demain adv. 모레
anniversaire n.m. 생일, 기념일
préférer v. 더 좋아하다, 선호하다
boisson n.f. 음료, 음료수
sans alcool loc. 무알코올의, 알코올이 없는

12 F : Dites-moi, il portait des lunettes ?
H : ____________________

(a) Oui, il les a portées.
(b) Oui, il les porte parfois.
(c) Non, il n'en portait pas.
(d) Non, il n'en porterait pas.

| 해설 | 질문의 직접목적보어를 대명사로 바꿔서 답하는 문제이다. 정관사나 지시형용사, 소유형용사가 있는 직접목적보어는 대명사 « le / la / les »로 교체되고, 부정관사나 부분관사 또는 수량 표현이 있는 직접목적보어는 대명사 « en »으로 받는다. 또한 질문과 선택지 모두 동사가 같으므로 시제 등 동사의 형태에 주의해야 한다. 따라서 정답은 (c)이다.

번역 여: 말해 봐요, 그 사람이 안경을 쓰고 있었나요?
남: ____________________

(a) 네, 그는 그것들을 쓰고 있었어요.
(b) 네, 그는 그것들을 이따금 써요.
(c) 아니요, 그는 안 쓰고 있었어요.
(d) 아니요, 그는 안 쓸 거예요.

참고 porter v. (옷, 모자, 신, 장갑, 시계, 액세서리 등을) 입다, 끼다, 신다, 차다
lunettes n.f.pl. 안경
parfois adv. 가끔, 이따금

13

H: Je m'en vais, alors à demain!
F: ______________________

(a) Attends, je pars aussi.
(b) Il ne vient pas demain.
(c) Tu rentres quand alors?
(d) Donc, on se voit après-demain?

| 해설 | 남자가 가면서 내일 보자고 작별 인사를 한다. 작별 인사 표현에는 두 가지 방식이 있다. 첫째는 전치사 «à»와 시간 표현을 결합한 것으로 «au revoir», «à bientôt», «à demain» 등이 이에 해당한다. 둘째는 «bonne journée», «bonne nuit», «bon voyage» 등과 같이 형용사 «bon»과 시간 또는 행위 명사를 결합한 것이다. 남자의 인사말에 대한 적절한 응답은 (a)이다.

번역

남: 나 간다, 그럼 내일 봐!
여: ______________________

(a) 기다려, 나도 나가.
(b) 그는 내일 안 와.
(c) 그러면 너 언제 귀가해?
(d) 그러니까 우리 모레 만나는 거지?

참고

s'en aller v. 떠나다, 나가다
rentrer v. 귀가하다; 되돌아오다; 다시 들어오다, 다시 들어가다
donc adv. 그러므로, 따라서

14

F : Vous passez me prendre ?
H : ______________

(a) Oui, je vous en prie.
(b) Non, je ne prends rien.
(c) Non, je n'ai pas le temps.
(d) Oui, j'y passe tous les jours.

| 해설 | «passer me prendre»는 '나를 데리러 들르다'이다. 이처럼 이동 동사와 부정법이 결합한 표현은 '~하러 가다/오다/나가다' 등 이동 행위와 그 목적을 나타낸다. 즉 여자는 남자에게 자기를 데리러 오는지 묻고 있으며, 이에 대한 적절한 응답은 (c)이다.

번역

여: 당신은 나를 데리러 들르실 건가요?
남: ______________

(a) 네, 부탁드립니다.
(b) 아니요, 저는 아무것도 먹지 않아요.
(c) 아니요, 시간이 없습니다.
(d) 네, 저는 그곳에 매일 들러요.

참고

passer v. 지나가다, 통과하다, 들르다
prendre v. ❶ (사람을) 잡다; 체포하다; 공격하다; 태우다; 데리러 가다
❷ (물건을) 잡다, 집어 들다; 얻다; 선택하다; 사다; (음식을) 먹다
Je vous en prie, Je t'en prie. 부디, 제발; 천만에(요); 그렇게 하시죠, 그렇게 해.
rien pn. (부정문에서 pas 없이) 아무것도

15

H: On te demande au téléphone, chérie.

F: ______________________

(a) J'arrive, merci.
(b) C'était qui, alors?
(c) Ne quitte pas, je te le passe.
(d) D'accord, je lui téléphonerai.

| 해설 | 전화가 왔다는 남자의 말에 그 부인의 적절한 응답을 고르는 문제이다. «J'arrive.»는 곧 도착하니 잠시 기다려 달라는 표현으로, 남자의 말에 대한 적절한 응답은 바로 (a)이다. (b)는 과거 시제이므로 '(전화한 게) 누구였어?'로 해석된다. 만약 동사를 반과거형에서 현재형으로 바꾸면 (b)도 적절한 응답이 된다.

번역

남: 전화로 너를 찾아, 여보.

여: ______________________

(a) 금방 갈게, 고마워.
(b) 누구였어, 그래서?
(c) 끊지 마, 그를 바꿔 줄게.
(d) 알았어, 그에게 전화할게.

참고

demander v. 요구하다, 요청하다, 찾다, 구하다, 묻다
au téléphone loc. 통화 중인, 전화로
chéri (f. -e) n. 자기, 여보; (부모가 자식을 부르는 애칭) 아가
Ne quitte / quittez pas. (끊지 말고) 기다려/기다리세요.
Je te / vous le passe. 그를 바꿔 줄게/바꿔 드릴게요.
d'accord loc. 알았어(요), 좋아(요), 찬성(이에요)
téléphoner à qqn v. 누구에게 전화하다

Part II

| 문제 16~30 | 다음 대화를 듣고 자연스러운 대화를 이룰 수 있는 가장 적절한 응답을 고르시오.

16

F : Vous venez de quel pays ?
H : De France.
F : Ah bon ? Et de quelle ville ?
H : ____________________

(a) De Rome, et vous ?
(b) De Londres, et vous ?
(c) De Paris, comme vous.
(d) De Berlin, comme vous.

| 해설 | 어디서 왔는지 묻고 답한다. '프랑스에서' 왔다고 하므로 프랑스 도시를 언급한 (c)가 정답이다.

번역

여: 당신은 어느 나라에서 오셨습니까?
남: 프랑스에서요.
여: 아 그래요? 그러면 어느 도시에서요?
남: ____________________

(a) 로마에서요, 당신은요?
(b) 런던에서요, 당신은요?
(c) 파리에서요, 당신처럼요.
(d) 베를린에서요, 당신처럼요.

참고

venir de + 장소 v. ~에서 오다, ~ 출신이다

pays n.m. 나라, 고장

ville n.f. 도시

quel (f. -le) a. (명사 앞) 어떤, 무슨, 어느

ah bon int. 아 그래요, 아 그렇습니까

comme prép. (비교, 유사) ~처럼, ~와 같이, ~ 등

17

H: Tu veux jouer au tennis avec moi ?
F: Je joue très mal, tu sais !
H: Ne t'en fais pas, moi aussi, alors on joue samedi matin ?
F: ______________________

(a) Mais tu ne peux pas me parler comme ça !
(b) OK, alors n'oublie surtout pas ta raquette !
(c) Une seconde, je ne joue jamais au squash !
(d) Bof, il ne faut pas aller au marché le samedi.

| 해설 | 테니스를 같이 하자는 제안에 이어지는 대화로, 대화에 어울리는 응답은 라켓이 언급된 (b)이다. (c)는 스쿼시를 말하고 있어 답이 될 수 없고, (a)와 (d)는 대화의 주제에서 완전히 벗어나는 내용이다. 공이나 스틱을 사용하는 단체 경기 또는 시합 형식의 운동에는 «jouer à»를 사용한다. 이 표현은 놀이와 게임에도 사용된다. 예를 들어, «jouer à cache-cache / aux cartes / aux échecs»는 '숨바꼭질 / 카드놀이 / 장기를 하다'이다.

번역

남: 나랑 테니스 칠래?
여: 나 아주 못 친다는 거 알잖아!
남: 걱정 마, 나도 그래, 그러면 토요일 아침에 칠까?
여: ______________________

(a) 근데 너 나에게 그렇게 말하면 안 돼!
(b) 좋아, 그런데 무엇보다도 라켓 가져오는 것 잊지 마!
(c) 잠깐, 나는 결코 스쿼시를 하지 않아!
(d) 흠, 토요일에는 시장에 가선 안 돼.

참고

tu sais, vous savez loc. 알지, 알겠지, 알겠지만; 아시죠, 아시겠지만

Ne t'en fais pas, Ne vous en faites pas ! 걱정하지 마(시오), 염려하지 마(시오)!

pouvoir inf v. ~할 수 있다, ~해도 좋다

oublier qqc v. 무엇을 잊다, 잊어버리다

raquette n.f. 라켓, 채

surtout adv. 특히, 특별히, 무엇보다도 우선

une seconde loc. 잠시만

ne … jamais adv. 결코 ~하지 않다

bof int. 에이, 어휴, 쳇

il faut inf loc. ~해야 한다

marché n.m. 시장

18

F: Est-ce que vous parlez anglais ?
H: Oui, pas couramment, mais assez bien.
F: D'autres langues étrangères alors ?
H: ________________________________

(a) Non, je ne parle pas allemand.
(b) Oui, coréen, chinois et japonais.
(c) Le français, c'est ma langue maternelle.
(d) J'aime bien apprendre des langues étrangères.

| 해설 | 여자가 어떤 외국어를 하는지 묻고 남자가 이에 답하는 대화로, 자연스럽게 이어지는 응답은 (b)이다. 언어명은 정관사 « le »와 함께 쓴다. 예를 들어, '프랑스어'는 « le français »이고, '프랑스어를 배우다'는 « apprendre le français »이다. « parler » 뒤에서는 보통 정관사를 생략하는데 구체적인 언어명이 아닌 경우에는 반드시 관사를 쓴다. 즉 '프랑스어를 하다'는 « parler français »이고, '외국어를 하나 하다'는 « parler une langue étrangère »라고 한다.

번역

여: 당신은 영어를 하십니까?
남: 네, 유창하지는 않아도 꽤 잘합니다.
여: 그러면 다른 외국어는요?
남: ________________________________

(a) 아니요, 저는 독일어를 못합니다.
(b) 네, 한국어, 중국어와 일본어요.
(c) 프랑스어는 저의 모국어입니다.
(d) 저는 외국어 배우는 것을 아주 좋아해요.

참고

est-ce que P loc. 주어 도치 없이 의문문을 만드는 표현

couramment adv. 유창하게

assez adv. 상당히, 충분히, 꽤

d'autres øN loc. (또) 다른 ~(들)

langue n.f. 언어

langue maternelle n.f. 모국어

langue étrangère n.f. 외국어

✎ 나라 이름에서 만들어진 단어의 용법

❶ a. 프랑스의, 프랑스 사람인, 프랑스 풍의: la cuisine française 프랑스 요리

❷ n. 프랑스인(F-): un Français, une Française

❸ n.m. 프랑스어: le français

19

H: Tu pars déjà ? Tu rentres tôt aujourd'hui.
F: Oui, je ne me sens pas très bien.
H: Ah bon ? Qu'est-ce que tu as ?
F: ____________________

(a) J'ai rendez-vous ce soir.
(b) J'ai de la fièvre et je tousse
(c) J'ai bien travaillé aujourd'hui.
(d) Demain, je dois me lever très tôt.

| 해설 | «se sentir bien / mal»은 '몸이나 기분이 좋다/좋지 않다'를 뜻한다. «Qu'est-ce que tu as ?»는 직역하면 '너는 뭐가 있니?'이지만, 일상생활에서는 흔히 '무슨 일이야?', '무슨 일 있어?'의 의미로 쓰인다. 즉 여기서는 몸 또는 기분이 좋지 않은 이유를 묻는 말이다. 따라서 적절한 응답은 (b)이다.

번역

남: 너 벌써 떠나니? 오늘 일찍 귀가하네.
여: 응, 몸이 그다지 좋지 않아.
남: 그래? 무슨 일 있어?
여: ____________________

(a) 오늘 저녁에 약속이 있어.
(b) 열이 있고 기침이 나.
(c) 오늘 일을 많이 했어.
(d) 내일 일찍 일어나야 해.

참고

tôt adv. 일찍 (↔ tard)
qu'est-ce que pn. 무엇을
avoir rendez-vous (avec qqn) loc. (누구와) 약속이 있다
fièvre n.f. 열, 발열
tousser v. 기침하다, 기침이 나다
devoir inf v. ~해야 한다
se lever v. 일어나다, 기상하다 (↔ se coucher)

20 F : Monsieur, l'addition s'il vous plaît.

H : Une seconde... ça fait 3 euros 40, madame.

F : Vous acceptez les cartes ?

H : ______________________

(a) Oui, j'en veux un autre.

(b) Non, on ne prend que les cartes.

(c) Désolé, la machine est en panne.

(d) Bien sûr, vous pouvez payer en espèces.

| 해설 | 계산서를 요청하면서 손님과 점원이 나누는 대화이다. « Vous acceptez les cartes ? »는 '카드를 받으십니까?'인데, 이 상황에서는 '카드로 지불할 수 있습니까?'라는 뜻의 « Puis-je payer / régler par carte ? »로 물을 수도 있다. 한편 지불 방식으로 « en espèces / liquide »는 '현금으로', « par chèque »는 '수표로' 지불하는 것을 뜻한다. 이 문제의 정답은 (c)이며, 이때 « la machine »은 카드 결제 기계를 가리킨다.

번역

여: 여기요(사장님), 계산서 좀 주세요.

남: 잠시만요, 3유로 40입니다, 부인.

여: 카드 되나요?

남: ______________________

(a) 네, 하나 더 원합니다.

(b) 아니요, 카드만 받습니다.

(c) 미안합니다, 기계가 고장입니다.

(d) 물론입니다, 현금으로 지불하실 수 있습니다.

참고

addition n.f. 계산서

ça fait + 금액 loc. (값이) ~이다

accepter v. 받아들이다, 수락하다

carte (bancaire / de crédit) n.f. (은행/신용) 카드

ne … que adv. ~만 (~한다), (~하는 것은) ~뿐이다

machine n.f. 기계, 기구

en panne loc. 고장 난

bien sûr loc. 물론, 당연히

en espèces loc. 현금으로

21

H : Et pour vous contacter, madame ?
F : Très simple, envoyez-moi un courriel.
H : Quelle est votre adresse électronique ?
F : ____________________

(a) 01 45 38 62 87.
(b) www.pascher.com.
(c) carinelebon@yahoo.fr.
(d) 3 Rue Goblin 75013 Paris.

| 해설 | 연락 방법에 관한 대화로, 적절한 응답은 (c)이다. « courriel »은 '전자우편'을 뜻하는 « courrier électronique »의 줄임말이다. « message électronique »와 이를 줄인 « mél », 영어 단어인 « e-mail »도 함께 사용된다. « adresse électronique »는 '전자우편 주소'이고, 이에 쓰이는 기호 @는 « ar(r)obase, arobas, arrobe »라고 부른다. 한편 전화번호는 « numéro de téléphone »이고, 인터넷 주소는 « adresse Internet» 또는 « adresse de site Internet »이다. (d)의 주소는 « adresse (postale) »라고 한다.

번역

남: 그리고 부인 당신에게 연락하려면요?
여: 아주 간단해요, 나에게 이메일을 보내세요.
남: 이메일 주소가 어떻게 되나요?
여: ____________________

(a) 01 45 38 62 87이에요.
(b) www.pascher.com이에요.
(c) carinelebon@yahoo.fr이에요.
(d) 파리 고블랭가 3번지이고 우편번호는 75013이에요.

참고

pour inf prép. ~하기 위해
contacter qqn v. 누구와 연락하다, 접촉하다
simple a. 간단한, 단순한
envoyer qqc à qqn v. 무엇을 누구에게 보내다
rue n.f. 길

22

F : N'oublie pas ton rendez-vous chez le dentiste !
H : C'est aujourd'hui ? À quelle heure ?
F : Tu ne l'as pas noté ?
H : ______________________

(a) Si, mais j'ai perdu mon agenda.
(b) Il s'appelle comment, ce dentiste ?
(c) Ne t'en fais pas, je sais bien où il est.
(d) Non, je n'ai aucun rendez-vous aujourd'hui.

| 해설 | 여자가 남자에게 치과 예약이 있음을 상기시키면서 나누는 대화이다. 치과 예약이 있음을 적어 두지 않았느냐는 여자의 물음에 가장 적절한 응답은 (a)이다.

번역

여: 치과 약속 잊지 마!
남: 오늘인가? 몇 시지?
여: 안 적어 놨어?
남: ______________________

(a) 적어 놨지, 근데 수첩을 잃어버렸어.
(b) 그 치과의사 이름이 뭐지?
(c) 걱정 마, 그것이 어디 있는지 잘 알아.
(d) 아니, 오늘 아무 약속 없어.

참고

dentiste n. 치과의사
chez qqn prép. 누구의 집에(서), 집으로; (직업명사 앞) 누구의 가게/상점/사무실에(서)
à quelle heure loc. 몇 시에
noter v. 메모하다
agenda n.m. 수첩, 다이어리
s'appeler + 이름 v. ~라고 불리다, 이름이 ~이다
où adv. (의문문) 어디에(서)
aucun (f. -e) a. (부정문에서 pas 없이) 어떠한, 아무

23

H : Comment trouvez-vous *Batman* ?
F : Bof, ce n'est pas mon film préféré.
H : Vous n'aimez pas le cinéma ?
F : ______________________________

(a) Si, je vais souvent au théâtre.
(b) Si, j'aime bien la bande dessinée.
(c) Si, mais je ne l'ai pas encore vu.
(d) Si, mais pas les films de super-héros.

| 해설 | 영화 취향에 관한 대화로, 적절한 응답은 (d)이다. « Comment trouvez-vous X ? »는 상대방에게 X를 어떻게 생각하는지를 묻는 말이며, « Qu'est-ce que vous pensez de X ? »와 같이 묻기도 한다. 선택지의 « si »는 부정 질문에 대한 긍정 응답이다. 즉 '좋아하지 않으세요?'라는 물음에 '좋아해요'라고 답하는 것이다. 만약 좋아하지 않는다면 « non »으로 답한다.

번역

남: 당신은 영화 〈배트맨〉을 어떻게 생각하세요?
여: 어휴, 제가 좋아하는 영화가 아니에요.
남: 영화를 좋아하지 않으시나요?
여: ______________________________

(a) 아뇨 좋아해요, 저는 자주 연극 보러 가요.
(b) 아뇨 좋아해요, 저는 만화를 좋아해요.
(c) 아뇨 좋아해요, 하지만 그것을 아직 보지 않았어요.
(d) 아뇨 좋아해요, 하지만 슈퍼히어로 영화는 좋아하지 않아요.

참고

trouver N Adj v. ~을 ~하다고 생각하다
préféré (f. -e) a. (소유형용사와 명사 뒤) 좋아하는, 선호하는
théâtre n.m. 연극; 극장, 무대
bande dessinée n.f. 만화
super-héros n.m. 슈퍼히어로

24

F : Monsieur, vous désirez ?
H : Je voudrais une baguette, s'il vous plaît.
F : Pas trop cuite ?
H : ______________________

(a) Si, bien chaude.
(b) Non, j'aime la salade.
(c) Mais je préfère le pain.
(d) Tout à fait, comme d'habitude.

| 해설 | 빵 가게에서 손님이 바게트를 주문하면서 점원과 나누는 대화이다. 적절한 응답은 (d)이고, (a)~(c)는 대화 주제와 무관한 내용이다. «Vous désirez ?»는 손님에게 무엇을 원하는지 묻는 말이고, «Je voudrais ..., s'il vous plaît.»는 손님이 점원에게 물건을 주문하는 표현이다.

번역

여: 손님, 뭐 찾으시는 것 있으세요?
남: 바게트 하나 좀 주세요.
여: 너무 많이 굽지 않은 것으로요?
남: ______________________

(a) 아니요, 아주 따뜻한 거요.
(b) 네, 저는 샐러드를 좋아해요.
(c) 근데 저는 빵이 더 좋아요.
(d) 맞아요, 평소처럼요.

참고

désirer v. 원하다, 바라다
baguette n.f. 바게트 (빵)
pain n.m. 빵
trop adv. 너무 많이, 지나치게 많이
cuit (f. -e) a. 구운, 익힌

chaud (f. -e) a. 더운, 뜨거운

tout à fait loc. 완전히, 전적으로, 매우

comme d'habitude loc. 늘 그렇듯이, 평소처럼

25

H: Alors, que dit le docteur ?
F: Ben... il dit que c'est pas grave.
H: Heureusement ! Il t'a donné un traitement ?
F: ________________________________

(a) Oui, il a parlé de tout en dix minutes.
(b) Oui, mais je dois y retourner dans dix jours.
(c) En fait, je vais partir en voyage au Japon.
(d) Non, il ne s'appelle pas du tout comme ça.

| 해설 | 병원을 다녀온 뒤 나누는 대화이다. 남자는 의사가 뭐라고 말했는지, 이어서 치료를 받았는지 묻는다. 자연스러운 응답은 '응, 근데 다시 가야 돼'를 뜻하는 (b)이다. 나머지 선택지는 대화 주제와 무관하다. 참고로 (a)의 « en dix minutes »는 '10분 만에', (b)의 « dans dix jours »는 '열흘 뒤에'를 뜻한다.

번역

남: 그래서, 의사가 뭐라고 하니?
여: 음… 별거 아니라고 했어.
남: 잘됐네! 치료를 받았니?
여: ________________________________

(a) 응, 그는 모든 것에 대해 10분 만에 말했어.
(b) 응, 근데 열흘 뒤에 다시 가야 돼.
(c) 사실은 일본으로 여행을 떠날 거야.
(d) 아니, 그는 이름이 전혀 그렇지가 않아.

참고

dire que P v. ~라고 말하다
ben int. (망설임, 주저함, 거절 등) 음, 어, 저기(→ bien)
grave a. 심각한, 중대한, 중요한
heureusement adv. 다행히(도), 다행이야

traitement n.m. 대접; 치료; 처리

en + 시간 prép. ~ 만에

dans + 시간 prép. ~ 후에, 뒤에

parler de N v. ~에 대해 이야기하다

retourner v. 돌아가다, 돌아오다, (갔던 곳에) 다시 가다

en fait loc. 사실은, 실제는(앞의 문장과 어긋나는 내용 도입)

(pas) du tout loc. 전혀, 조금도

26

F: Tu savais que Paul avait divorcé ?
H: Oui, euh, ça fait déjà longtemps...
F: Tu le savais et tu ne m'as rien dit ?
H: ______________________________

(a) Je ne lui ai jamais tout dit.
(b) Je ne pensais pas que ça t'intéressait.
(c) Je te le dis souvent, mais tu t'en fiches.
(d) Je ne te parle pas de tous mes problèmes.

| 해설 | 폴에 대해 나누는 대화이다. 폴에 관한 소식을 알면서 왜 말하지 않았느냐고 묻는 여자의 말에 적절한 응답은 (b)이다. (a)는 마지막 물음과 동사가 같지만 '네게 말하지 않았다'가 아니라 '그에게 말하지 않았다'이므로 답이 될 수 없다. (c)도 같은 동사가 쓰이지만 현재 시제이므로 과거 시제인 질문에 대한 답이 되지 못한다.

번역

여: 폴이 이혼했는데, 너 알고 있었니?
남: 응, 어, 그거 벌써 오래됐는데…
여: 너 그거 알면서 나에게는 아무 말도 안 했어?
남: ______________________________

(a) 나는 결코 그에게 모든 것을 말하지 않았어.
(b) 나는 네가 그것에 관심 있다고 생각하지 않았어.
(c) 너에게 그것을 종종 말하는데, 너는 신경쓰지 않아.
(d) 너에게 내 모든 문제에 대해 말하지는 않아.

참고

divorcer v. 이혼하다
euh int. (의심, 불확실, 놀람, 주저 등) 음, 어, 저기
ça fait + 기간 (que P) loc. (~한 지) ~이다, ~가 되다
intéresser qqn v. 누구의 관심을 끌다, 누구와 관련이 있다
s'en ficher v. 무시하다, 아랑곳 않다; 놀리다, 우롱하다
parler à qqn de N v. 누구에게 ~에 대해 이야기하다

27

H : Alors, qu'est-ce qu'on fait ce week-end ?
F : Tu veux inviter tes parents ?
H : Pourquoi pas ? Avec les tiens ?
F : ________________________________

(a) Oui, et on les fera en salade.
(b) Si tu veux, car ils ont bien grandi.
(c) Non, ils ne s'entendent pas très bien.
(d) Peut-être pas, ou il faudrait les laver avant.

| 해설 | 주말에 양가 부모님을 초대하는 것에 관한 대화로, (c)가 가장 자연스러운 응답이다. 대화에서 « Pourquoi pas ? »는 '왜 안 되겠어, 못 할 거 없지'로 상대방의 제안을 받아들이는 말이다. (b)의 « si tu veux »도 '네가 원한다면/괜찮으면 (그렇게 해/하자)'의 뜻으로 상대방의 요청이나 제안을 수락하는 표현이다.

번역

남: 그러면 이번 주말에 뭐 하지?
여: 네 부모님을 초대하고 싶어?
남: 그럴까? 네 부모님과 함께?
여: ________________________________

(a) 그래, 그리고 그것들을 뒤죽박죽으로 만들 거야.
(b) 네가 원한다면 (그렇게 해), 그들이 많이 컸으니까.
(c) 아니, 그들은 서로 의견이 잘 맞지 않아.
(d) 아마 아니겠지, 아니면 그것들을 먼저 씻어야 해.

참고

week-end (pl. week-ends) n.m. 주말

le tien, la tienne, les tiens, les tiennes pn. (사물 지칭 선행사와 함께) 네 것; (인간 지칭 선행사와 함께) 네 사람/가족/친구

faire / mettre qqc en salade loc. 무엇을 뒤죽박죽으로 만들다

si tu veux, si vous voulez loc. 원하(시)면, 괜찮으(시)면

car conj. 왜냐하면, ~이니까

grandir v. 자라다, 크다, 커지다

s'entendre (avec qqn) v. (누구와) 말이 통하다, 의견이 맞다

peut-être adv. 아마, 어쩌면

laver v. 세탁하다, 세척하다; (얼굴, 손 등을) 씻다

avant adv. 전에, 먼저

28

F : Tu as l'air fatigué... Ça va ?
H : Oui, mais j'ai beaucoup de travail au bureau...
F : Tu as du boulot en plus en ce moment ?
H : ______________________________

(a) Non, je n'en ai jamais beaucoup.
(b) Oui, plein ! Ça arrive de partout.
(c) Moi, mais tu sais bien que je ne travaille plus !
(d) En double cursus, ce n'est pas les cours qui manquent !

| 해설 | 근황에 관한 대화이다. 일이 아주 많은지 묻는 말에 적절한 응답은 (b)이다. (b)에서 « plein »은 많음을, « arriver de partout »는 일이나 사건 등이 사방에서 쏟아지는 것을 나타낸다. (d)의 « Ce n'est pas ... qui manque(nt). »도 '부족한 것은 ~가 아니다'로 아주 많음을 우회적으로 표현한다. (a)와 (c)는 각각 '일이 많지 않아'와 '이제 일 안 해'로, 이는 남자가 앞에서 말한 것과 모순된다. « en plus »는 보통 '게다가, 또한' 등 추가의 의미를 나타내는데, 이 대화에서는 '여분으로, 초과해서' 등 과함을 표현한다.

번역

여: 너 피곤해 보여… 괜찮아?
남: 응, 근데 사무실에 일이 많아…
여: 요새 초과 근무 있어?
남: ______________________________

(a) 아니, 나는 결코 그것이 많지 않아.
(b) 응, 잔뜩이야! 여기저기서 일이 생기고 있어.
(c) 나야, 근데 너는 내가 이제 일 안 하는 거 잘 알잖아!
(d) 복수전공이어서 수업이야 부족하지 않게 많지!

참고

avoir l'air Adj loc. ~하게 보이다, ~한 것 같다

beaucoup de øN loc. 많은 ~

travail (pl. -aux) n.m. 일, 작업

bureau (pl. -x) n.m. 사무실, 사무용 책상

boulot n.m. (구어) 일, 일거리

en ce moment loc. 요즘, 현재, 지금

plein (f. -e) a. 많은, 가득한, 가득 찬

partout adv. 사방에, 도처에

ne … plus adv. 더 이상 ~ 아니다

en double cursus loc. 복수전공으로

cours n.m. 강의, 강좌, 수업

manquer (à N) v. (~에) 없다, 부족하다, 모자라다

29

H: Vous utilisez quelle méthode de français ?
F: Ça dépend... Vous l'apprenez depuis combien de temps ?
H: Hmm... depuis le lycée, ça fait trois ans.
F: ______________________________

(a) Nous n'avons de méthodes que pour les Français.
(b) La meilleure méthode, c'est toujours de tout oublier.
(c) Trois ans ne suffisent pas pour abandonner une langue.
(d) Alors, je vous conseille de tenter le niveau intermédiaire.

| 해설 | 프랑스어 교재에 관한 대화로, 가장 적절한 응답은 중급 수준을 시도할 것을 권하는 (d)이다. (a)~(c)에는 대화 중 사용된 표현이 다시 쓰이고 있으므로 주의해야 한다. 이 가운데 « méthode »는 (a)에서는 '교재', (b)에서는 '방법'의 뜻으로 쓰였다. (c)는 직역하면 '한 언어를 포기하기에 3년은 충분하지 않아요'인데, 의역하면 '3년 배우고 포기하기는 이르다'이다.

번역

남: 어떤 프랑스어 교재를 쓰세요?
여: 경우에 따라 달라요… 당신은 그것을 얼마나 배웠나요?
남: 음… 고등학교 때부터요, 3년 됩니다.
여: ______________________________

(a) 우리는 프랑스인을 위한 교재뿐입니다.
(b) 최선의 방법은 언제나 모든 것을 잊는 것입니다.
(c) 한 언어를 포기하기에 3년은 충분하지 않아요.
(d) 그러면, 중급 수준을 해보실 것을 권합니다.

참고

méthode n.f. 교본, 교재; 방법, 방식
Ça dépend. 경우에 따라 달라요, 때에 따라 달라요.
depuis + 시간 prép. ~부터, ~ 동안

combien de øN loc. 얼마나 많은 ~

lycée n.m. 고등학교

meilleur (f. -e) a. (bon의 비교급) 더 좋은, 더 나은; (정관사와 함께, bon의 최상급) 가장 좋은

suffire à qqc / pour inf v. 무엇에/~하기에 충분하다, 족하다

abandonner v. 포기하다, 단념하다, 버리다

conseiller à qqn qqc / de inf v. 누구에게 무엇을/~하기를 권하다, 권고하다

tenter qqc / de inf v. 무엇을/~하기를 시도하다, 기도하다, 해보다

niveau (pl. -x) n.m. 수준, 단계

intermédiaire a. 중간의, 중개의

30

F : Tu es au courant ? Le Premier ministre est accusé de corruption.
H: Mais oui, tous les journaux ne parlent que de ça...
F : Il a touché illégalement un million d'euros, quelle saleté !!!
H: ______________________________

(a) Je ne savais pas qu'il était si riche.
(b) Calme-toi, la justice va le faire payer.
(c) N'y touche surtout pas, c'est très sale.
(d) Ça va, je te réserve un chien de ma chienne.

| 해설 | 정치인의 뇌물 수수 사건에 대한 대화로, 여자가 남자에게 사건을 알고 있는지 물으면서 분개하고 있다. 적절한 응답은 대가를 치르게 될 것이니 진정하라는 내용의 (b)이다. 한편 « toucher »는 대화에서 '(돈을) 받다'를 뜻하지만, (c)에서는 '만지다, 손을 대다'의 뜻으로 쓰였다.

번역

여: 너 알고 있어? 총리가 뇌물 수수로 고소당했어.
남: 응 알아, 모든 뉴스가 그것에 대한 얘기뿐이잖아.
여: 그가 불법적으로 100만 유로를 받았대, 뭐 이런 더러운 일이 있어!!!
남: ______________________________

(a) 그가 그렇게 부자인 줄 나는 몰랐어.
(b) 진정해, 법(원)이 그로 하여금 대가를 치르게 할 거야.
(c) 그거 손대지 마, 아주 더러워.
(d) 괜찮아, 너에게 복수할 거야.

참고

au courant (de N / que P) loc. (~을/~임을) 알고 있는
Premier ministre n.m. (일반적으로 대문자로 시작) 수상, 국무총리
accuser qqn de N / de inf v. 누구를 ~로/~한다고 고발하다, 고소하다, 비난하다
corruption n.f. 부패, 수뢰, 매수, 타락

journal (pl. -aux) n.m. 신문, 뉴스; 일기

illégalement adv. 불법적으로 (↔ légalement)

quel (f. -le) a. (감탄문) 얼마나 큰, 놀라운, 굉장한

saleté n.f. 더러움, 지저분함

sale a. 더러운, 지저분한; 고약한, 비열한, 야비한

si adv. 그렇게, 그토록, 아주

riche a. 부유한 (↔ pauvre)

se calmer v. 진정하다

justice n.f. 정의, 올바름; 사법(권), 사법기관, 법원

faire payer qqc loc. 무엇의 값을 내게 하다, 대가를 치르게 만들다

réserver un chien de sa chienne à qqn loc. 누구에게 원한을 품다, 복수하다

✪ réserver 대신 garder를 쓰기도 한다.

Part III

| 문제 31~40 | **다음 대화를 잘 듣고 제시하는 질문에 대한 가장 적절한 응답을 고르시오.**

31

H: Une baguette et trois pains au chocolat, s'il vous plaît.
F: Et avec ceci?
H: C'est tout, ça fait combien?
F: 4 euros 50.
H: Voilà 5 euros, madame.
F: Tenez 50 centimes. Merci et au revoir, monsieur.

Q. Où se passe le dialogue?

(a) Dans une épicerie.
(b) Dans une boucherie.
(c) Dans une charcuterie.
(d) Dans une boulangerie.

| 해설 | 대화를 듣고 대화 장소를 알아맞히는 문제이다. « baguette »와 « pain au chocolat »를 주문하는 남자의 첫 발언에서 정답이 (d)임을 알 수 있다.

번역

남: 바게트 1개와 초콜릿 빵 3개 주세요.
여: 더 필요한 거 있으세요?
남: 그게 다예요, 얼마죠?
여: 4유로 50이에요.
남: 여기 5유로요, 부인.
여: 50상팀 받으세요. 고맙습니다, 안녕히 가세요, 손님.

질문 어디에서 대화가 이루어지고 있습니까?

(a) 식료품점에서.

(b) 정육점에서.

(c) 돼지고기 가게에서.

(d) 빵 가게에서.

참고

pain au chocolat n.m. 초콜릿 빵

et avec ceci ? loc. 더 필요한 거 있으십니까?

C'est tout. 그게 다입니다.

voilà N prép. (저기에) ~이 있습니다; (물건을 주면서) 여기 ~이 있습니다

tenez, tiens int. (물건을 주면서) 받으세요/받아, 여기요/여기; 이봐요/이봐

se passer v. 일어나다

dans prép. ~ 안에, 안으로

épicerie n.f. 식료품점, 식료품판매업

boucherie n.f. 정육점, 푸줏간

charcuterie n.f. 돼지고기 판매점, 돼지고기 가공업

boulangerie n.f. 빵 가게; 제빵

32

F : Mon chéri, il est temps d'aller au lit.
H: Mais je n'ai pas sommeil, maman.
F : Il faut te lever tôt demain.
H: Mais demain on ne va pas à l'école.
F : Mais on va pique-niquer.
H: Oh bon, d'accord, ah là là !...

Q. Quand se déroule le dialogue ?

(a) Le soir.
(b) À midi.
(c) Le matin.
(d) L'après-midi.

| 해설 | 대화가 이루어지는 시간을 알아맞히는 문제로, « Il est temps d'aller au lit. », « Je n'ai pas sommeil. », « Il faut te lever tôt demain. »에서 대화 시간이 저녁이나 밤임을 유추할 수 있다.

번역

여: 아가, 잠자리에 들 시간이야.
남: 하지만 안 졸려, 엄마.
여: 내일 일찍 일어나야 해.
남: 근데 내일은 학교 안 가.
여: 하지만 우리 소풍 갈 거야.
남: 아 그래, 알았어, 에고!

질문 언제 대화가 이루어지고 있습니까?

(a) 저녁에.
(b) 정오에.
(c) 오전에.
(d) 오후에.

참고

Il est temps de inf. ~할 시간이다.

aller au lit loc. 잠자리에 들다

avoir sommeil loc. 졸리다

aller à l'école loc. 등교하다

bon int. 좋아, 됐어, 저런, 아뿔싸, 그래

ah là là int. (단념, 체념) 아이고, 에고

se dérouler v. (사건, 일 등이) 일어나다, 전개되다; (경치가) 펼쳐지다

33

H: Alors, vous choisissez laquelle ?
F : J'hésite... C'est pour mon mari...
H: Qu'est-ce qu'il préfère comme couleurs ?
F : J'ai un doute. Il aime les couleurs froides...
H: Alors, prenez la verte !
F : Non, donnez-moi plutôt la marine.

Q. La femme choisit un article de quelle couleur ?

(a) Noir.
(b) Bleu.
(c) Jaune.
(d) Rouge.

| 해설 | 상점에서 점원과 손님이 물건의 색상에 관해 나누는 대화이다. 이와 관련하여 세 가지 표현, 즉 «les couleurs froides», «la verte», «la marine»이 언급되고, 이 가운데 손님이 최종적으로 선택한 것은 «la marine», 즉 남색이다.

번역

남: 그러면 어느 것을 선택하시겠습니까?
여: 글쎄요… 제 남편을 위한 거예요.
남: (남편이) 어떤 색을 좋아하세요?
여: 확실하지 않아요. 그는 차가운 색을 좋아해요…
남: 그러면, 초록색으로 하세요!
여: 아니요, 차라리 남색을 주세요.

질문 여자는 어떤 색의 물건을 선택합니까?

(a) 검은색.
(b) 파란색.
(c) 노란색.
(d) 빨간색.

참고

choisir v. 고르다, 선택하다

lequel, laquelle, lesquels, lesquelles pn. (의문문에서) 어느 것, 어떤 것

hésiter v. 망설이다, 주저하다

comme øN conj. (자격, 소속, 주제) ~로, ~로는, ~로서

doute n.m. 의심, 추측

froid (f. -e) a., n.m. 추운, 차가운; 추위 (↔ chaud)

vert (f. -e) a., n.m. 초록색의; 초록색

donner qqc à qqn v. 무엇을 누구에게 주다

marine a., n.m. 쪽빛의, 남색의; 쪽빛, 남색

article n.m. 상품, 물품; 기사, 논문

34

F : Je voudrais aller à Nice pour une semaine.
H : Oui madame, vous souhaitez partir en avion ou en train ?
F : Mais, l'avion, c'est beaucoup plus cher que le train, non ?
H : Pas forcément. Les vols à bas prix ne coûtent pas plus de 50 euros.
F : Ah bon ? Dans ce cas, les premiers départs sont à quelle heure ?
H : Il y a plusieurs vols, alors à vous de choisir l'heure qui vous convient.

Q. Qu'est-ce que va prendre la femme pour voyager ?

(a) Un train pas cher.
(b) Un avion pas cher.
(c) Un train qui part le matin.
(d) Un avion qui part le matin.

| 해설 | 니스까지 가는 교통편에 관해 나누는 대화로, 여자가 무엇을 타고 여행하게 될지 추정하는 문제이다. 대화 중반 이후를 보면 여자가 출발 시각을 물으면서 저가 항공에 대해 관심을 보인다. 이 대화에서는 출발 시각이 구체적으로 결정되지 않아서 (d)는 답이 될 수 없다. 정답은 (b)이다.

번역

여: 니스에 일주일 예정으로 가고 싶은데요.
남: 네 부인, 비행기로 떠나실 건가요? 아니면 기차로 떠나실 건가요?
여: 근데, 비행기는 기차보다 훨씬 더 비싸죠, 아닌가요?
남: 꼭 그렇지는 않아요. 저가 항공편은 50유로를 넘지 않아요.
여: 아 그래요? 그러면 일찍 출발하는 항공편은 몇 시에 있나요?
남: 여러 항공편이 있어요, 그러니 손님께 맞는 시각을 선택하시면 됩니다.

질문 여자는 무엇을 타고 여행하겠습니까?

(a) 비싸지 않은 기차.
(b) 비싸지 않은 비행기.
(c) 아침에 떠나는 기차.
(d) 아침에 떠나는 비행기.

참고

pour + 시간 prép. ~ 예정으로

souhaiter qqc / inf v. 무엇을 / ~하기를 바라다, 소망하다

en avion loc. 비행기로, 비행기를 타고

en train loc. 기차로, 기차를 타고

plus Adj / Adv (que N) adv. (~보다) 더 많이 ~한 / ~하게

forcément adv. 반드시, 필연적으로

vol n.m. 비행; 비행편

à bas prix loc. 싼값에, 저렴한 가격에

coûter v. (값이) ~이다, 나가다

plus de + 수사 loc. ~ 이상의, 초과의

dans ce cas loc. 그 경우에는, 그러면

premier (f. -ère) a. 첫째의, 첫 번째의, 처음의, 초기의

départ n.m. 출발; 발차, 이륙

(C'est) à qqn de inf loc. 누가 ~해야 한다; ~하는 것은 누구 차례이다

convenir à qqn v. 누구의 마음에 들다; 처지에 맞다

35

H: Mademoiselle, qu'avez-vous vu alors?
F: Un homme grand, avec un pistolet...
H: Et qu'est-ce qu'il a fait?
F: Il a menacé les employés de la banque...
H: ... qui lui ont donné de l'argent...
F: Oui, monsieur l'inspecteur, et après il s'est enfui.

Q. Où se déroule le dialogue?

(a) Dans une prison.
(b) Dans une boutique.
(c) Au poste de police.
(d) Au guichet de la poste.

| 해설 | 수사관과 목격자가 나누는 대화로, 여자의 두 번째 발언에서 은행강도 사건에 관한 문답임을 알 수 있다. 또한 대화 끝에서 여자가 남자를 «monsieur l'inspecteur»로 부르는 것에서 남자가 형사, 즉 경찰임이 드러나므로 정답은 (c)이다.

번역

남: 아가씨, 당신은 그때 무엇을 보았죠?
여: 큰 남자 한 사람요, 권총 한 자루를 든…
남: 그리고 그는 무슨 짓을 했나요?
여: 은행 직원들을 협박했어요…
남: … 그래서 그들이 그에게 돈을 주었고…
여: 네, 형사님, 그러고 나서 그가 도망쳤어요.

질문 어디에서 대화가 진행되고 있습니까?

(a) 감옥에서.
(b) 상점에서.
(c) 파출소에서.
(d) 우체국 창구에서.

참고

pistolet n.m. 권총

menacer qqn v. 누구를 협박하다, 위협하다; 위태롭게 하다

employé (f. -e) n. 직원, 종업원

argent n.m. 돈; 은

inspecteur (f. -trice) n. 수사관, 형사; 검사관, 감독관

après adv. 그 뒤에, 그 다음에 (↔ avant)

s'enfuir v. 도망가다, 달아나다

guichet n.m. 창구, 개찰구

poste de police n.m. 파출소

poste n.m. 직, 직책; 부서, 근무소, 지서

poste n.f. 우편; 우체국

36

F : Je vous les coupe comment?
H : Très courts.
F : Alors je coupe aussi votre mèche?
H : Oui, elle me tombe dans les yeux.
F : Bon, et pour la couleur, on reste dans le brun?
H : Oui, je trouve que ça me va bien.

Q. Quelle est la profession de la femme?

(a) Peintre.
(b) Styliste.
(c) Coiffeuse.
(d) Opticienne

| 해설 | 미용사와 손님이 나누는 대화로, 여자의 직업은 그녀의 말에서 유추할 수 있다. 특히 두 번째 물음에서 확실해지는데, 여기서 « mèche »는 '색이나 모양이 다른 머리 타래'이다. 한편 « couper »는 '자르다, 베다'인데, 자르는 대상이 신체부위이면 '잘라주다'가 되어 « couper qqc à qqn »의 형태로 쓰인다. 즉 '나는 이발했다'는 프랑스어로 « On m'a coupé les cheveux.»나 « Je me suis fait couper les cheveux.»이다. 직역하면, 전자는 '(미용사가) 내게 머리카락을 잘라줬다'이고, 후자는 '나는 (미용사로 하여금) 내게 머리카락을 잘라주게 했다'이다.

번역

여: 어떻게 잘라 드릴까요?
남: 아주 짧게요.
여: 그러면 이 타래도 자를까요?
남: 네, 그게 눈을 찔러요.
여: 좋아요, 색은 계속 갈색으로 하실 건가요?
남: 네, 그게 나한테 어울리는 것 같아요.

질문 여자의 직업은 무엇입니까?

(a) 화가.

(b) 디자이너.

(c) 미용사.

(d) 안경사.

참고

couper les cheveux (courts) à qqn loc. 누구의 머리를 (짧게) 깎다, 자르다

tomber v. 떨어지다; 늘어지다; 넘어지다, 쓰러지다

yeux n.m.pl. 눈

✪ œil (한쪽) 눈

rester Adj / 전치사구 v. 계속 ~하다; 여전히 ~이다

brun (f. -e) a., n.m. 갈색의; 갈색

trouver que P v. ~라고 생각하다

aller à qqn / avec qqc v. 누구에게, 무엇과 어울리다

peintre n.m. 화가

✪ une artiste peintre / une femme peintre 여성 화가

styliste n. 디자이너, 스타일리스트

coiffeur (f. -euse) n. 미용사

opticien (f. -ne) n. 안경사

37

H : Vous reprendrez bien un peu de glace ?
F : Non merci, c'était délicieux mais j'ai bien mangé.
H : Alors, un peu de gâteau au chocolat ?
F : Vraiment non, je ne peux plus avaler une miette.
H : Dans ce cas, un petit alcool de prune ?
F : Votre proposition est tentante, vous savez ?

Q. Que va faire la femme ?

(a) Elle va bientôt se coucher.
(b) Elle va continuer à manger.
(c) Elle va boire un peu d'alcool.
(d) Elle va se disputer avec l'homme.

| 해설 | 남자가 여자에게 몇 가지 후식을 권하는 대화를 듣고 여자가 무엇을 할 것인가를 고르는 문제이다. 여자는 아이스크림과 초콜릿 케이크를 거절한다. 하지만 자두술은 끌리는 제안이라고 한 말에서 정답이 (c)임을 알 수 있다.

번역

남: 아이스크림 조금 더 드실래요?
여: 아니요 괜찮습니다. 맛있었어요, 하지만 많이 먹었어요.
남: 그러면 약간의 초콜릿 케이크는요?
여: 정말로 됐어요, 더 이상 먹을 수 없어요.
남: 그러면 자두술 조금은요?
여: 당신의 제안에 마음이 끌리네요, 아시죠?

질문 여자는 무엇을 하겠습니까?

(a) 그녀는 곧 눕는다.
(b) 그녀는 식사를 계속한다.
(c) 그녀는 술을 조금 마신다.
(d) 그녀는 남자와 말다툼한다.

참고

reprendre + 음식 v. ~을 더 먹다, 또 먹다

glace n.f. 아이스크림

délicieux (f. -se) a. 맛있는, 감미로운

gâteau (au chocolat) n.m. (초콜릿) 케이크, 과자

avaler v. 삼키다, 먹다

miette n.m. 조금, 소량, 조각

alcool de prune n.m. 자두술

tentant (f. -e) a. 마음을 끄는, 유혹하는

bientôt adv. 곧, 오래지 않아

continuer à inf / qqc v. 계속해서 ~하다, 무엇을 계속하다

se disputer v. 다투다, 말다툼하다

38

F : Qu'est-ce que tu penses d'investir en bourse ?
H: C'est assez risqué, n'est-ce pas ?
F : Oui, mais si j'avais des amis qui travaillaient dans la finance...
H: Tu leur demanderais des conseils ?
F: C'est naturel, non ?
H: Oui, mais il y a autant de gagnants que de perdants, réfléchis donc bien avant.

Q. Comment réagit l'homme ?

(a) Il est déçu.
(b) Il est prudent.
(c) Il est passionné.
(d) Il est indifférent.

| 해설 | 주식 투자에 관해 나누는 대화로, 남자가 어떻게 반응하는지는 그의 처음과 마지막 발언에서 알 수 있다. 접속사 «si»는 «si j'avais ...»와 같이 반과거 시제와 함께 사용하면 실현될 수 없는 일의 가정을 나타낸다. 그리고 그 결과는 조건법 문장으로 나타난다. 예를 들어 «S'il pleuvait, je ne sortirais pas.»는 비가 올 가능성이 없는 상황에서 '비가 오면 (나는) 안 나갈 거야'라고 말할 때 쓴다.

다음으로 «autant de A que B»는 수 또는 양이 같음을 나타낸다. 이때 B의 형태가 대화에서처럼 «de N»이면 B는 A와 비교되고, 그렇지 않으면 B는 다른 것과 비교된다. 예를 들어, «Il a autant de fils que de filles.»는 '그는 아들과 딸의 수가 같다'이고, «Il a autant d'enfants que son frère.»는 '그는 자기 형과 자녀 수가 같다'이다.

번역

여: 너는 주식에 투자하는 것을 어떻게 생각해?
남: 상당히 위험하지, 그렇지 않니?
여: 그렇기는 하지만 만약 금융 분야에서 일하는 친구가 있다면…
남: 그들에게 조언을 구할 수도 있지 않을까라는 거야?
여: 당연하지, 그렇지 않아?
남: 그래, 하지만 버는 사람만큼 잃는 사람들이 있지, 그러니 먼저 잘 생각해.

질문 남자는 어떻게 반응하고 있습니까?

(a) 그는 실망해 있다.
(b) 그는 신중하다.
(c) 그는 열렬하다.
(d) 그는 무관심하다.

참고

penser de N / de inf que P v. ~에 대해/~하는 것에 대해 ~라고 생각하다
investir (dans / à / sur qqc) v. (무엇에) 투자하다
bourse n.f. 주식시장, 증권거래; (B-) 증권거래소
risqué (f. -e) a. 위험한, 대담한
finance n.f. 금융계, 증권계; 재정학
demander qqc à qqn v. 무엇을 누구에게 묻다, 요청하다
conseil n.m. 충고, 조언, 지침
naturel (f. -le) a. 당연한, 정상적인; 자연의, 자연적인
gagnant (f. -e) n., a. 승리자, 당첨자; 이기는, 승리하는, 당첨의
perdant (f. -e) n., a. 패자, 잃은 사람; 잃은, 패배한
réfléchir (à / sur qqc) v. (무엇을/무엇에 대해) 숙고하다, 곰곰이 생각하다
réagir v. 반응하다, 대응하다
déçu (f. -e) a. 실망한, 기대에 어긋난
prudent (f. -e) a. 신중한, 사려 깊은
indifférent (f. -e) a. 무관심한

39

H : Quel est le but de votre visite, madame ?
F : C'est professionnel, j'ai des meetings avec des clients.
H : Très bien, et vous repartez jeudi prochain, c'est ça ?
F : Oui, exactement, je resterai donc juste une semaine.
H : Parfait. Bon voyage madame !
F : Merci monsieur, au revoir !

Q. Quelle est la phrase qui correspond bien au dialogue ?

(a) La femme parle à ses clients.
(b) La femme va partir dimanche.
(c) La femme va rester sept jours.
(d) La femme fait un voyage touristique.

| 해설 | 입국 심사장에서 여행객과 직원이 나누는 대화로, 방문 목적과 체류 기간이 언급되고 있다. 질문은 대화에 부합하는 내용이 무엇인가이다. 여자의 두 번째 발언에서 정답이 (c)임을 알 수 있다.

«Quel est X ?»는 'X는 무엇입니까 / 어떤 것입니까?'이다. «quel»은 X에 성·수를 일치시키고, 동사 «est»는 X가 복수이면 «sont»으로 쓴다. 예를 들어, '네 직업이 무엇이니?'는 «Quel est ton métier ?» 또는 «Quelle est ta profession ?»이다. 이때 «métier»는 남성명사이고, «profession»은 여성명사이다.

번역

남 : 방문 목적이 무엇입니까, 부인?
여 : 업무에 관한 것으로, 고객과 모임이 있습니다.
남 : 좋습니다, 그리고 다음 목요일에 떠나시는데, 맞습니까?
여 : 네 맞습니다, 그러니까 저는 딱 일주일 머물 예정입니다.
남 : 완벽합니다. 좋은 여행 되세요, 부인!
여 : 고맙습니다, 안녕히 계세요!

질문 대화와 일치하는 문장은 어느 것입니까?

(a) 여자는 고객에게 말한다.
(b) 여자는 일요일에 떠난다.
(c) 여자는 7일간 머문다.
(d) 여자는 관광 여행을 하고 있다.

참고

but n.m. 목표, 목적; 과녁; 득점
professionnel (f. -le) a. 직업의, 직업상의; 전문적인
meeting n.m. 모임, 면담, 회의; 집회, 토론회; 시합
repartir v. 다시 출발하다, 다시 떠나다; 되돌아가다
prochain (f. -e) a. (명사 뒤) 다음, 오는 (↔ dernier)
exactement adv. 정확히; 충실히, 문자 그대로
parfait (f. -e) a. 완전한, 완벽한
Bon voyage! 좋은 여행 되세요, 여행 잘하세요!
phrase n.f. 문장, 말
correspondre à N v. ~에 일치하다; 관련되다; 대응하다
rester v. 머물다
touristique a. 관광의

40

F : Tu es invité au baptême de Laurence ?
H : Ben oui, comme toi.
F : Alors il faudra aller à l'église, non ?
H : Bien sûr, puisque c'est un baptême !
F : Mais... c'est pas grave si on n'est pas croyant ?
H : Tu sais, c'est juste formel tout ça.

Q. Pourquoi la femme est-elle inquiète ?

(a) Elle ne croit pas en Dieu.
(b) Elle ne connaît pas Laurence.
(c) Elle n'est pas invitée au baptême.
(d) Elle pense que Laurence est malade.

| 해설 | 세례식에 관한 대화이다. 여자가 신자가 아니어서 걱정하고 있으므로 정답은 (a)이다. «puisque»는 이유, 원인을 설명한다. 비슷한 표현으로 «parce que»가 있지만 이 표현은 상대방이 모르는 이유, 원인을 제시한다. 반면 «puisque»는 상대방도 이미 알고 있는 것을 이유, 원인으로 제시한다. 대화에서 남자가 «puisque c'est un baptême»이라고 한 것은 세례식이 교회에서 열리는 행사임을 여자도 이미 알고 있기 때문이다.

번역

여: 너 로랑스의 세례식에 초대받았어?
남: 맞아, 너처럼.
여: 그러면 교회에 가야 하는 거지, 그렇지?
남: 물론이지, 세례식이니까!
여: 근데… 신자가 아닌데 괜찮을까?
남: 알잖아, 다 형식적이라는 걸.

질문 여자는 왜 걱정하고 있습니까?

(a) 그녀는 신을 믿지 않는다.
(b) 그녀는 로랑스를 모른다.
(c) 그녀는 세례식에 초대받지 않았다.
(d) 그녀는 로랑스가 아프다고 생각한다.

참고

inviter qqn (à qqc) v. 누구를 (무엇에) 초대하다
baptême n.m. 세례, 세례식
église n.f. 교회, 성당(건물); (É-) (가톨릭 또는 개신교) 교회
puisque conj. ~이니까, ~이므로, ~인 이상
Ce n'est pas grave. 별것 아니야, 대단한 일 아니야, 괜찮아.
croyant (f. -e) a., n. 신앙을 가진; 신자
formel (f. -le) a. 형식의, 형식상의 형식적인
inquiet (f. -ète) a. 불안한, 근심스러운, 걱정하는
croire en Dieu loc. (신앙으로) 신(의 존재)을 믿다

Part IV

| 문제 41~50 | 다음 글을 듣고 제시하는 질문에 대한 가장 적절한 답을 고르시오.

41 On retrouvera le soleil, mais le temps sera très froid pendant le week-end. Les nuages se dissiperont, et le ciel sera bleu samedi et dimanche, mais la température commencera à baisser vendredi soir et chutera samedi matin jusqu'à moins 10. Le froid durera jusqu'à lundi.

Q. De quoi parle-t-on ici?

(a) D'une réunion familiale.
(b) D'une rencontre sportive.
(c) Du temps pour le week-end.
(d) D'un voyage dans un pays froid.

| 해설 | 일상생활에서 자주 들을 수 있는 일기예보로, 날씨 관련 표현이 다수 등장한다. « temps »은 '날씨'를, « température »는 '기온'을 뜻한다. « On retrouvera le soleil. »와 « Les nuages se dissiperont. »은 구름이 걷히고 해가 다시 나오는 것을 말한다. 일기예보는 « (bulletin) météo »라 하고, 예보 내용은 단순미래 시제로 표현된다. 글의 주제가 무엇인지 묻고 있으므로 정답은 (c)이다.

번역 해가 다시 나오지만 주말 동안은 아주 춥겠습니다. 구름이 걷히고 토요일과 일요일에는 하늘이 맑겠습니다. 하지만 기온은 금요일 저녁에 내려가기 시작해 토요일 아침에는 영하 10도까지 떨어지겠습니다. 추위는 월요일까지 계속되겠습니다.

질문 여기에서 무엇에 대해 말하고 있습니까?

(a) 가족 모임에 대해.
(b) 운동 시합에 대해.
(c) 주말 날씨에 대해.
(d) 추운 나라로의 여행에 대해.

참고

retrouver v. 되찾다; 회복하다

soleil n.m. 해, 햇빛; (S-) 태양

pendant prép. ~ 동안(에)

nuage n.m. 구름

se dissiper v. 흩어지다, 사라지다

ciel n.m. 하늘

température n.f. 기온, 온도

commencer à inf/qqc v. ~하기를/무엇을 시작하다

baisser v. 낮아지다, 떨어지다; 낮추다, 내리다

chuter v. 감소하다, 떨어지다

moins + 수사 prép. (날씨) 영하 ~도; (시간) ~분 전

durer v. 지속되다; 오래가다

réunion n.f. 모임, 회의

rencontre n.f. 만남; 시합, 결투; 회담

42 À gauche, le bureau et mon ordinateur. À droite, ma guitare. La table est en face du lit. Devant la fenêtre, mon piano. À côté du lit se trouvent une table de chevet et une commode. Dans la commode, les bijoux. Sur la commode, un miroir. Enfin, sur la table, il y a une lampe et mon violon.

Q. D'après ce passage, quel est le centre d'intérêt principal de cette personne ?

(a) Le sport.
(b) Le cinéma.
(c) La musique.
(d) Les jeux vidéo.

| 해설 | 방에 있는 물건들을 소개하는 내용으로, 물건들의 위치를 나타내는 여러 표현이 등장한다. 기타와 피아노, 바이올린이 거론되는 것에서 이 사람의 주요 관심사를 알 수 있다. 정답은 (c)이다.

번역 왼쪽에 책상과 내 컴퓨터가 있어요. 오른쪽에는 내 기타예요. 탁자는 침대 맞은편에 있어요. 창문 앞에는 피아노예요. 침대 옆에는 머리맡 탁자와 서랍장이 있어요. 서랍장 안에는 보석들이 있어요. 서랍장 위에는 거울이에요. 마지막으로 탁자 위에는 전등과 바이올린이 있습니다.

질문 이 글에 따르면, 이 사람의 가장 큰 관심사는 무엇입니까?

(a) 운동.
(b) 영화.
(c) 음악.
(d) 비디오 게임.

참고

à gauche (de N) loc. (~의) 왼쪽에

à droite (de N) loc. (~의) 오른쪽에

en face (de N) loc. (~의) 앞에, 맞은편에

à côté (de N) loc. (~의) 옆에

sur prép. ~ 위에 (↔ sous)

ordinateur n.m. 컴퓨터

se trouver + 장소 v. ~에 있다 (= être)

table de chevet n.f. 머리맡 탁자

commode n.f. 서랍장

bijou (pl. -x) n.m. 보석

miroir n.m. 거울

enfin adv. 끝으로, 마침내; 그러니까, 요컨대

d'après loc. ~에 의하면, 따르면, 따라서 (= selon)

passage n.m. 구절, 단락

centre d'intérêt n.m. 관심사

principal (f. -e, m.pl. -aux) a. 가장 중요한, 주된, 중심적인

jeu vidéo (pl. jeux vidéo) n.m. 비디오 게임

43 Mesdames, messieurs, la caisse du rayon chaussures venant de fermer, nous vous proposons de vous rendre dans les rayons voisins pour régler vos achats : le rayon vêtements ou le rayon accessoires. Nous vous remercions de votre compréhension.

Q. Où peut-on entendre ce message ?

(a) Dans un grand magasin.
(b) Dans un magasin de bijoux.
(c) Dans un magasin d'accessoires.
(d) Dans un magasin de chaussures.

| 해설 | 신발 매장의 계산대가 닫혔으니 이웃 매장의 계산대를 이용하라는 내용의 안내 방송이다. 따라서 이를 들을 수 있는 곳은 상점이다. 또한 신발, 옷, 잡화 등 여러 매장이 함께 있으므로 (a)가 정답이다. « mesdames, messieurs »는 다수의 청중을 부르는 말로, « et »를 추가하여 « mesdames et messieurs »라고도 한다. « la caisse du rayon chaussures venant de fermer »는 두 부분으로 구성된 분사구문이다. 하나는 « la caisse du rayon chaussures » 부분으로, 분사구문의 주어이다. 만약 이 성분이 없으면 주절의 주어가 분사구문의 주어로 해석된다. 다른 하나는 « venant de fermer »인데 « venant »은 동사 « venir »의 현재분사이다. 분사구문은 흔히 다른 문장 앞에서 원인이나 이유 또는 동시에 벌어지는 행위를 표현한다.

번역 손님 여러분, 신발 매장의 계산대가 닫혔으니, 인접해 있는 의류 매장이나 액세서리 매장에 가서 구입품을 계산하실 것을 권합니다. 이해해 주셔서 감사합니다.

질문 어디에서 이 메시지를 들을 수 있습니까?

(a) 백화점에서.
(b) 보석 가게에서.
(c) 액세서리 가게에서.
(d) 신발 가게에서.

참고

caisse n.f. 계산대

rayon øN n.m. ~ 매장, 코너

chaussures n.f.pl. 신, 신발

venir de inf v. (막) ~하다

fermer v. 닫다, 폐쇄하다

proposer à qqn de inf / qqc v. 누구에게 ~하기를/무엇을 제안하다, 권하다, 추천하다

se rendre + 장소 v. ~에 가다 (= aller)

voisin (f. -e) a. 인접한, 가까운

régler v. 계산하다, 치르다, 지불하다

achat n.m. 구입; 구입한 물건

vêtement n.m. 옷, 의류

accessoires n.f.pl. 액세서리, 소품; 부속물

remercier qqn de qqc / de inf v. 누구에게 무엇에 대해/~한 것에 대해 감사하다

compréhension n.f. 이해, 이해심

entendre v. 듣다, 들리다

grand magasin n.m. 백화점

magasin n.m. 상점, 가게

44 France Télévision supprime « Des mots de minuit », une émission qui réunissait des intellectuels et qui s'adressait à quelque 100 000 téléspectateurs. Et pourquoi cela ? Parce que le programme coûte trop cher. La direction pense qu'il serait plus rentable de programmer une bonne vieille série américaine ! Comme quoi service public et culture ne font pas bon ménage !

Q. Quel est le ton de la personne qui parle ?

(a) Détaché.
(b) Critique.
(c) Indifférent.
(d) Compréhensif.

| 해설 | 방송국에서 교양 프로그램을 폐지하고 미국 드라마를 방송하기로 결정한 것에 대해 말하고 있다. 화자는 미국 드라마를 « une bonne vieille série américaine »로 표현한다. 즉 오래되고 낡았다는 것이다. 여기서 « bonne »는 경멸적인 표현으로 '그 잘난' 정도로 해석된다. 이어 화자는 그러한 사태가 공공서비스와 문화가 양립하지 못함을 보여 준다고 말한다. 따라서 화자의 말투는 비판적이다.

번역 '프랑스 텔레비전'은 《한밤의 말들》을 폐지한다. 이 방송은 지식인들을 초대해 왔고 10만여 명의 시청자들이 시청하고 있었다. 그런데 왜 그렇게 하는 것일까? 방송 비용이 너무 많이 들기 때문이다. 집행부는 그 잘난 옛 미국 드라마를 프로그램에 넣는 것이 더 수익성이 있을 것이라고 생각한 것이다! 이 일은 공공서비스와 문화가 잘 양립하지 못하고 있음을 보여 준다!

질문 말하는 사람의 말투는 어떻습니까?

(a) 초연하다.
(b) 비판적이다.
(c) 무관심하다.
(d) 너그럽다.

참고

supprimer v. 없애다; 폐지하다; 삭제하다

mot n.m. 낱말, 단어; 말, 표현; 명언, 명구

émission n.f. 방송, 프로그램; 송신

réunir v. 결합하다; 모으다, 소집하다

intellectuel (f. -le) a., n. 지적인, 지성적인; 지식인

s'adresser à qqn v. 누구에게 말하다; 문의하다; 호소하다

quelque adv. (수사 앞) 약 (= environ)

téléspectateur (f. -trice) n. 시청자

direction n.f. 경영진, 집행부

rentable a. 수익성이 있는

programmer v. 프로그램에 넣다; 프로그램을 짜다

vieux (f. vieille) a. 늙은, 나이가 많은; 오래된, 옛날의; 낡은

✪ 모음 또는 무성 h로 시작하는 남성명사 앞에서는 vieil를 쓴다.

comme quoi P loc. 그것은 ~임을 보인다, 그것은 ~인 것의 증거이다

faire bon ménage (avec N) loc. (~와) 양립하다; 사이가 좋다

ton n.m. 말투, 어조; 목소리

détaché (f. -e) a. 초연한, 집착하지 않는; 풀린; 떨어진

45 Comme vous le savez, notre planète disparaîtra un jour. Pour sa survie, l'espèce humaine est donc amenée à coloniser l'espace. Un chercheur a annoncé que, si elle ne voulait pas, elle aussi, disparaître, elle devrait le faire dans les 200 prochaines années. Cette prévision peut sembler alarmiste et surréaliste, mais je vous confirme, en tant que spécialiste, qu'elle est bien réaliste.

Q. Quelle pourrait être la profession de la personne qui parle ?

(a) Voyante.
(b) Astronaute.
(c) Programmatrice.
(d) Astrophysicienne.

| 해설 | 인류 생존을 위한 우주 개발의 필요성을 주장하는 내용으로, 잘 듣고 화자의 직업을 추정하는 문제이다. 화자는 끝부분에서 « je vous confirme, en tant que spécialiste, ... » 라고 말하는데, 이때 « en tant que »는 지위나 자격을 나타낸다. 예를 들어 « en tant que président »은 '대통령 또는 회장으로서', « en tant qu'expert »는 '전문가로서'이다.

번역 여러분이 알고 계시듯이 우리 별은 언젠가 사라집니다. 따라서 생존을 위해 인류는 우주를 식민지로 만들어야 합니다. 어떤 연구자는 인류가 소멸하지 않으려면 향후 200년 안에 그렇게 해야 한다고 발표했습니다. 이 예측이 불안을 조장하고 현실성이 없어 보일 수 있습니다. 하지만 저는 전문가로서 여러분에게 그 예측이 아주 현실적이라고 확실하게 말씀드립니다.

질문 말하는 사람의 직업은 무엇입니까?

(a) 점쟁이.
(b) 우주비행사.
(c) 프로그래머.
(d) 우주물리학자.

참고

comme conj. ~한 대로, ~하듯이 ; ~이니까
planète n.f. 혹성, 지구
disparaître v. 사라지다, 없어지다; 떠나다; 죽다
un jour loc. 언젠가는; 하루는
survie n.f. 살아남음, 생존
espèce humaine n.f. 인류
amener qqn à inf v. 누구를 ~하게 하다
coloniser v. 식민지로 만들다, 경제적으로 지배하다
espace n.m. 우주; 공간, 장소
chercheur (f. -euse) n. 연구원
annoncer v. 발표하다; 알리다, 기별하다
année n.f. 연, 해, 연간
prévision n.f. 예측, 예상
sembler Adj / inf v. ~하게/~하는 것처럼 보이다; ~인/~하는 듯하다
alarmiste a. 공포스러운, 경악하게 하는, 불안하게 만드는
surréaliste a., n. 초현실주의의, 괴상한; 초현실주의자
confirmer à qqn que P v. 누구에게 ~임을 확인하다, 확언하다
en tant que øN loc. (지위, 자격) ~로서
réaliste a., n. 현실주의적인, 사실적인; 사실주의자
voyant (f. -e) n. 점쟁이
astronaute n. 우주비행사
programmateur (f. -trice) n. 프로그램 편성자, 프로그래머
astrophysicien (f. -ne) n. 천체물리학자, 우주물리학자

46 Elle n'est pas compliquée à préparer, cette mousse de fruits. Il vous faut seulement prévoir 400 grammes de fruits mélangés surgelés, 2 blancs d'œuf, 50 grammes de sucre, un peu de jus de citron et 2 feuilles de gélatine. Une fois que ces feuilles ont trempé et se sont amollies, il suffit de les ajouter à tous les autres ingrédients que vous aurez mixés. Bien sûr, servez votre préparation dans un verre.

Q. Comment est cette préparation ?

(a) Solide.
(b) Liquide.
(c) Croquante.
(d) Gélatineuse.

| 해설 | 조리법에 대한 설명을 듣고 음식물의 특성이 어떠한지 알아맞히는 문제이다. 여기서 설명하는 것이 « mousse de fruits »이고 재료에 « gélatine »이 있으므로 정답은 (d)이다. (a)와 (c)는 고체로 된 음식물에 대한 설명이며, (b)는 주스나 술과 같은 음료를 말한다. 한편 « préparer »는 요리, 음식과 관련해서는 '조리하다, 차리다'로 해석되고, « préparation »은 '조리, 조리한 식품'을 가리킨다.

번역 이 과일 무스는 조리하기 복잡하지 않습니다. 냉동 혼합 과일 400그램, 계란 흰자 2개, 설탕 50그램, 레몬즙 약간, 젤라틴 2장을 미리 준비해 두면 됩니다. 물에 적신 젤라틴이 부드러워지면, 그것을 갈아 놓은 다른 재료들에 추가하면 끝입니다. 물론 음식은 유리 그릇에 담아 드십시오.

질문 이 식품은 어떠합니까?

(a) 고체이다.
(b) 액체이다.
(c) 바삭바삭하다.
(d) 걸쭉하다.

참고

compliqué(e) à inf a. ~하기에 복잡한, 까다로운, 어려운

mousse n.f. (디저트, 케이크 등) 무스

seulement adv. 단지, 오직

prévoir v. (재료 등을) 미리 마련해 두다; 예상하다, 예견하다

mélangé (f. -e) a. 섞은, 혼합한, 뒤섞인

surgelé (f. -e) a., n.m. 급속 냉동된 냉동식품

blanc (d'œuf) n.m. (계란의) 흰자

sucre n.m. 설탕

jus de citron n.m. 레몬즙, 레몬주스

feuille n.f. 얇은 판; 나뭇잎; 종잇장

gélatine n.f. 젤라틴

une fois que P loc. (일단) ~하면, ~하자 마자 (= dès que)

tremper v. 잠기다; 담그다, 적시다

s'amollir v. 부드러워지다, 물렁물렁해지다

il suffit de inf (pour qqc / pour inf) loc. (무엇을 위해/~하기 위해) ~하는 것으로 충분하다

ajouter v. 더하다, 추가하다

ingrédient n.m. 성분, 재료

mixer v. 믹서에 갈다

servir + 음식 (à qqn) v. (누구에게) ~을 내놓다, 대접하다

verre n.m. 컵, 잔, 유리그릇; 유리, 유리 제품

croquant (f. -e) a. 바삭바삭한

gélatineux (f. -se) a. 걸쭉한, 젤라틴질의

47 Ce bouton porte souvent un cercle coupé par une barre verticale. Il peut représenter soit le 1, soit le 0, le système binaire utilisé en informatique. Lorsque le bouton est sur le 0, cela signifie que c'est éteint. Lorsqu'il est sur le 1, cela signale que c'est allumé. Comme ça, vous ne vous tromperez plus !

Q. D'après ce passage, à quoi peut servir ce bouton ?

(a) À régler le volume.
(b) À ouvrir une porte.
(c) À appeler au secours.
(d) À éteindre un appareil.

| 해설 | 전원 스위치에 관한 설명으로, 모양과 기능이 언급된다. 한편 « soit le 1, soit le 0 »는 '1 또는 0'을 뜻한다. 이때 « soit »는 모든 선택항에서 반복되어, « soit A soit B ... »의 형태로 사용된다. 스위치의 용도를 묻고 있으므로 정답은 (d)이다.

번역 이 스위치는 흔히 수직선으로 잘린 원을 가집니다. 그것은 1 또는 0을 나타냅니다. 이것은 정보처리 분야에서 사용되는 이항체계입니다. 이 스위치가 0에 있을 때, 이는 꺼졌음을 의미합니다. 그것이 1에 있을 때, 이는 켜졌음을 가리킵니다. 그렇게 당신은 더 이상 실수하지 않게 될 것입니다!

질문 이 글에 따르면, 이 스위치는 무엇에 사용될 수 있습니까?

(a) 소리 크기를 조정하는 데에.
(b) 문을 여는 데에.
(c) 구조를 요청하는 데에.
(d) 기구를 끄는 데에.

참고

bouton n.m. 단추, 스위치

porter v. 지니다, 가지다

cercle n.m. 원, 동그라미

barre verticale n.f. 수직선, 세로줄

représenter v. 나타내다, 표시하다; 의미하다

système binaire n.m. 이항체계

informatique n.f., a. 정보처리기술, 정보과학; 정보처리의

lorsque conj. ~할 때

signifier v. 의미하다, 뜻하다, 알리다

éteint (f. -e) a. (불, 전기 등이) 꺼진

éteindre v. (불, TV 등을) 끄다

allumé (f. -e) a. 불이 붙은, 켜진

signaler v. (신호로) 알리다, 가리키다

se tromper v. 잘못하다, 실수하다

servir à qqc / à inf v. 무엇에/~하는 것에 쓰이다

régler v. 조절하다, 조정하다

ouvrir v. 열다; 열리다

appeler au secours loc. 구조를 요청하다

appareil n.m. 기구, 기계, 장치

48 Le genre romanesque est-il mort? La question est pertinente, vu le nombre de publications qui révèlent des pans entiers de la vie privée de personnages très médiatiques. Mais au-delà de la question du genre, il en est une autre plus problématique encore qui concerne le respect de la vie privée. A-t-on le droit de tout écrire sous le titre de «roman»?

Q. De quoi parlent les romans actuels?

(a) De rien en particulier.
(b) De problèmes sociaux.
(c) De la vie de personnages réels.
(d) De la mort de certains grands hommes.

| 해설 | 사생활을 폭로하는 책이 늘고 있는 것에 대한 담화이다. 이와 관련하여, 화자는 '소설 장르는 죽은 것인가?'와 '소설이라는 이름으로 모든 것을 쓸 수 있는가?'라는 두 가지 문제를 제기한다. 이를 종합하면 가상 인물의 삶이 아닌 실제 인물의 삶을 다루는 소설이 많아졌다는 것이다. 따라서 정답은 (c)이다.

두 번째 문장의 «vu le nombre de publications»에서 «vu»는 '~에 비추어, ~이므로' 등으로 해석되는 전치사이다. 그리고 «il en est une autre»에서 «il est»는 '~가 있다'를 뜻하며, «il y a»로 바꿔 쓸 수 있다.

번역 소설 장르는 죽었는가? 이 질문은 타당해 보입니다. 대중매체에서 유명한 인물들의 사생활 전체를 폭로하는 간행물 수를 보면 말입니다. 하지만 장르 문제를 넘어 더 심각한 다른 문제가 하나 있습니다. 그것은 사생활 존중에 관한 것입니다. 과연 '소설'이라는 이름하에 모든 것을 쓸 권리가 있을까요?

질문 현재의 소설은 무엇에 대해 말합니까?

(a) 특히 사소한 것에 대해.
(b) 사회적인 문제들에 대해.
(c) 실제 인물들의 삶에 대해.
(d) 몇몇 위인들의 죽음에 대해.

참고

genre n.m. 종류, 유형, 장르
romanesque a. 소설의, 소설적인
roman n.m. 소설
mort (f. -e) a., n. 죽은; 죽은 사람
mort n.f. 죽음, 사망
pertinent (f. -e) a. 적절한, 타당한, 정당한
nombre de N n.m. ~의 수, 수효
révéler v. 드러내다, 폭로하다
pan n.m. 면, 일면; (옷 등의) 늘어진 자락
entier (f. -ère) a. 온, 전체의, 모든
privé (f. -e) a. 사적인, 개인적인
personnage n.m. 인물, 인사; 등장인물
médiatique a. 미디어와 관련된
au-delà de qqc loc. 무엇의 너머에, 저쪽에
un(e) autre loc. 다른, (또) 하나의
problématique a. 의심스러운, 불확실한; 문제를 야기하는, 해결하기 어려운
encore adv. 더욱, 한층, 더욱더
concerner N v. ~에 관계되다, 관련되다
respect n.m. 존중, 중시; 존경, 경의
avoir le droit de inf loc. ~할 권리가 있다
titre n.m. 자격, 지위; 증서, 증명서; 제목
actuel (f. -le) a. 현재의, 오늘날의; 시사적인
en particulier loc. 특히, 특별히; 개별적으로
social (f. -e, m.pl. -aux) a. 사회의, 사회적인
réel (f. -le) a. 현실의, 실재의, 실제의
grand homme n.m. 위인

49 Quelques architectes sont en train de repenser la manière de construire des villes en fonction de l'écologie. Des projets incroyables voient le jour, comme celui de Stefano Boeri qui va doter Milan d'un immeuble d'habitation-forêt ou celui de Vincent Callebaut qui pense offrir une ferme urbaine à Manhattan. C'est toute notre façon de vivre qui est revisitée.

Q. Comment sont pensés ces nouveaux modèles architecturaux?

(a) Comme des jardins futuristes.
(b) Comme des appartements de luxe.
(c) Comme de simples lieux d'habitation.
(d) Comme des concepts multi-fonctionnels.

| 해설 | 환경을 고려한 새로운 개념의 건축을 소개하고 있다. 사례를 통해 그것이 주거와 자연, 도시와 시골을 접목하려는 것임을 알 수 있다. 따라서 정답은 (d)이다. 한편 두 번째 문장에서 «celui»는 앞에 언급된 «projet»를 대신한다. 선행명사가 여성이거나 복수이면 «celle», «ceux», «celles» 등이 사용되고, 이들은 항상 보충 정보를 제공하는 «de N»이나 관계절, «-ci / -là»와 함께 쓰인다.

- Sa réponse est très différente de celle que j'attendais.
  그(녀)의 답은 내가 기대했던 것과 아주 다르다.
- Ce livre-ci est plus intéressant que celui-là.
  이 책은 저것보다 더 재미있다.

번역 몇몇 건축가들은 도시를 건설하는 방법을 생태학과 관련하여 재검토하고 있습니다. 믿기 어려운 기획들이 생겨나고 있는데, 그 예로 주거-숲 기능의 건물을 밀라노에 설치하려는 스테파노 보에리의 기획이나 맨해튼에 도시농장을 지으려는 뱅상 칼보의 기획이 있습니다. 바로 우리가 살아가는 방식 전체가 재고되고 있는 것입니다.

질문 새 건축 모형들은 어떻게 생각되고 있습니까?

(a) 미래공원으로.
(b) 고급 아파트로.
(c) 단순 주거 장소로.
(d) 다기능 개념으로.

참고

architecte n. 건축가
architectural (f. -e, m.pl. -aux) a. 건축의, 건축학의, 건축술의
en train de inf loc. ~하는 중인
repenser (à) qqc v. 무엇을 재고하다; 다시 생각하다
construire v. 건축하다, 짓다
en fonction de qqc loc. 무엇에 따라; 무엇과 관련하여
écologie n.f. 생태학, 자연보호(운동)
incroyable a. 믿을 수 없는, 경이적인; 터무니없는
voir le jour loc. 태어나다, 출현하다
doter N de qqc v. ~에 무엇을 갖추게 하다; 주다, 부여하다
immeuble n.m. 건물, 빌딩, 아파트
penser inf v. ~할 생각이다(= avoir l'intention de inf)
penser N Adj v. ~을 ~라고 생각하다
offrir v. 주다, 제공하다
ferme n.f. 농장
urbain (f. -e) a. 도시의
façon n.f. 방식, 방법, 수법
revisiter v. 재해석하다, 새롭게 보다
jardin futuriste n.m. 미래공원
de luxe loc. 값비싼, 값진, 고급스러운
lieu d'habitation n.m. 주거지
concept n.m. 개념, 구상, 착상
multi-fonctionnel (f. -le) a. 다기능의

50 Avec l'instabilité en Ukraine l'hiver dernier et l'intervention de l'armée russe en Crimée, on se croirait revenu au temps de la guerre froide. Cela débouchera-t-il sur un conflit armé en bonne et due forme? C'est difficile à dire, mais il faut bien reconnaître que la communauté internationale s'inquiète de voir la situation dégénérer.

Q. Pourquoi la situation en Ukraine est-elle inquiétante?

(a) La guerre pourrait éclater.
(b) L'hiver pourrait être très froid.
(c) L'armée russe pourrait se retirer.
(d) La Crimée pourrait devenir polluée.

| 해설 | 우크라이나와 크림반도 사태에 대한 담화이다. 이들 사태로 인해 냉전 시대로 회귀하거나 군사 충돌이 일어나는 것을 걱정하면서 상황이 악화되는 것을 세계가 우려하고 있다고 말한다. 따라서 정답은 (a)이다. «voir»는 목적보어를 갖는 동사이다. 하지만 이 글의 마지막 문장에서는 목적보어 뒤에 부정법 동사가 추가되어 있다. 이 경우 '~이 ~하는 것을 보다/~하는 것이 보이다'로 해석된다. «regarder», «entendre», «écouter», «sentir» 등 지각을 나타내는 동사들이 이러한 구문을 갖는다.

번역 지난 겨울 우크라이나의 불안정과 러시아 군대의 크림반도 개입으로 냉전 시대로 되돌아온 것처럼 생각된다. 이 일이 정식 군사 충돌에 이르게 될까? 말하기 어렵다. 하지만 인정해야 할 것은 상황이 악화되는 것을 보면서 국제사회가 불안해하고 있다는 것이다.

질문 이 글에 따르면, 우크라이나 상황이 걱정되는 이유는 무엇입니까?

(a) 전쟁이 발발할 수 있다.
(b) 겨울이 아주 추울 수 있다.
(c) 러시아 군대가 퇴각할 수 있다.
(d) 크림반도가 오염될 수 있다.

참고

instabilité n.f. 불안정, 변동, 변덕

Ukraine n.f. 우크라이나

l'hiver dernier n.m. 지난 겨울

intervention n.f. 참여; 중재, 원조; 개입, 간섭

armée russe n.f. 러시아 군

Crimée n.f. 크림반도

se croire Adj / 장소 v. 자신이 ~하다고/~에 있다고 생각하다

guerre froide n.f. 냉전

déboucher dans / sur N v. (장소) ~로 나가다, 통하다; (사태, 상태) ~에 이르다, ~로 귀결되다

conflit armé n.m. 무력 충돌

en bonne et due forme loc. 정식으로, 정식의

reconnaître que P v. ~함을 인정하다, 시인하다

communauté n.f. 공동체

s'inquiéter de inf / de qqc v. ~하는 것을/무엇을 걱정하다, 불안해하다

inquiétant (f. -e) a. 염려스러운, 걱정되는

dégénérer v. 악화되다; 타락하다; 쇠퇴하다

éclater v. 폭발하다, 터지다; 발발하다

se retirer v. 물러가다, 철수하다, 후퇴하다

devenir Adj / N v. ~하게/~이 되다

pollué (f. -e) a. 오염된, 더럽혀진

Part I

| 문제 1~4 | **다음 대화문의 빈칸에 들어갈 가장 적절한 표현을 고르시오.**

01

A : Tu sais qu'elle sort avec Jérémie ?
B : Jérémie ? Je _____ connais pas.

(a) n'en
(b) ne le
(c) ne la
(d) ne les

| 해설 | 동사의 직접목적보어 대명사를 고르는 문제이다. 여기서 대명사가 지칭하는 대상은 '제레미'이다. 이처럼 지칭 대상이 명확하면 « le / la / les »를 대명사로 쓴다. 따라서 정답은 (b)이다. 한편 지칭 대상이 미정이거나 지칭 대상 전체가 아닌 일부만을 가리키면 « en »을 쓴다.

번역

A : 너는 그녀가 제레미와 사귀는 것을 아니?
B : 제레미? 나는 그를 몰라.

참고

savoir que P v. ~임을 알다
connaître qqn v. 누구를 알고 있다, 누구와 안면이 있다
sortir avec qqn v. 누구와 사귀다

02

A: Où avez-vous mal?
B: J'ai mal ___ tête.

(a) à
(b) au
(c) en
(d) à la

| 해설 | 아픈 곳을 묻고 답하는 대화이다. 이때 쓰이는 표현이 «avoir mal»이고, 아픈 곳은 «à + 정관사 + 신체부위»의 형태로 지칭된다. «tête»가 여성명사이므로 정답은 (d)이다.

번역

A: 어디가 아프십니까?
B: 머리가 아픕니다.

참고

avoir mal loc. (~가) 아프다
tête n.f. 머리

03

A : Je n'aime pas le café. Et toi ?
B : Moi ________, je trouve ça trop fort.

(a) si
(b) non
(c) non plus
(d) pas encore

| 해설 | '나도 그래, 나도 마찬가지야'를 뜻하는 표현을 고르는 문제로, 상대방의 발언이 긍정문이면 « moi aussi »를, 부정문이면 « moi non plus »를 쓴다. 여기서는 후자이므로 정답은 (c)이다. 한편 '나는 그렇지 않아, 나는 아니야'라고 할 때에는 « moi non » 또는 « moi si »라고 한다.

번역

A : 나는 커피를 좋아하지 않아. 너는?
B : 나도 그래, 나는 그것이 너무 진하다고 생각해.

참고

trouver N Adj v. ~을 ~하다고 생각하다
fort (f. -e) a. (소리, 맛, 향, 색 등이) 강한, 진한, 짙은, 매운
pas encore loc. 아직 아닙니다, 아직이요

04

A : Qu'est-ce qu'il fait là ?
B : Je n'en sais _____ !

(a) pas
(b) rien
(c) tout
(d) jamais

| 해설 | «en savoir»는 «quelque chose», «tout», «rien», «(un) peu», «beaucoup», «plus» 등과 함께 쓴다. 이 가운데 «pas»가 없는 부정문이 쓸 수 있는 것을 골라야 하므로 정답은 (b)이다.

번역

A : 그는 거기서 무얼 하고 있어?
B : 나는 아무것도 몰라!

참고

en savoir v. (그것에 대해) 알다
quelque chose pn. 어떤 것, 무엇인가
tout pn. 모든 것, 모든 일
plus adv. (beaucoup의 비교급) 더 닮이
jamais adv. (부정문에서 ne와 함께) 결코

| 문제 5~8 | 다음 문장의 빈칸에 들어갈 가장 적절한 표현을 고르시오.

05 L'emploi du temps _____ affiché par la secrétaire.

(a) a
(b) aura
(c) a été
(d) étant

| 해설 | 복합과거 시제로 된 능동문과 수동문을 구분하는 문제이다. 능동문은 동사와 주어, 직접목적보어로 구성되는 문장으로, 주어는 흔히 행위의 주체를 나타내고 직접목적보어는 행위의 대상을 나타낸다. 반면 수동문은 « être »와 타동사의 과거분사로 만들어지며, 행위의 영향을 받는 대상이 주어로 나타나고 행위의 주체를 표현하는 « par N »이 과거분사 뒤에 추가된다. 즉 수동문의 주어는 능동문의 직접목적보어에 대응하고, 능동문의 주어는 수동문에서 « par N »으로 실현된다. 한편 « être »의 복합과거는 « avoir été »이고, (d)의 « étant »은 « être »의 현재분사로 완결된 문장을 만들지 못한다. 따라서 정답은 (c)이다.

번역 시간표는 비서에 의해 게시되었다.

참고 emploi du temps n.m. 시간표, 일과표
afficher v. (벽보를) 게시하다; (소식을) 알리다, 공고하다

06

Lui, il est plus âgé que moi : il a un an ________.

(a) plus
(b) moins
(c) de plus
(d) de moins

| 해설 | '한 살 더 많다'를 뜻하는 표현에 관한 문제이다. 정답은 (c)인데, « de plus »는 수량 표현 뒤에 추가되어 해당 수량만큼 더 많음을 나타낸다. (d)의 « de moins »은 « de plus »의 반의어로, 같은 문맥에서 해당 수량만큼 더 적음을 표현한다.

번역 그는 나보다 나이가 많다. 그가 한 살 더 많다.

참고

âgé (f. -e) a. 나이가 많은, 늙은

plus / moins Adj que N loc. ~보다 더/덜 ~한

an n.m. 연, 해; ~ 살

avoir + 수사 + an(s) loc. ~ 살이다

07 En raison d'un cancer, l'actrice a décidé ________ opérer.

(a) à faire
(b) de faire
(c) à se faire
(d) de se faire

| 해설 | « faire inf »와 « se faire inf »를 구분하는 문제이다. 전자는 사동 표현으로 '~하게 하다, 시키다'를 뜻한다. 반면 후자는 재귀대명사가 « faire » 뒤에 오는 부정법 동사의 목적보어로 해석되는, 즉 수동문의 해석을 갖는 사동 표현이다. 여기서는 '자신을 수술하게 하다', 즉 '수술을 받다'의 의미이므로 « se faire opérer »가 와야 한다. 한편 « décider »는 동사가 목적보어로 오면 « de »가 추가된다. 따라서 정답은 (d)이다.

번역 암 때문에 여배우는 수술 받기로 결정했다.

참고
en raison de qqc loc. 무엇 때문에
cancer n.m. 암, 악성 종양
acteur (f. -trice) n. 배우
décider qqc / de inf v. 무엇을 / ~하기로 결심하다, 결정하다
opérer qqn v. 누구를 수술하다

08 Les Français boivent ________ de rosé qu'ils doivent en importer.

(a) trop
(b) assez
(c) tellement
(d) beaucoup

| 해설 | '아주 ~해서 ~하다'의 의미를 가지는 « tellement / autant / tant / si … que P » 구문을 아는지 확인하는 문제이다. 이 구문에서 « que » 뒤에는 직설법 문장이 오며, « tellement », « autant », « tant »이 명사와 함께 쓰이면 전치사 « de »가 추가된다. 한편 (a)의 « trop »와 (b)의 « assez »도 유사한 구문이 있으므로 주의해야 한다. 이들이 쓰이는 구문은 « trop / assez (de) … pour que Psub » 또는 « trop / assez (de) … pour inf »이고, 이 구문은 '~하기에 너무/충분히 ~하다'로 해석된다. 따라서 정답은 (c)이다.

번역 프랑스인들은 아주 많은 분홍색 포도주를 마셔서 그것을 수입해야 한다.

참고

boire v. 마시다; (목적보어 없이) 물을 마시다, 술을 마시다
rosé n.m. 분홍색 포도주
importer qqc v. 무엇을 수입하다
trop de øN loc. 지나치게 많은 ~
assez de øN loc. 충분한, 충분히 많은 ~
tellement de øN loc. 그렇게 많은, 아주 많은 ~
autant de øN loc. 그렇게 많은, 아주 많은 ~
tant de øN loc. 그렇게 많은, 아주 많은 ~
si adv. (형용사, 부사 앞) 그렇게, 아주, 매우

| 문제 9 | **다음 대화에서 어법상 틀리거나 어색한 부분을 고르시오.**

09

(a) A : Je voudrais une chambre double avec douche.
(b) B : Très bien, vous prendrez deux petits déjeuners ?
(c) A : Oui, à quelle heure doit-on quitter la chambre ?
(d) B : 10 heures avant, et vous pouvez régler en partant demain matin.

| 해설 | 틀린 곳은 (d)의 « 10 heures avant »이다. '(기준으로부터) 10시간 전에'로 해석되기 때문이다. 맞는 표현은 '10시 전에'를 뜻하는 « avant 10 heures »이다. 이처럼 « avant »은 앞과 뒤에 모두 시간 표현을 쓸 수 있다. 이때 « avant » 뒤에 오는 시간 표현은 기준 시점을, « avant » 앞에 오는 시간 표현은 기준 시점으로부터 떨어진 시간, 즉 시차를 표현한다. 예를 들어, « dix minutes avant le départ »는 '출발 10분 전에'이다. 반의어인 « après »도 쓰임새가 같다.

번역

(a) A : 샤워실이 있는 더블 침대 방 하나 주세요.
(b) B : 잘 알겠습니다, 아침 식사는 두 분이 드십니까?
(c) A : 네, 몇 시에 체크아웃을 해야 하나요?
(d) B : 10시간 전입니다, 그리고 내일 아침 떠나시면서 정산하시면 됩니다.

참고

Je voudrais qqc / inf. (주문, 요청) 무엇을 주십시오, ~하고 싶습니다.
chambre double n.f. 2인용 (침대가 있는) 방
douche n.f. 샤워, 샤워기, 샤워실
prendre + 음식 v. ~을 먹다, 마시다, 섭취하다
petit(-)déjeuner n.m. 아침(식사), 조식
quitter v. (장소를) 떠나다, 나가다
régler v. 치르다, 지불하다, 결산하다

| 문제 10 | **다음 글에서 어법상 틀리거나 어색한 부분을 고르시오.**

10

(a) Je ne sais pas si vous avez vu *Tanguy*, le film de Chatiliez, sorti en 2001... (b) Moi, j'ai l'impression de me retrouver un peu dans cette situation-là. (c) J'ai quand même 35 ans et j'habite encore avec mes parents, ce qui n'est pas très normal! (d) Mais, la grosse différence, c'est ce que mes parents ne cherchent pas à me chasser du domicile familial.

| 해설 | 잘못된 곳은 (d)의 «c'est ce que ... »이다. «ce que»는 직접목적보어가 누락된 문장과 같이 쓰이는데, 여기서는 누락된 성분이 없는 완전한 문장이 이어진다. 맞는 표현은 «c'est que ... »로, «X c'est que ... »는 'X는 ~하는 것이다'를 뜻한다. 한편 (a)에는 «si»로 시작하는 간접의문문이, (c)에는 앞의 문장에 대해 보충설명을 제시하는 «ce qui» 관계절이 쓰이고 있다.

번역

(a) 저는 당신이 2001년에 나온 샤틸리에의 영화 〈탕기〉를 봤는지 모릅니다… (b) 저도 약간 그와 같은 상황에 처한 것 같은 느낌입니다. (c) 저는 그래도 서른다섯 살인데 아직 부모님과 함께 삽니다. 그리 흔한 일은 아니죠! (d) 하지만 크게 다른 점은 부모님이 저를 집에서 쫓아내려 하시지 않는 것입니다.

참고

sortir v. (상품, 영화 등이) 출하되다, 출판되다, 개봉되다
avoir l'impression de inf loc. ~하는 느낌을 가지다, ~함을 느끼다, ~하는 것 같다
se retrouver v. (어디로) 되돌아가다; (상황에) 다시 처하다, 다시 놓이다
quand même adv. 그렇지만, 그래도 (= cependant, pourtant)
gros (f. -se) a. 큰, 뚱뚱한, 굵은; 커다란, 중요한, 대단한
chercher à inf v. ~하려고 애쓰다
chasser v. 내몰다, 내쫓다; 사냥하다, 수렵하다
domicile n.m. 집, 주거(지), 거처; 주소(지)

Part II

| 문제 11~15 | 다음 대화문의 빈칸에 들어갈 가장 적절한 표현을 고르시오.

11

A: Ça va ? Je te donne à boire ?
B : Non, merci. Je n'ai pas ________.

(a) tort
(b) soif
(c) faim
(d) sommeil

| 해설 | 빈칸에 넣을 단어를 고르는 어휘 문제로, 정답은 (b)이다. « donner à boire »는 '마실 것을 주다'이다. 즉 « à boire »는 « quelque chose à boire »의 의미로 쓰였다. 마찬가지로 « donner / chercher à manger »는 '먹을 것을 주다/찾다'로 해석된다.

번역

A : 괜찮아? 마실 거 줄까?
B : 아냐, 고마워. 나는 ________ 않아.

(a) 틀리지
(b) 목마르지
(c) 배고프지
(d) 졸리지

참고

avoir tort loc. 틀리다, 착각하다; 잘못이다, 나쁘다
avoir soif loc. 목마르다
avoir faim loc. 배고프다
avoir sommeil loc. 졸리다, 잠이 오다

12

A: Je suis désolée, mais je ne peux pas venir ce soir.
B: Oh, non! Mais c'est vraiment ________!

(a) bien
(b) mortel
(c) pas mal
(d) dommage

| 해설 | 유감, 아쉬움을 나타내는 표현을 묻는 문제로, 그러한 표현에는 « (Je suis) désolé(e) / navré(e) », « (C'est) dommage » 등이 있다. 따라서 정답은 (d)이다.

번역

A : 미안하지만 나는 오늘 저녁에 올 수 없어.
B : 아, 안 돼! 정말 ________!

(a) 좋아
(b) 죽을 지경이야
(c) 괜찮네
(d) 유감이야

참고

désolé (f. -e)　a. 애석한, 유감스러운 (= navré)
vraiment　adv. 정말로, 참말로; 정달, 매우
mortel (f. -le)　a. 죽을, 죽게 마련인, 치명적인
pas mal　loc. 좋은, 나쁘지 않은; 많이
C'est dommage (de inf / que Psub).　(~해서) 유감이다, 애석하다.

13

A: Tu sais, je ne viens pas demain.
B: ________________, bonne soirée alors.

(a) D'accord
(b) Pas de quoi
(c) C'est bien ça
(d) C'est pas dangereux

| 해설 | 인정이나 동의를 나타내는 표현을 묻는 문제로, 정답은 (a)이다. (b)의 « pas de quoi »는 감사 인사에 대한 응답이고, (c)의 « C'est (bien) ça. »는 상대방의 물음이나 발언이 맞음을 확인해 주는 표현이다.

번역

A : 알지, 나 내일 안 와.
B : ____________, 그러면 좋은 저녁 보내.

(a) 알았어
(b) 천만에
(c) 바로 그거야
(d) 위험하지 않아

참고

Bonne soirée ! 즐거운 저녁 보내세요!
alors adv. 그러면, 그래서
d'accord loc. 찬성하는, 동의하는; (응답) 알았어, 좋아
pas de quoi loc. 천만에(요), 고맙긴(요)
dangereux (f. -se) a. 위험한, 중한, 해로운

14

A : Mon chat est très gourmand.
B : Oui, le mien aussi : il accourt ________ que j'entr'ouvre la porte du frigo.

(a) dès
(b) après
(c) pendant
(d) jusqu'à ce

| 해설 | 주절과 종속절의 시간적 관계를 묻는 문제이다. 정답은 '~하면, ~하자마자'를 뜻하는 « dès que », 즉 (a)이다. 한편 (b)의 « après que »는 '~한 뒤에'로 해석되는 만큼 이어지는 문장의 동사는 주절의 시제에 따라 복합과거나 대과거 또는 전미래 형태가 쓰인다. 그리고 (d)의 « jusqu'à »는 뒤에 문장이 오면 « ce que »가 추가된 « jusqu'à ce que »로 쓴다.

번역

A : 내 고양이는 식탐이 굉장히 많아.
B : 그래, 내 것도 그래. 내가 냉장고 문을 조금 ________ 그 녀석은 달려와.

(a) 열자마자
(b) 열고 난 뒤에
(c) 여는 동안
(d) 열 때까지

참고

gourmand (f. -e) a., n. 먹는 것을 즐기는; 탐욕스러운, 욕심 많은; 미식가, 식도락가
le mien, la mienne, les miens, les miennes n. 내 것, 내 일; 내 친구, 내 가족
accourir v. 달려오다, 급히 오다
entr(')ouvrir v. 반쯤/조금 열다, 벌리다
frigo n.m. 냉장고, 냉동실 (= réfrigérateur)
jusqu'à ce que Psub loc. ~할 때까지

15

A: Tu vois qui c'est Pierre, le nouveau copain de Marie?
B: Je ne ________ pas qui c'est.

(a) sais
(b) connais
(c) regarde
(d) considère

| 해설 | «savoir»의 용법을 묻는 문제이다. 이 동사는 '(내용을) 알다'를 뜻하고 뒤에 명사는 물론 부정법, «que»로 시작하는 문장, 간접의문문 등 다양한 형태의 목적보어가 올 수 있다. 반면 (b)의 «connaître»는 해당 개체의 이름이나 존재를 안다는 의미를 가지며, 목적보어로 명사만 올 수 있다. 따라서 정답은 (a)이다.

번역

A : 마리의 새 친구 피에르가 누군지 알아?
B : 그게 누군지 ________ 않아.

(a) 알지
(b) 알지
(c) 바라보지
(d) 고려하지

참고

voir Pint v. ~인지 알다, 이해하다
qui pn. 누가, 누구를
copain n.m. 친구(여성형은 copine)
savoir Pint v. ~인지 알다
connaître qqn v. 누구를 알다, 누구와 면식이 있다
regarder Pint v. ~인지 보다, 바라보다
considérer v. 주시하다, 관찰하다; 고려하다, 검토하다; 존중하다; 간주하다

| 문제 16~20 | 다음 글의 빈칸에 들어갈 가장 적절한 표현을 고르시오.

16 Tout le monde sait que _______ tue, mais les gens continuent malgré tout de s'empoisonner les poumons.

(a) boire
(b) fumer
(c) manger
(d) respirer

| 해설 | 흡연에 관한 글이다. 빈칸에 들어갈 말은 '흡연(하기)'이므로 정답은 (b)이다.

번역 누구나 ________ 죽게 만든다는 것을 알지만, 사람들은 그래도 계속해서 폐를 오염시킨다.

(a) 음주가
(b) 흡연이
(c) 식사가
(d) 숨쉬기가

참고
tout le monde loc. 모두, 모든 사람, 누구나
tuer v. 죽이다, 살해하다
gens n.pl. 사람들
continuer de / à inf v. 계속해서 ~하다, ~하기를 계속하다
malgré tout loc. 어떤 일이 있어도, 그래도 역시, 누가 뭐라 해도
s'empoisonner qqc v. 자신의 무엇을 망치다, 망가뜨리다, 오염시키다
poumon n.m. 폐, 허파
fumer v. (담배를) 피우다
respirer v. 숨쉬다, 호흡하다, 한숨 돌리다

17 Après la défaite de leur équipe, les supporters sont tous partis bien ____________.

(a) déçus
(b) retardés
(c) contents
(d) surprenants

| 해설 | 이동 동사 뒤에서 주어의 상태를 나타내는 표현을 고르는 문제이다. 경기에서 패했다는 앞의 내용을 고려할 때 빈칸에 들어갈 적절한 말은 (a)이다.

번역 자기 팀이 패한 뒤, 응원자들은 모두 매우 ____________ 떠났다.

(a) 실망해서
(b) 지체되어
(c) 만족해서
(d) 깜짝 놀라게 해서

참고
défaite n.f. 패배, 패전, 실패
équipe n.f. 팀, 조, 그룹
supporter n.m. 응원자, 지지자, 후원자 (= supporteur)
déçu (f. -e) a. 실망한
retardé (f. -e) a. 연기된; (발육, 발달이) 늦은, 뒤떨어진
content (f. -e) a. 만족한, 만족스러운
surprenant (f. -e) a. 깜짝 놀라게 하는, 의외의

18 Il dépose son sac et ______ à chercher à manger dans le frigo.

(a) joue
(b) part
(c) se met
(d) n'a qu'

| 해설 | '~하기 시작하다'의 뜻을 가지는 «se mettre à inf»라는 표현을 아는지 확인하는 문제로, 정답은 (c)이다. (b)의 «partir»는 뒤에 동사가 오면 «pour»를 쓰거나 아니면 전치사를 쓰지 않는다. 즉 전치사 «à» 때문에 (b)는 정답이 될 수 없다.

번역 그는 가방을 놓고 냉장고에서 먹을 것을 ______________.

(a) 찾으며 논다
(b) 찾으러 떠난다
(c) 찾기 시작한다
(d) 찾기만 하면 된다

참고

déposer v. 내려놓다, 놓다, 두다
chercher à manger loc. 먹을 것을 찾다
jouer à inf v. ~하는 놀이를 하다, ~하며 놀다
se mettre à inf loc. ~하기 시작하다
n'avoir qu'à inf loc. ~하기만 하면 된다, ~하는 수밖에 없다

19 Seuls huit marathoniens seraient capables de _______ le record du monde à brève échéance.

(a) taper
(b) battre
(c) frapper
(d) claquer

| 해설 | '기록을 깨다'를 뜻하는 « battre le record »라는 표현을 아는지 묻는 문제이다. (a)의 « taper »와 (c)의 « frapper »도 '치다, 때리다' 등 « battre »와 비슷한 뜻을 가지기 때문에 주의해야 한다.

번역 오직 8명의 마라톤 선수만이 세계기록을 가까운 시일 안에 ___________ 수 있을 듯하다.

(a) 두드릴
(b) 깰
(c) 칠
(d) 쳐서 소리를 낼

참고
seul (f. -e) a. (주어 명사 앞 또는 뒤에서) 오직, 오로지, ~만 (= seulement)
marathonien (f. -ne) n. 마라톤 주자, 마라톤 선수
capable de qqc/de inf a. 무엇을 할 수 있는, ~할 수 있는
à brève échéance loc. 단기간에 (↔ à longue échéance)
taper v. 때리다, 두드리다; (타자기, 키보드 등을 사용해서) 쓰다, 치다
battre v. 때리다, 치다; 쳐부수다, 이기다; (기록을) 깨다; (달걀, 버터, 카드를) 섞다
frapper v. 치다, 때리다, 차다; (화폐를) 주조하다; (병, 불행이) 덮치다; 충격을 주다
claquer v. 빰을 때리다

20

Les gens adorent le week-end, mais ils regrettent généralement de ne pas ________ faire leurs courses le dimanche.

(a) devoir
(b) laisser
(c) vouloir
(d) pouvoir

| 해설 | «pouvoir»라는 표현을 아는지 확인하는 문제로, 정답은 (d)이다. (b)의 «laisser»는 동사와 함께 쓰면 '~하게 두다'로 해석된다. 한편 부정 표현인 «ne ... pas»는 부정법 동사와 함께 쓰이면 여기에서처럼 두 단어가 모두 동사 앞에 위치한다.

번역 사람들은 주말을 무척 좋아하지만, 그들은 전반적으로 일요일에 장을 ________ ________ 것을 아쉬워한다.

(a) 봐서는 안 되는
(b) 보게 두지 않는
(c) 보고 싶어 하지 않는
(d) 볼 수 없는

참고

adorer v. 열렬히 사랑하다, 매우 좋아하다
regretter qqc / de inf / que Psub v. 무엇을 / ~하는 것을 애석해하다, 유감스럽게 여기다, 후회하다
généralement adv. 일반적으로, 전반적으로, 대개, 대체로
faire des / les / ses courses loc. 장을 보다
devoir inf v. ~해야 한다; ~임에 틀림이 없다

Part III

| 문제 21~35 | **다음 글을 읽고 빈칸에 들어갈 가장 알맞은 표현을 고르시오.**

21 Maintenant, je ne me souviens pas des disputes de mes parents. J'avais 10 ans lorsqu'ils ____________. Ma sœur, elle, a choisi de vivre avec ma mère parce qu'elle voulait plus de liberté, et moi avec mon père car j'avais besoin d'autorité.

(a) sont morts
(b) ont divorcé
(c) ont déménagé
(d) se sont épousés

| 해설 | 전후 문맥을 보고 빈칸에 들어갈 표현을 고르는 문제이다. 빈칸 앞에는 '부모님의 다툼'이 언급되고, 뒷부분에는 두 분이 따로 사신다는 것을 알 수 있는 내용이 이어진다. 따라서 정답은 (b)이다. 참고로 « divorcer »는 복합과거를 나타낼 때 조동사 « avoir »와 결합한다.

번역 나는 지금은 부모님께서 다투시던 것들이 기억나지 않는다. 내가 열 살이었을 때 그분들은 ____________. 내 누이(또는 자매)는 어머니와 같이 사는 것을 선택했다. 그녀는 더 많은 자유를 원했기 때문이다. 나는 아버지와 사는 것을 선택했다. 왜냐하면 나는 권위가 필요했기 때문이다.

(a) 돌아가셨다
(b) 이혼하셨다
(c) 이사하셨다
(d) 결혼하셨다

참고

se souvenir de N / de inf v. 무엇을/~한 것을 기억하다, 무엇이/~한 것이 생각나다

dispute n.f. 말다툼, 언쟁; 투쟁

sœur n.f. 여자 형제(남자 형제는 frère)

choisir N / de inf v. ~을/~하기를 선택하다, 고르다

vivre v. 살다

liberté n.f. 자유, 자유로움

avoir besoin de N / de inf loc. ~이/~하는 것이 필요하다

autorité n.f. 권한, 직권; 권위, 영향력; 관청, 당국

mourir v. 죽다(복합과거는 être mort)

déménager v. 이사하다

s'épouser v. (복수 주어) 결혼하다

22

Depuis quelques années, un nombre ________________________ de films fait appel aux effets spéciaux. Ces derniers, presque incontournables, sont devenus tellement réalistes qu'on n'arrive plus à distinguer la réalité des images artificielles créées par ordinateur.

(a) très peu élevé
(b) parfois peu considérable
(c) de plus en plus important
(d) de moins en moins significatif

| 해설 | 영화와 특수효과에 관한 글이다. 특수효과에 대해 고려하지 않을 수 없다는 내용이 이어지므로 빈칸에 들어갈 말은 (c)이다. 한편 두 번째 문장의 « ces derniers »는 앞에서 명사 표현이 여러 개가 언급될 때 그중 마지막에 거론된 것을 지칭하고, 그것의 성·수에 맞춰 « ce dernier », « cette dernière », « ces derniers », « ces dernières »로 형태를 달리 쓴다. 여기서 « ces derniers »는 « effets spéciaux »를 지칭한다.

번역 몇 해 전부터, ______________ 수의 영화가 특수효과를 이용한다. (이제는) 그것을 고려하지 않을 수가 없다. 그것은 아주 사실적인 것이 되어서 실재와 컴퓨터가 만든 인공 이미지는 더 이상 구별되지 않는다.

(a) 그다지 높지 않은
(b) 때때로 크지 않은
(c) 점점 더 많은
(d) 점점 덜 중요한

참고

un grand / petit nombre de øN loc. 많은/적은 수의 ~
faire appel à qqc loc. 무엇을 이용하다
effet spécial (pl. effets spéciaux) n.m. 특수효과
presque adv. 거의, 대부분

incontournable a. 고려하지 않을 수 없는, 불가피한

arriver à inf v. ~하기에 이르다, ~하게 되다

distinguer v. 구별하다, 구분하다

créer v. 창조하다, 만들어 내다, 고안하다

ordinateur n.m. 컴퓨터

élevé (f. -e) a. 높은

parfois adv. 이따금, 가끔

considérable a. 막대한, 많은; 중요한

de plus en plus loc. 점점 더, 더욱더 많이

de moins en moins loc. 점점 덜, 더욱더 적게

significatif (f. -ve) a. 중요한, 대단한 의미를 가지는; 잘 나타내는

23 Une publicité montre une dizaine de top models toutes très filiformes dans une lingerie convenant à leur « corps parfait ». Cette image et ce slogan ont provoqué ______________________ chez de nombreuses personnes qui ne supportent pas ces canons de beauté standardisés.

(a) de beaux rêves
(b) un manque d'intérêt
(c) un sentiment de jalousie
(d) des réactions scandalisées

| 해설 | 전체 내용을 보면 빈칸에 비난, 비판과 관련된 표현이 들어가야 한다. 따라서 정답은 (d)이다. 한편 첫 문장의 « toutes »는 형용사 « filiformes »를 수식하는 부사로, 원형은 « tout »이다. 부사는 본래 성·수 변화를 하지 않는다. 하지만 « tout »는 예외적으로 자음이나 유성 h로 시작하는 여성형 형용사 앞에서 형용사의 성·수에 일치시킨다.

번역 광고는 아주 실처럼 가는 10여 명의 톱 모델을 보여 준다. 이들은 자신들의 '완벽한 몸'에 적합한 여성용 내의를 입고 있다. 이 영상과 이 구호는 규격화된 완벽한 아름다움을 용인하지 않는 수많은 사람들에게 ________________ 불러일으켰다.

(a) 아름다운 꿈들을
(b) 관심의 부재를
(c) 질투의 감정을
(d) 분노에 찬 반발들을

참고
publicité n.f. 광고, 공고문; 광고회사, 광고업
montrer v. 보이다, 제시하다
dizaine n.f. 10, 약 10
filiforme a. 실 같은, 실처럼 가늘고 긴, 아주 호리호리한

lingerie n.f. 여자용 내의(류); 리넨 제품

convenant(e) à qqc a. 무엇에 적당한, 합당한

corps n.m. 몸, 신체, 몸통; 시체, 송장

parfait (f. -e) a. 완전한, 완벽한, 완전무결한

provoquer v. 유발하다; 도발하다, 선동하다, 부추기다

supporter v. 용인하다, 감내하다 떠받치다, 지탱하다; 감당하다, 짊어지다

canon de beauté n.m. 완벽한 아름다움, 미의 기준; 아주 아름다운 사람

standardiser v. 규격화하다, 표준화하다, 획일화하다

manque n.m. 결핍, 부족, 공백

scandaliser qqn v. 누구에게 빈축을 사다, 누구를 분노케 하다

24 *Iron Man*, c'est l'histoire de l'inventeur de génie Tony Stark. Dans le premier film, il est kidnappé par des ravisseurs qui lui demandent de fabriquer une arme redoutable. Il trompe leur vigilance et construit une armure révolutionnaire avec laquelle il ________________.

(a) peut pénétrer
(b) réussit à s'échapper
(c) manque de s'en sortir
(d) ne faut pas compter

| 해설 | 영화 주인공에 대한 텍스트로, 전체적인 맥락을 볼 때 빈칸에 들어갈 말은 (b)이다. 참고로 마지막 문장에서 «laquelle»은 관계절을 이끄는 관계사로, 관계절이 수식하는 명사와 성·수 일치한다. 이 관계사는 흔히 피수식 명사가 사물을 지칭하고 관계절 내에서 전치사와 함께 쓰게 될 때 사용된다.

번역 〈아이언 맨〉은 천재 발명가 토니 스타크의 이야기이다. 첫 영화에서 그는 납치당하는데, 납치범들은 그에게 가공할 무기를 만들 것을 요구한다. 그는 이들의 감시를 따돌리고 혁신적인 갑옷을 만든다. 그것을 가지고 그는 ________________________.

(a) 침투할 수 있다
(b) 도망치는 데 성공한다
(c) 빠져나올 뻔한다
(d) 의지해서는 안 된다

참고

de génie loc. 천재적인, 탁월한
kidnapper v. 유괴하다, 납치하다
ravisseur (f. -euse) n. 유괴범, 납치범
demander de inf / qqc à qqn v. 무엇을/~하기를 누구에게 요구하다

fabriquer v. 만들다, 제조하다

arme n.f. 무기, 병기

redoutable a. 무서운, 가공할, 위험한

tromper v. 속이다; 따돌리다, 피하다

vigilance n.f. 경계, 감시, 주의

construire v. 건설하다; 제조하다; 구성하다

armure n.f. 갑옷; 호신구

révolutionnaire a. 혁명의, 혁명적인; 혁신적인

pénétrer v. 침투하다, 침입하다

réussir à inf / à qqc v. ~하기에/무엇에 성공하다

s'échapper (de N) v. (~에서) 도강치다; 몰래 빠져나오다

manquer de inf v. ~할 뻔하다; ~하기를 잊다, 소홀히 하다

s'en sortir loc. 궁지에서 벗어나다, 곤란한 상황에서 빠져나오다

compter (sur N) v. (~을) 믿다, 기대하다

25 Même si certains fabricants enregistrent un recul de leurs ventes, le marché des smartphones ____________________. Il faut dire que ces appareils proposent des fonctions qui les rendent presque indispensables. Il s'en vendrait maintenant cinquante-sept par seconde dans le monde.

(a) continue de reculer
(b) commence à s'arrêter
(c) continue de progresser
(d) commence à se gripper

| 해설 | 스마트폰 시장의 성장에 대한 글이다. « même si »는 내용이 서로 상반되는 문장들을 연결한다. 아울러 이어지는 내용을 고려하면, 빈칸에 들어갈 말은 (c)이다.

번역 일부 제조업자들이 매출 감소를 보이지만 스마트폰 시장은 ________________. 이 기기들은 여러 기능을 제공하면서 없어서는 안 되는 물품이 되었다고 말해야 한다. 그것들은 전 세계에서 1초에 57대씩 팔린다.

(a) 계속해서 뒷걸음친다
(b) 멈추기 시작한다
(c) 계속해서 발전한다
(d) 정지되기 시작한다

참고
même si conj. 비록 ~하지만
fabricant (f. -e) n. 제조업자
enregistrer v. 기입하다, 기록하다, 녹음하다
recul n.m. 후퇴, 후진; 감소, 저하
vente n.f. 판매, 매상
appareil n.m. 기계, 기구, 도구; 사진기(= appareil photo)
rendre N Adj v. ~을 ~하게 만들다

indispensable a. 없어서는 안 되는, 필수적인

reculer v. 물러서다, 뒷걸음치다; 줄어들다, 감소하다

arrêter v. 세우다, 중지시키다; 중단하다, 중지하다

progresser v. 발전하다, 진보하다

se gripper v. 정지되다, 정체되다

26 Manger du chocolat serait dangereux? Il faudrait arrêter de dire _______________!

(a) n'importe quoi
(b) quoi que ce fût
(c) un je ne sais quoi
(d) il n'y a pas de quoi

| 해설 | 글이 의문문으로 시작한다. 하지만 내용을 보면 반대의 사실을 강조하기 위해 반어적으로 사용하는 질문이다. 이를 고려하면 빈칸에 들어갈 말은 (a)이다.

번역 초콜릿을 먹는 것이 위험할 수 있다고? _______________ 말하는 것을 중지해야 할 것이다.

(a) 아무 말이나
(b) 무엇이었건
(c) 뭐라 말하기 어려운 것을
(d) 천만에요

참고
arrêter de inf v. ~하기를 중단하다, 멈추다
n'importe quoi loc. 아무거나, 아무 말이나
quoi que ce fût loc. 무엇이었건, 아무것도
je(-)ne(-)sais(-)quoi n.m. (복수 불변) 뭐라 말할 수 없는 것, 형용할 수 없는 것

27 Parfois l'histoire se rappelle à nous. Cette semaine, des ossements presque intacts de soldats français tués pendant la Première Guerre mondiale ont été découverts près de Verdun. De plus, comme il a également été retrouvé des affaires personnelles, des identifications sont ______________.

(a) en cours
(b) de nouveau
(c) mises au jour
(d) prises sur place

| 해설 | 군인들의 유골이 발견된 것에 관한 글이다. 빈칸에는 '시작되다' 또는 '진행되다' 등의 표현이 들어가야 하므로 정답은 (a)이다. 첫 문장에는 간접목적보어 대명사 «nous» 대신 «à nous»가 쓰이는데, 이는 1, 2인칭의 목적보어 대명사와 재귀대명사를 같이 쓸 수 없기 때문이다. 이 경우 이 글에서처럼 간접목적보어를 '전치사+강세형 대명사'의 형태로 바꿔 표현한다.

번역 때때로 역사는 우리의 기억 속에 되살아난다. 이번 주에 베르됭 근처에서 제1차 세계대전 중에 사망한 프랑스 군인들의 거의 온전한 유골이 발견되었다. 게다가 개인 물품들도 함께 발견되면서 신원확인이 ______________.

(a) 진행 중이다
(b) 재차
(c) 밝혀진다
(d) 현장에서 잡힌다

참고
se rappeler v. 생각나다, 상기되다
ossements n.m.pl. 해골, 유골
intact (f. -e) a. 온전한, 망가지지 않은, 아무런 타격도 받지 않은

soldat n.m. 군인, 병사

découvrir v. 발견하다, 찾아내다, 간파하다

de plus loc. 게다가, 그 위에

également adv. 역시, 마찬가지로; 똑같이, 동등하게

retrouver v. (달아난 사람, 잃어버린 물건 등을) 찾아내다; 다시 찾아내다, 다시 찾다

affaires personnelles n.f.pl. (개인) 소지품

identification n.f. 신원확인, 식별, 판별

en cours loc. 진행 중인, 현행의

de nouveau loc. 다시, 재차

mettre qqc au jour loc. 무엇을 밝히다, 폭로하다, 드러내다

prendre N sur place loc. 현장에서(그 자리에서) ~을 먹다; (조치, 태도 등을) 현장에서 ~을 취하다, 채택하다

28 Si vous souhaitez rester informé, inscrivez-vous tout de suite sur notre liste de diffusion pour recevoir gratuitement notre lettre d'information et nous vous tiendrons ________ de nos nouveautés et activités.

(a) en état
(b) au point
(c) en mesure
(d) au courant

| 해설 | 회원 가입을 권하는 글이다. 빈칸에는 '알리다, 소식을 전하다' 등에 해당하는 표현이 들어가야 한다. 따라서 정답은 (d)이다.

번역 소식을 계속 받고 싶으시면 즉시 우리의 배포 명단에 등록하시고 무료로 소식지를 받아 보십시오. 우리의 신제품과 활동을 ________ 드리겠습니다.

(a) 준비시켜
(b) 조정해
(c) 할 수 있게 해
(d) 알려

참고

rester Adj v. 계속 ~하다
s'inscrire v. 등록하다, 가입하다
tout de suite loc. 즉시, 지체 없이
liste de diffusion n.f. (이메일 등의) 주소록, 배포 명단
recevoir v. (무엇을) 받다; (누구를) 맞이하다
gratuitement adv. 무료로, 공짜로
tenir/mettre qqn au courant de qqc loc. 누구에게 무엇을 알리다
nouveautés n.f.pl. 신제품, 신작, 신간
en état de inf/de N loc. ~할 수 있는, ~할/무엇을 할 준비가 된
mettre qqc au point loc. 무엇을 조정하다, 수정하다, 개발하다
en mesure de inf loc. ~할 수 있는, ~할 힘이 있는

29 La question de l'égalité des sexes peut entraîner quelques absurdités. Étant donné que les hommes avaient le droit de se promener torse nu en été, les New-Yorkaises ont exigé de pouvoir en faire autant, aussi leur est-il maintenant légalement permis de se balader ____________.

(a) seins nus
(b) pieds nus
(c) mains nues
(d) jambes nues

| 해설 | 양성 평등에 관한 글이다. 두 번째 문장에서 «en faire autant»은 '똑같이/그렇게 하다'를 뜻하고, 여기서는 «se promener torse nu»를 가리킨다. 한편 «aussi»는 '또한, 역시'가 아니라 '따라서, 그러므로'의 의미로 쓰였다. 이 경우 «aussi»는 여기에서처럼 문장 앞에 쓰고 흔히 주어가 동사 뒤로 도치된다. 따라서 빈칸에 들어갈 말은 (a)이다.

번역 성 평등의 문제는 부조리한 일을 가져오기도 한다. 남자들이 여름에 상체를 드러낸 채 산책할 권리를 가지므로, 뉴욕의 여성들은 똑같이 할 수 있기를 강하게 요구하였다. 그래서 지금은 그녀들도 ____________ 산책하는 것이 법적으로 허용된다.

(a) 가슴을 드러낸 채
(b) 맨발로
(c) 맨손으로
(d) 다리를 드러낸 채

참고
égalité n.f. 평등, 동등
entraîner v. 초래하다, 야기하다; 끌고가다, 이끌다; 부추기다
absurdité n.f. 불합리, 부조리; 비상식적인 말/행동
étant donné que P loc. ~이므로, ~인 까닭에, ~인 이상

avoir le droit de inf loc. ~할 권리가 있다

se promener v. 산책하다, 산보하다

torse n.m. 상반신, 가슴; (미술) 토르소

nu (f. -e) a. 벌거벗은, 나체의, 옷을 입지 않은; 노출된

exiger qqc / de inf v. 무엇을/~하기를 (강경하게) 요구하다, 요청하다

en faire autant loc. 똑같이 하다, 같은 것을 하다

légalement adv. 법적으로, 법률에 따라

il est permis à qqn de inf loc. 누구에게 ~하는 것이 허용되다

se balader v. 산책하다, 산보하다 (= se promener)

30 Un sociologue voulait montrer qu'il était très facile de kidnapper un enfant. Avec la permission de la mère, dans une aire de jeux, accompagné de sa petite chienne, il s'est approché de l'enfant et lui a proposé d'aller voir d'autres chiots. L'enfant a accepté sans aucune hésitation, ________________ de la maman.

(a) à l'immense joie
(b) à la petite victoire
(c) à la grande surprise
(d) à la totale incapacité

| 해설 | 아동 유괴 관련 실험에 관한 글이다. 문맥상 빈칸에는 당황, 놀라움, 두려움 등의 내용이 와야 한다. 따라서 정답은 (c)이다. 참고로 « à la grande surprise de qqn »은 '누가 아주 놀랍게도, 누가 크게 놀란 것은' 등으로 해석된다. « de qqn » 대신 소유형용사를 쓸 수 있고, « grande »도 다른 형용사로 교체 또는 생략할 수 있다.

번역 한 사회학자가 아이를 아주 쉽게 유괴할 수 있음을 보여 주고자 했다. 그는 작은 개를 데리고 놀이터에 가서 어머니에게 허락을 받고, 아이에게 다가가 다른 강아지들을 보러 가자고 제안했다. 아이는 조금도 주저하지 않고 수락했고, 이에 엄마는 ________________.

(a) 많이 기뻤다
(b) 작은 승리를 거뒀다
(c) 크게 놀랐다
(d) 완전히 무능하다

참고

sociologue n. 사회학자
permission n.f. 허가, 허용, 승인
aire de jeux n.f. 놀이터

accompagné(e) de N a. ~이 동반하는, 동행하는; 곁들여진

s'approcher de N v. ~에 가까이 가다, 가까이 오다, 다가가다, 다가오다

chiot n.m. 강아지 (= petit chien, petite chienne)

sans (aucune) hésitation loc. (조금도) 주저하지 않고, 망설임 없이

immense a. 거대한, 엄청난

incapacité n.f. 무능

31 Pour gagner en célébrité ou en fortune, certains sont prêts à faire des révélations qui devraient ________________. Le dernier scandale à ce sujet concerne une chaîne de télévision qui compte diffuser un documentaire sur le membre d'un commando d'élite qui dit avoir abattu Ben Laden.

(a) être publiées
(b) rester secrètes
(c) rester chez elles
(d) être connues de tous

| 해설 | 무분별한 폭로에 관한 글이다. 전후 내용을 보면, 빈칸에는 폭로하는 것이 바람직하지 않음을 나타내는 말이 들어가야 하므로 정답은 (b)이다.

번역 어떤 사람들은 명성이나 부를 얻기 위해 ________________ 할 것을 폭로하려 한다. 이와 관련한 최근의 소동은 한 방송사가 관계되어 있다. 이 방송사는 빈 라덴을 제거했다고 말하는 모 정예특공대의 대원을 다룬 다큐멘터리를 방송할 계획이다.

(a) 발표되어야
(b) 비밀로 남아야
(c) 그녀들의 집에 있어야
(d) 모두에게 알려져야

참고
gagner en øN v. ~을 얻다, ~이 좋아지다, ~이 나아지다
célébrité n.f. 명성, 평판; 유명인사
certains pn. 어떤 사람들, 일부(의 사람들)
prêt(e) à inf / à qqc a. ~할/무엇을 할 준비가 된, 용의가 있는
révélation n.f. 폭로, 누설; 정보, 새로운 사실

à ce sujet loc. 이에 관해서 (= à ce propos)

concerner N v. ~에 관련되다, 관계되다

chaîne (de télévision) n.f. 텔레비전 채널

compter inf v. ~할 생각이다, ~할 듯하다

diffuser v. 방송하다; 퍼뜨리다; 배포하다; 흩트리다

commando n.m. 특공대, 특공대원

d'élite loc. 엄선된, 특급의, 우수한

dire inf v. ~한다고 말하다

abattre v. (사람을) 죽이다; (동물을) 도살하다; (나무 등을) 베다

publier v. 출판하다; 발표하다, 공포하다

32 Même si l'économie mondiale connaît des crises, il y a bien un secteur ____________ du pessimisme ambiant : c'est celui de la défense. Le marché de l'armement s'est rarement aussi bien porté, soutenu par des ventes record dans la région Asie-Pacifique.

(a) qui se rate
(b) qui se moque
(c) qui se trompe
(d) qui se regarde

| 해설 | «même si»는 내용이 상반되는 두 문장을 연결한다. 즉 빈칸에는 '위기를 겪는다'와 대립되는 표현이 들어가야 한다. 따라서 정답은 (b)이다.

번역 세계 경제가 위기를 겪고 있지만 주위의 비관론을 ____________ 분야가 있다. 바로 방위 분야이다. 무기 시장은 아시아-태평양 지역에서의 기록적인 판매 덕분에 보기 드문 호황을 누리고 있다.

(a) 실패하는
(b) 비웃는
(c) 잘못하는
(d) 자신을 바라보는

참고
mondial (f. -e, m.pl. -aux) a. 세계의, 세계적인
connaître v. 겪다, 경험하다, (특성을) 갖다
secteur n.m. 활동 분야, 산업 분야; 구역, 지구
pessimisme n.m. 비관론, 비관주의
ambiant (f. -e) a. 주위의, 주변의
celui / celle / ceux / celles de N pn. ~의 그것, 그 사람
défense n.f. 방어, 방위; 보호; 옹호, 금지

armement n.m. 무장, 무기, 군비

rarement adv. 드물게 (↔ souvent)

se porter bien / mal loc. (건강, 상태, 상황 등이) 좋다/나쁘다

soutenir v. (무엇을) 떠받치다; (누구를) 부축하다; 원조하다, 지원하다; 지지하다

record a. (형태 불변) 전례가 없는, 기록적인

se rater v. (복수 주어) 서로 만나지 못하다; (단수 주어) 자살에 실패하다

se moquer de N v. ~을 놀리다, 비웃다

se tromper de øN v. ~을 혼동하다, 착각하다

se regarder v. (단수 주어) 자신의 모습을 보다; (복수 주어) 서로 바라보다

33 Où en est-on des « nouveaux animaux de compagnie »? Le marché reste prospère et très moderne, comme en témoigne le Glofish, ce poisson transgénique ________________ poisson zèbre dans lequel on a introduit une protéine fluorescente et qui fait fureur chez les aquariophiles.

(a) vendu avec un
(b) nourri avec un
(c) présent dans un
(d) obtenu à partir d'un

| 해설 | 애완동물에 관한 글이다. 내용상 글로피시는 제브라 다니오에서 만들어진 인공 물고기이다. 따라서 빈칸에 들어갈 말은 (d)이다. 참고로 첫 문장의 « Où en est-on de N ? » 또는 « Où en sommes-nous de N ? »은 글을 시작하면서 주제를 도입하는 표현으로 자주 사용된다.

번역 '새 애완동물들'의 현황은 어떠한가? 시장이 꾸준히 번창하고 아주 현대적이다. 이는 글로피시가 잘 보여 준다. 이는 제브라 다니오________________ 유전자 이식 물고기로, 형광 단백질을 주입한 이 물고기는 수족관 애호가들 사이에서 큰 인기를 얻고 있다.

(a) 와 함께 팔리는
(b) 와 함께 길러진
(c) 안에 있는
(d) 로부터 얻어진

참고 Où en est-on / sommes-nous de N ? ~은 어디에 있는가, 어디까지 왔는가, ~의 현주소는 어디인가?

animal de compagnie n.m. 애완동물

prospère a. 번영하는, 순조로운; 왕성한

comme en témoigne N loc. ~이 그것을 증명하듯이

transgénique a. 이식 유전자를 가진, 유전자 이식의

poisson zèbre n.m. 제브라 다니오, 제브라피시

introduire qqc dans N v. 무엇을 ~에 주입하다, 삽입하다

fluorescent (f. -e) a. 형광의, 형광을 내는

faire fureur loc. 크게 인기를 얻다, 유행하다

aquariophile n., a. 수족관 애호가 관상어를 좋아하는

nourrir v. 먹이를 먹이다; 먹여 살리다, 부양하다

obtenir v. 얻다, 획득하다; 만들어 내다

à partir de N loc. ~로부터, ~에서

34 Michael Jackson est de retour. N'allez pas croire qu'il est revenu d'entre les morts, non, c'est plus simple que ça : une maison de disques a juste sorti un nouvel album avec des morceaux enregistrés de son vivant. ________ l'argent n'ait pas d'odeur, les héritiers n'ont pas à être fiers.

(a) Certes
(b) Malgré
(c) Bien que
(d) Cependant

| 해설 | 빈칸 다음의 두 문장을 연결하는 접속 표현을 고르는 문제이다. 이들 문장의 의미와 첫 문장의 동사가 접속법임을 고려할 때 정답은 (c)이다. 선택지 중 접속법 문장과 함께 쓰이는 것은 (b)와 (c)인데, (b)의 «malgré»는 문장 앞에 접속사 «que»가 추가되어야 하므로 적절한 답이 될 수 없다. (d)의 «cependant»은 상반된 내용의 문장을 연결하지만 이 단어는 두 문장 사이나 두 번째 문장 중간에 쓰인다.

번역 마이클 잭슨이 돌아왔다. 그가 부활했다는 것이 아니다. 훨씬 간단한 것이다. 한 음반사가 생전에 녹음한 곡들을 수록한 새 음반을 발매했다. ______ 돈은 귀천이 ________, 상속자들이 자랑스러워 해서도 안 된다.

(a) 물론 … 없지만
(b) 없음에도 불구하고
(c) 비록 … 없지만
(d) 그렇지만 … 없고

참고

être de retour loc. 돌아오다
maison n.f. 집; (공공) 시설, 기관; 회사, 상사
sortir v. (책, 음반 등을) 발매하다, 출판하다
morceau (pl. -x) n.m. 조각, 덩어리; 단편; 곡, 소곡; 작품; 한 부분
de son vivant loc. 그가/그녀가 살아 있을 때

L'argent n'a pas d'odeur. (속담) 돈에는 귀천이 없다.

héritier (f. -ère) n. 상속인, 계승자, 후계자

avoir à inf loc. ~해야 한다

fier (f. -ère) a. 자랑스럽게 생각하는, 만족해하는; 자존심이 강한

certes adv. 물론, 확실히

malgré prép. ~의 뜻에 반하여; ~에도 불구하고

bien que Psub loc. ~임에도 불구하고, 비록 ~하더라도

cependant adv. 그렇지만, 그렇기는 하지만

35 Un système scolaire élitiste ne favorise pas l'emploi futur de mauvais élèves. ________, ce n'est pas digne d'une nation qui prône l'égalité des chances, tout en sachant que ces chances ne sont pas distribuées équitablement et qu'elles dépendent des origines familiales et sociales.

(a) De plus
(b) Pourtant
(c) Toutefois
(d) Bien que

| 해설 | 접속사나 연결 표현을 고르는 문제이다. 빈칸 전후를 보면 같은 맥락에서 이야기가 전개되고 있으므로 정답은 (a)이다. (b)~(d)는 모두 상반되는 내용의 문장을 연결하는 표현들이다. 한편 (a)~(c)는 단독으로 쓰여 전후의 논리 관계를 나타내는 반면, (d)는 접속사로 반드시 접속법 문장과 함께 쓰인다.

번역 엘리트 중심의 학제는 뒤떨어진 학생들의 미래 고용에 도움이 되지 않는다. ____________ 그것은 기회가 공평하게 분배되지 않고 있으며 출신 집안이나 출신 사회계급에 종속되어 있다는 것을 잘 알고 있으면서도 기회의 평등을 권장하는 국가에 어울리지 않는다.

(a) 또한
(b) 그러나
(c) 그렇지만
(d) ~임에도 불구하고

참고

scolaire a. 학교의, 학교 교육의
favoriser v. 혜택을 주다, 특별 대우를 하다; 유리하게 작용하다; 조장하다, 돕다
futur (f. -e) a. 미래의, 장래의
digne de N a. ~에 어울리는, 잘 맞는

prôner v. 권장하다, 추천하다, 격찬하다 (= recommander, louer)

égalité des chances n.f. 기회의 평등

(tout) en + 현재분사 loc. ~하면서; ~함에도 불구하고

distribuer v. 분배하다, 배포하다; 배치하다; 주다

équitablement adv. 공정하게, 공평하게

dépendre de N v. ~에 달려 있다; 속하다; 종속되다

origine n.f. 출신, 태생, 혈통, 국적; 기원, 시초; 출처, 유래

pourtant adv. 그러나, 그렇지만, 그럼에도 불구하고

toutefois adv. 그렇기는 하지만, 그럼에도 불구하고

Part IV

| 문제 36~50 | **다음 글을 읽고 주어진 질문에 대한 가장 알맞은 답을 고르시오.**

36 Tu aurais vu la mariée... Elle portait une robe blanche toute de dentelle. Elle avait la tête ceinte d'un diadème. Elle était vraiment princière. Son maquillage mettait ses grands yeux en valeur. Et puis, elle tenait un de ces adorables petits bouquets ronds, beaux comme des bijoux naturels.

Q. Selon cette personne, comment était la mariée ?

(a) Plutôt jolie.
(b) Trop naturelle.
(c) Extrêmement belle.
(d) Franchement banale.

| 해설 | 신부의 아름다운 모습을 묘사한 글이다. 질문은 신부가 어떠했는가이므로, 정답은 (c)이다. 조건법 과거는 일반적으로 아쉬움이나 후회, 비난 등을 표현하며, 첫 문장에서는 '봤어야 했는데'라는 아쉬움을 나타낸다. 조건법 과거는 과거의 미확인 사실이나 과거의 일과 반대되는 가정과 결과를 표현할 때도 사용된다.

- Ils se seraient vus tous les jours.
  그들은 매일 만났던 것 같다.
- Si tu m'avais invité, je serais venu à ta soirée.
  네가 나를 초대했었다면 네 파티에 왔을 텐데.

번역 네가 신부를 봤어야 했는데… 레이스가 달린 하얀 드레스를 입고 머리에 왕관을 쓰고 있었어. 정말 공주였어. 화장으로 큰 눈이 돋보였어. 그리고 너무나도 사랑스러운 자그마한 둥근 부케를 들고 있었어. 그것은 아름답기가 천연보석들 같았어.

질문 이 사람에 따르면, 신부는 어떠했습니까?

(a) 꽤 예뻤다.

(b) 지나치게 자연적이었다.

(c) 대단히 아름다웠다.

(d) 완전히 평범했다.

참고

dentelle n.f. 레이스

ceint (f. -e) a. 착용된, 둘러싸인

diadème n.m. 왕관, 관

princier (f. -ère) a. 왕족의, 군주의; 호화로운, 위풍 있는

maquillage n.m. 화장, 화장품

mettre qqc en valeur loc. 무엇을 듣보이게 하다, 강조하다; 이용하다, 활용하다

adorable a. 근사한, 사랑스러운

bijou (pl. -x) n.m. 보석, 패물

extrêmement adv. 대단히 (= très)

franchement adv. 분명하게, 정말로, 단호하게

banal (f. -e, m.pl. -s) a. 평범한, 흔한; 진부한, 시시한

37 Les Allemands n'en ont toujours pas fini avec la Seconde Guerre mondiale. Avec la découverte de plus de 1 400 tableaux d'art moderne au domicile d'un de leurs compatriotes, le sujet des œuvres d'art volées aux juifs pendant la dernière guerre redevient d'actualité. Mais comment retrouver les propriétaires originaux après tant d'années ?

Q. D'après le texte, la restitution des œuvres d'art volées pendant la guerre est :

(a) un sujet vieux et enterré.
(b) un problème qui doit encore être résolu.
(c) une énigme qui ne concerne pas les juifs.
(d) un motif de désaccord entre partis politiques.

| 해설 | 제2차 세계대전 중 훔친 그림들에 관한 글이다. 이 미술작품들의 반환에 대해서는 넷째 줄의 «redevient d'actualité»를 비롯, 첫 문장과 마지막 문장을 통해 정답을 알 수가 있다. 따라서 정답은 (b)이다.

번역 독일인들에게는 아직도 제2차 세계대전이 끝나지 않았다. 한 독일인의 집에서 1,400점이 넘는 근대 미술 그림들이 발견되면서 지난 전쟁 중 유태인에게서 훔친 미술작품 문제가 다시 이슈가 되었다. 하지만 오랜 시간이 지난 지금 원 소유자를 어떻게 찾을 것인가?

질문 글에 따르면 전쟁 중 훔친 미술작품의 반환은 :

(a) 오래되고 잊혀진 주제이다.
(b) 아직 해결되어야 하는 문제이다.
(c) 유태인과 관계없는 수수께끼이다.
(d) 정당 간 대립의 원인이다.

참고 en finir (avec N) loc. (목적보어 없이) 끝내다, 결말을 내다; (~을) 해결하다; (~와) 관계를 끊다

tableau (pl. -x) n.m. 그림, 회화; 판, 게시판; 표

compatriote n. 동포, 동향인

œuvre d'art n.m. 예술 작품, 미술품

juif (f. -ve) a., n. 유태인의; 유태인

d'actualité loc. 시사성이 있는, 시사적인

restitution n.f. 반환; 복구, 복원

enterré (f. -e) a. 땅속에 묻힌, 매장된; 폐기된, 잊혀진

résoudre v. 해결하다, 풀다

énigme n.f. 수수께끼, 풀기 힘든 문제, 불가사의

désaccord n.m. 불화, 대립; 불일치, 부조화

parti politique n.m. 정당

38 Les médecins s'intéressent ces jours-ci aux champignons hallucinogènes. Leur but est d'utiliser les drogues psychédéliques pour traiter, à terme et avec un encadrement bien évidemment très strict, des maladies telles que la dépression. Aussi tentent-ils de comprendre avec précision comment ces drogues agissent sur notre organisme.

Q. Pouvez-vous trouver le meilleur titre pour ce passage?

(a) Des dealers au sein de l'hôpital.
(b) La drogue, le plus violent des fléaux.
(c) La drogue au service de la médecine.
(d) La médecine en guerre contre la drogue.

| 해설 | 제시된 글에 적절한 제목을 고르는 문제로, 이와 관련한 핵심 내용은 두 번째 문장에 제시되어 있다. 따라서 정답은 (c)이다.

번역 최근 의사들은 환각을 일으키는 버섯에 관심을 가진다. 그들의 목적은 기한을 정해 놓고 그리고 물론 아주 엄격한 관리하에 우울증 등의 질병을 치료하기 위하여 환각제를 사용하는 것이다. 그래서 그들은 명확하게 그 약물들이 우리의 몸에 어떻게 작용하는지 이해하려고 한다.

질문 이 글에 가장 적합한 제목을 찾을 수 있습니까?

(a) 병원 내부의 마약 밀매자들.
(b) 마약, 가장 지독한 재앙.
(c) 의학에 도움이 되는 마약.
(d) 마약과 전쟁 중인 의학.

참고

champignon n.m. 버섯; (복수) 버섯류, 균류

hallucinogène a., n.m. 환각을 일으키는; 환각제

but n.m. 과녁; 목적, 목표; 득점

psychédélique a. 환각 증상의, 환각을 일으키는

à terme loc. 기한을 정해 놓고

encadrement n.m. 틀, 액자; 틀에 끼우기; 주위, 환경; 관리, 지도

évidemment adv. 확실히, 틀림없이; (문장 앞에서) 물론, 당연히

tel(le)(s) que N loc. ~와 같은, ~ 등(의)

tenter de inf v. ~하기를 시도하다, 기도하다

avec précision loc. 정확하게, 정밀하게

agir sur N v. ~에 작용하다, 영향을 미치다

organisme n.m. 유기체, 생물, 인체; 조직(체); 기관, 기구

dealer n.m. 마약 밀매인 (= dealeur)

au sein de qqc loc. 무엇의 한가운데에, 내부에

fléau (pl. -x) n.m. 화, 재앙, 재해; 글칫거리, 화근

au service de N loc. ~에 도움이 되는, ~을 위해서

39 Si les échouages massifs de baleines sont courants en Nouvelle-Zélande, celui qui vient de se produire a marqué les esprits puisque ce sont 58 baleines-pilotes qui sont mortes en trois jours à Ohiwa Harbour. Après avoir été repoussées vers le large par les secours, elles sont revenues s'échouer sur une plage pour y mourir. Les biologistes marins n'en comprennent pas la raison.

Q. De quel genre de texte s'agit-il ?

(a) Social.
(b) Politique.
(c) Scientifique.
(d) Économique.

| 해설 | 제시된 글의 장르를 묻는 문제이다. 이 글은 고래의 집단 표류에 관한 내용이다. 따라서 정답은 (c)이다.

번역 고래의 집단 표류가 뉴질랜드에서는 흔한 일이다. 하지만 최근에 일어난 집단 표류는 사람들에게 강한 인상을 남겼다. 왜냐하면 오히와 하버에서 3일 만에 거두고래 58마리가 죽었기 때문이다. 이들은 구조대에 의해 먼바다로 돌려보내졌으나, 돌아와서 해변 위로 올라와 죽었다. 해양생물학자들은 그 이유를 모른다.

질문 어떤 유형의 글입니까?

(a) 사회적인.
(b) 정치적인.
(c) 과학적인.
(d) 경제적인.

참고

échouage n.m. 좌초, 뭍에 올리기; (고래의) 표류 현상

s'échouer v. (배가) 좌초되다; (고래가) 표류하다

massif (f. -ve) a. 묵직한, 둔중한; 다량의; 집단적인

baleine n.f. 고래

baleine-pilote n.f. 거두고래

courant (f. -e) a. 보통의, 일반적인, 일상의; 현재의, 지금의; (물이) 흐르는

se produire v. (사람 주어) 나타나다, 등장하다; (사물 주어) 일어나다, 발생하다

esprit n.m. 정신, 마음; 지성, 지력; 사람

repousser v. 밀어내다; 물리치다, 격퇴하다; 거절하다

large n.m. 먼바다

secours n.m. 도움, 구조; (복수) 원조금, 구호물자; (복수) 구조대, 원군

biologiste marin(e) n. 해양생물학자

raison n.f. 이성; 이유, 원인; 도리, 이치

il s'agit de N loc. 문제는 ~이다, ~에 관련되다, ~이 중요하다

40 Le lauréat du concours Lépine 2014 est un boulanger qui a inventé un distributeur automatique de baguettes. Pas pour deux ou trois euros, mais pour juste un euro, la machine vous délivrera une baguette réchauffée en dix secondes. Certains y voient une menace pour les boulangers, mais pour l'inventeur c'est une aubaine pour développer un marché international.

Q. Combien coûtera une baguette avec le distributeur automatique ?

(a) Un euro.
(b) Deux euros.
(c) Trois euros.
(d) On ne sait pas.

| 해설 | 바게트 빵 자동판매기에 관한 글이다. 질문은 자동판매기에서 바게트 빵의 가격이 얼마인가이다. 정답은 (a)이고, 정답의 단서는 두 번째 문장에 제시되어 있다.

번역 2014년도 레핀 상의 수상자는 바게트 빵 자동판매기를 개발한 제빵사이다. 2유로나 3유로가 아니라 단 1유로에 그 기계는 당신에게 데운 바게트 빵 하나를 10초 만에 제공한다. 어떤 사람들은 그것을 제빵사에 대한 위협으로 본다. 그러나 개발자는 그것을 국제시장을 확장할 좋은 기회로 본다.

질문 자동판매기에서 바게트 빵 한 개는 얼마입니까?

(a) 1유로.
(b) 2유로.
(c) 3유로.
(d) 알 수 없다.

참고

lauréat (f. -e) n. 수상자

concours n.m. 선발시험, 경시, 시합, 대회

distributeur automatique n.m. 자동판매기

délivrer v. 주다, 지급하다; 발급하다; 해방시키다, 석방하다; 덜어주다

réchauffé (f. -e) a. 데운, 다시 덥힌

menace n.f. 위협, 협박; 흉조, 위험

aubaine n.f. 행운, 횡재, 좋은 기회

41 Connaissiez-vous l'existence du Championnat du monde de barbe? Non? On vous pardonne : ce n'est pas la spécialité la plus populaire qui soit. Ils sont pourtant 300 concurrents à participer au championnat 2013. Et ils ne prennent pas leur participation à la légère. En témoigne l'Américain Justin Kellermeier à qui il a fallu cinq heures de préparation pour présenter la sienne.

Q. Comment est l'attitude des concurrents?

(a) Très sérieuse.
(b) Pleine d'humour.
(c) Agressive et compétitive.
(d) Franchement décontractée.

| 해설 | 세계 턱수염 선수권 대회에 관한 글이다. 대회 참가자들의 태도는 넷째 줄의 «Et ils ne prennent pas leur participation à la légère.»에서 알 수 있다. 정답은 (a)이다.

번역 세계 턱수염 선수권 대회를 아십니까? 모르신다고요? 괜찮습니다. 가장 대중적인 분야는 아니니까요. 하지만 300명의 경쟁자가 2013년도 선수권 대회에 참가합니다. 그리고 이들은 대회 참가를 가벼이 여기지 않습니다. 이를 잘 보여 주는 것이 미국인 저스틴 켈러메이어 씨입니다. 그는 자신의 턱수염을 선보이기 위해 5시간을 준비해야 했습니다.

질문 경쟁자들의 태도는 어떠합니까?

(a) 아주 진지하다.
(b) 유머가 많다.
(c) 적극적이고 경쟁심이 강하다.
(d) 완전히 태평하다.

참고

championnat n.m. 선수권 대회

barbe n.f. (턱, 뺨, 입의) 수염

qui soit loc. (최상급 강조) 가장 ~한

concurrent (f. -e) n., a. 경쟁자; 경쟁하는

participer à qqc v. 무엇에 참가하다, 가담하다, 협력하다

prendre N à la légère loc. ~을 가볍게 여기다

témoigner de qqc v. 무엇을 증명하다, 무엇의 증거이다

il faut N à qqn loc. 누구에게/누가 ~이 필요하다

attitude n.f. 자세, 몸가짐; 태도, 거동

sérieux (f. -se) a. 진지한, 신중한, 사려 깊은

plein(e) de N loc. ~이 가득 찬; 많은 ~

agressif (f. -ve) a. 공격적인, 위협적인; 의욕적인, 적극적인

décontracté (f. -e) a. 걱정이 없는, 태평한; 긴장이 풀린

42 L'être humain bionique n'est plus du domaine du rêve. Il est vrai que l'ajout de prothèses de toutes sortes n'est pas une nouveauté, mais l'apparition de mains artificielles capables non seulement de mouvement mais encore de simuler la sensation de toucher rapproche encore plus la réalité des livres de science-fiction.

Q. Pouvez-vous choisir la réponse qui correspond bien au texte?

(a) La réalité est très loin des livres de science-fiction.
(b) L'être humain bionique est juste un rêve impossible.
(c) Il existe maintenant des mains artificielles très sophistiquées.
(d) On peut trouver des prothèses meilleures que les membres humains.

| 해설 | 인조인간, 인공장기 등 의료기술의 발달에 관한 글이다. 글의 내용에 부합하는 설명을 고르는 문제로, 셋째 줄 이하에서 정답의 단서를 찾을 수 있다. 정답은 (c)이다.

번역 인조인간은 더 이상 꿈의 영역이 아니다. 사실 각종 인공장기 이식은 새로운 일이 아니다. 하지만 움직일 뿐만 아니라 만지는 감각을 흉내 낼 수 있는 인공 손의 출현은 현실을 공상과학 소설 책과 한층 더 가까워지게 한다.

질문 글에 잘 부합하는 답을 고를 수 있습니까?

(a) 현실은 공상과학 소설 책과 아주 멀다.
(b) 인조인간은 단지 불가능한 꿈이다.
(c) 이제 아주 정밀한 인공 손이 존재한다.
(d) 사람의 사지보다 나은 인공장기를 구할 수 있다.

참고

bionique a. 생명공학의, 생체도방공학의

ajout n.m. 덧붙이기, 첨가, 추가

prothèse n.f. 보철, 인공장기

de toutes sortes loc. 가지각색의, 온갖

non seulement … mais … loc. ~일 뿐만 아니라 ~도

simuler N v. ~을 가장하다, ~인 체하다; ~을 흉내 내다; 복제하다

rapprocher A de B v. A를 B와 가까이 놓다, A를 B에 접근시키다

science-fiction n.f. 공상과학, 공상과학 소설, 공상과학 영화

correspondre à qqc v. 무엇에 대응하다, 상응하다

sophistiqué (f. -e) a. 고도의, 정밀한

membre humain n.m. 사지, 팔다리

43 Lutèce est l'un des anciens noms de Paris. On sait peu de choses sur elle, mais des archéologues auraient déjà mis au jour une église médiévale sous la préfecture de police qui se trouve sur l'île de la Cité. Ils n'ont que quelques mois pour poursuivre leurs fouilles, leur petit chantier devant laisser la place l'an prochain à un nouveau hall d'accueil au public de la Préfecture.

Q. D'après le texte, les fouilles vont se poursuivre pendant combien de temps ?

(a) Des mois.
(b) Des années.
(c) Quelques jours.
(d) Un an exactement.

| 해설 | 파리의 중세교회 발굴에 관한 글로, 발굴 기간은 넷째 줄의 « Ils n'ont que quelques mois ... »에 언급되어 있다. 정답은 (a)이다.

번역 뤼테스는 파리의 옛 이름 중 하나이다. 우리는 이 도시에 대해 아는 것이 거의 없다. 그러나 고고학자들이 이미 중세시대의 교회 하나를 시테섬 경찰청 아래에서 발견한 듯하다. 발굴할 시간은 몇 달뿐이다. 경찰청의 새 로비를 위해 내년에 작업 현장을 내줘야 하기 때문이다.

질문 글에 따르면 발굴은 얼마 동안 계속됩니까?

(a) 수개월.
(b) 수년.
(c) 며칠.
(d) 정확히 1년.

참고

archéologue n. 고고학자

médiéval (f. -e, m.pl. -aux) a. 중세의

préfecture de police n.f. (파리, 대도시의) 경찰청, 경시청

poursuivre v. 뒤쫓다, 추격하다; 계속하다, 속행하다

fouille n.f. 땅 파기, 굴착; 발굴; 뒤지기, 수색

chantier n.m. 작업대; 건설 현장, 작업장

laisser qqc à qqn v. 무엇을 누구에게 맡기다, 남겨주다, 넘기다

hall n.m. 홀, 넓은 방, 로비

accueil (à qqn) n.m. (누구에 대한) 대접, 접대

44 Je suis folle du Festival de Cannes. Je n'ai eu l'occasion d'y faire qu'un unique tour, mais alors quel souvenir ! J'ai entr'aperçu des stars du cinéma sur la Croisette : Catherine Deneuve, Sienna Miller... Tous les ans à la même époque, j'achète tous les magazines qui parlent de cet événement.

Q. Cette personne est-elle déjà allée au Festival de Cannes ?

(a) Non, jamais.
(b) Oui, tous les ans.
(c) Oui, une seule fois.
(d) Oui, de temps en temps.

| 해설 | 칸 영화제에 관한 글이다. 이 사람이 영화제에 가 본 적이 있는지는 두 번째 문장의 앞부분을 통해 알 수 있다. 정답은 (c)이다.

번역 나는 칸 영화제에 열광한다. 그곳을 돌아볼 기회는 한 번뿐이었다. 하지만 굉장한 추억이다! 나는 카트린 드뇌브, 시에나 밀러 등 인기 영화배우들을 크루아제트 길에서 잠깐 보았다. 매년 같은 시기에, 나는 이 행사를 다루는 잡지들을 모두 구입한다.

질문 이 사람은 이미 칸 영화제에 가 보았습니까?

(a) 아니요.
(b) 네, 매년.
(c) 네, 한 번.
(d) 네, 가끔.

참고

fou (f. folle, m.pl. -s) a. 미친; 빠진, 열광한, 열중한

✪ 모음 또는 무성 h로 시작하는 남성명사 앞에서는 fol로 쓴다.

unique a. (명사 앞) 유일한, 단 하나뿐인; (명사 뒤) 공통의, 통합의

tour n.m. 일주, (짧은) 산책, 여행

quel (f. -le) a. (감탄문) 얼마나 큰, 놀라운, 굉장한

entr(')apercevoir v. 흘끗 보다

star n.f. 인기배우, 스타 (= vedette)

époque n.f. 시대; 시절, 무렵, 때

événement n.m. 사건, 대사건; (복수) 정세, 시국; 행사, 이벤트

de temps en temps loc. 가끔, 때때로

45 Depuis le 1er janvier 2013, les municipalités néerlandaises peuvent demander aux coffee shops de ne vendre du cannabis qu'aux Hollandais. Elles veulent lutter contre les nuisances – embouteillages, tapage nocturne – provoquées par la venue annuelle de millions d'étrangers dans ce type d'établissements.

Q. Pourquoi les municipalités veulent-elles agir ?

(a) Parce que la drogue n'est pas bonne pour la santé.
(b) Parce que les coffee shops sont en train de disparaître.
(c) Parce que l'Union Européenne a interdit ce commerce.
(d) Parce que le tourisme de la drogue cause des problèmes.

| 해설 | 네덜란드의 대마초 판매 제한에 관한 글이다. 질문은 자치단체들이 왜 움직이는가이다. 정답은 (d)이고, 관련 설명은 마지막 문장에 제시되어 있다.

번역 2013년 1월 1일부터 네덜란드의 자치단체들은 자국민에게만 대마초를 팔 것을 커피숍에 요구할 수 있다. 자치단체들은 매년 수백만의 외국인들이 이들 업소에 오면서 유발되는 교통혼잡, 야간 소음 등의 해악에 맞서 싸우고자 한다.

질문 왜 시 당국들은 행동하고자 합니까?

(a) 마약이 건강에 좋지 않기 때문에.
(b) 커피숍이 사라지고 있기 때문에.
(c) 유럽연합이 이 거래를 금지했기 때문에.
(d) 마약 관광이 여러 문제를 유발하기 때문에.

참고

municipalité n.f. 시, 읍, 면, 자치단체

néerlandais (f. -e) a., n. 네덜란드의; (N-) 네덜란드인; (le néerlandais) 네덜란드어

cannabis n.m. 대마, 대마초

hollandais (f. -e) a., n. 네덜란드의; (H-) 네덜란드인

lutter contre N v. ~와 싸우다, ~에 맞서다

nuisances n.f.pl. 공해, 해악

embouteillage n.m. 혼잡; 교통체증

tapage nocturne n.m. 야간 소음

établissment n.m. 시설, 기관, 상점, 회사; 설치; 수립, 창설, 제정

santé n.f. 건강, 건강 상태

en train de inf loc. ~하는 중인, ~하고 있는

causer v. 야기하다, 일으키다; ~의 원인이다

46 Facebook est peut-être plus utile que je le pensais. Cet invraisemblable outil de communication et de partage d'informations aurait aussi des vertus humaines. Par exemple, il permet de faire vivre quelqu'un de disparu. Grâce à ce réseau social, les proches continuent de donner des nouvelles et n'oublient pas la personne décédée. Cela permet d'éviter de la faire mourir une seconde fois, dans les mondes virtuels.

Q. Quelle est la position de l'auteur du texte vis-à-vis de Facebook?

(a) Stable.
(b) Neutre.
(c) Critique.
(d) Évolutive.

| 해설 | 페이스북의 기능에 대한 글이다. 글쓴이의 입장을 묻는 문제로, 그 단서는 글의 앞부분에서 찾을 수 있다. 정답은 (d)이다.

번역 페이스북은 내가 생각하던 것보다 더 유용한 것 같다. 이 이상한 의사소통 및 정보 공유의 도구는 인간적인 효능도 있는 듯하다. 예를 들어 그것을 통해 우리는 이미 죽은 사람을 계속해서 살게 할 수 있다. 이 사회관계망 덕분에 가까운 사람들은 계속해서 소식을 전하면서 망자를 잊지 않는다. 이를 통해 가상세계에서 그를 다시 죽게 하는 것을 피할 수 있다.

질문 페이스북에 대한 저자의 입장은 무엇입니까?

(a) 일관되다.
(b) 중립적이다.
(c) 비판적이다.
(d) 변화하고 있다.

참고

peut-être adv. 아마, 어쩌면

utile a. 유익한, 유용한

invraisemblable a. 사실 같지 않은, 이상한, 기괴한

outil n.m. 도구, 연장; 수단

partage n.m. 분배, 분할; 공유, 분담

vertu n.f. 덕, 덕성; 효능, 효력, 힘

permettre à qqn qqc / de inf v. 누구에게 무엇을/~하기를 허가하다, 허락하다

disparu (f. -e) a. 사라진, 행방불명된, 죽은

grâce à N loc. ~ 덕에, 덕분에

réseau social n.m. 사회관계망

proche a., n. 인접한, 이웃의; 가까운, 친한; 친구, 친족

décédé (f. -e) a. 죽은, 사망한

éviter N / de inf v. ~을/~하기를 피하다, 모면하다; 삼가다, 금하다; 면해 주다

monde virtuel n.m. 가상세계

vis-à-vis de N loc. ~와 마주보고; ~에 비하여; ~에 대하여

stable a. 안정된, 지속적인; 균형 잡힌

évolutif (f. -ve) a. 변화하는, 진화하는

47 Plus de la moitié des Russes seraient incapables de dire qui a construit le mur de Berlin. Cela montre que nous n'avons pas tous la même vision de l'Histoire, et cela s'explique par le fait que des régimes ont adopté des fondements du système occidental, comme l'économie de marché, en « oublient » d'y intégrer la démocratie et en dissimulant ou faussant certains faits historiques.

Q. Comment est la vision de l'Histoire entre les Russes et les autres Occidentaux?

(a) Différente.
(b) Contraignante.
(c) Presque identique.
(d) Tout à fait semblable.

| 해설 | 러시아인의 역사 인식에 관한 글이다. 러시아인과 다른 서구인의 역사관이 어떠한지는 두 번째 문장에서 명시적으로 설명되고 있다. 정답은 (a)이다.

번역 러시아인 절반 이상이 누가 베를린 장벽을 세웠는지 말하지 못할 것이다. 이는 우리 모두가 같은 시각으로 역사를 바라보지는 않음을 보여 준다. 이는 정권들이 시장경제 같은 서구 체제의 원칙들을 채택하면서 거기에 민주주의를 통합하는 것을 '소홀히' 하고 또 일부 역사적 사실들을 감추거나 왜곡했다는 사실로 설명된다.

질문 러시아인과 나머지 서구인의 역사에 대한 시각은 어떠합니까?

(a) 다르다.
(b) 강제적이다.
(c) 거의 동일하다.
(d) 완전히 유사하다.

참고

moitié n.f. 반, 절반

russe a., n. 러시아의; (R-) 러시아인; (le russe) 러시아어

incapable de inf a. ~할 수 없는, ~할 능력이 없는

expliquer v. 설명하다, 이해시키다

fait n.m. 일, 사건; 사실, 진실; 본론; 행위, 행동

régime n.f. 체제, 제도; 규정, 법규; 다이어트

adopter v. 양자로 삼다; 채택하다, 채용하다; 가결하다, 통과시키다

fondement n.m. 토대, 기반; 이유, 근거; 원리, 원칙

économie de marché n.f. 시장경제

oublier de inf / qqc v. ~하는 것을/무엇을 잊다, 빼먹다; 무시하다, 소홀히 하다

intégrer A à B v. A를 B에 통합하다

dissimuler v. 숨기다, 감추다, 은닉하다

fausser v. 왜곡하다, 변질시키다; 망치다

contraignant (f. -e) a. 강제하는, 구속하는, 강압적인

tout à fait loc. 완전히, 대단히, 매우

semblable a. 유사한, 닮은

48 Selon le journaliste et écrivain Jérôme Garcin, qui est en charge du service culturel du *Nouvel Observateur*, « le temps est loin où, en France, la critique littéraire était aussi de la littérature, et où les recueils de chroniques et d'études étaient des œuvres en soi. » De fait, il présente les essayistes Cécile Guilbert et Alain Veinstein comme des exceptions qui confirment la règle.

Q. Qu'en est-il de la critique littéraire française actuelle ?

(a) Elle recherche la rupture.
(b) Elle prolonge la tradition.
(c) Elle a perdu sa dimension littéraire.
(d) Elle a gagné une dimension historique.

| 해설 | 프랑스의 문학비평에 관한 글이다. 현재 문학비평이 어떠한지에 대해서는 중간의 인용문에 설명이 제시되고 있다. 정답은 (c)이다.

번역 『누벨 옵세르바퇴르』의 문화부를 책임지고 있는 기자이자 작가인 제롬 가르생에 따르면, "프랑스에서 문학비평 또한 문학이던 시대, 그리고 시평과 논문 모음집이 그 자체로 작품이던 시대는 멀어졌다." 그리고 그는 수필가 세실 길베르와 알랭 벵스타인을 그것을 확인해 주는 예외로 소개한다.

질문 프랑스의 현재 문학비평은 어떠합니까?

(a) 단절을 탐구한다.
(b) 전통을 잇는다.
(c) 문학적 측면을 잃었다.
(d) 역사적인 측면을 얻었다.

참고

en charge de qqc loc. 무엇에 대해 책임이 있는, 무엇을 담당하는

littéraire a. 문학의, 문학적인, 문예에 적합한

littérature n.f. 문학, 문학작품

recueil n.m. 모음집; 모으기, 수집

chronique n.f. 연대기, 편년지; 기사, 시평

en soi loc. 그 자체로

de fait loc. 실제로, 사실

essayiste n. 수필가

L'exception confirme la règle. (속담) 규칙이 없으면 예외도 없다.

rechercher v. 찾다, 탐구하다, 조사하다; 추구하다; 친해지려고 하다

rupture n.f. 단절; 결별; 파열

prolonger v. 연장하다, 길게 하다

dimension n.f. 크기, 치수; 차원, 의미, 측면

49 Les enfants, il faut les laisser jouer et baser l'enseignement sur le plaisir. Faire du bourrage de crâne ne sert pas à grand-chose. Au niveau pédagogique, favoriser l'imagination est bien plus utile que d'apprendre par cœur. Cela suppose la mise en œuvre d'un projet mental qui ouvre une visée de sens et qu'il faut distinguer de toute rêverie vagabonde.

Q. Comment doit-on considérer l'imagination des enfants ?

(a) Comme un rêve.
(b) Comme un jouet.
(c) Comme un outil pédagogique.
(d) Comme un exercice de mémorisation.

| 해설 | 교육 방법에 관한 글로, 질문은 상상을 어떻게 보아야 하는가이다. 이와 직접적으로 관련된 서술이 없다. 따라서 전체 주제와 함께 '상상'이 어떤 맥락에서 언급되고 있는지를 통해 답을 찾아야 한다. 교육 차원에서 유용하다는 언급에서 정답이 (c)임을 알 수 있다.

번역 아이들은 놀게 둬야 하고 교육은 즐거움에 기반해야 한다. 주입식 교육은 큰 도움이 되지 않는다. 교육 차원에서 상상을 돕는 것이 암기하는 것보다 훨씬 더 유용하다. 그것은 목표의식을 갖게 하는 정신적 계획의 실행을 전제한다. 정신적 계획은 종잡을 수 없는 공상과 다르다.

질문 아이들의 상상을 어떻게 간주해야 합니까?

(a) 꿈으로.
(b) 장난감으로.
(c) 교육 도구로.
(d) 암기 훈련으로.

참고

laisser inf v. ~하게 (내버려) 두다

baser A sur B v. A의 기초를 B에 두다

enseignement n.m. 교육, 가르침 (= éducation)

bourrage de crâne n.m. 주입식 교육; 과대선전, 허위선전; 속임수

servir à qqc / à inf v. 무엇에/~하는 것에 쓰이다, 소용되다

au niveau Adj loc. ~의 수준에서, 차원에서

pédagogique a. 교육적인; 교육학의

par cœur loc. 외워서, 암기하여

supposer v. 전제하다; 추정하다, 추측하다; 가정하다

mise en œuvre de qqc n.f. 무엇의 사용, 적용, 실행, 이행

projet n.m. 계획, 기획; 초안, 초고; 설계(도)

visée n.f. 겨냥, 조준; 목표, 목적

rêverie n.f. 몽상, 공상, 명상

vagabond (f. -e) a. 방황하는; 종잡을 수 없는, 산만한

mémorisation n.f. 기억, 암기

50 D'après un sondage, 59% des Français seraient favorables à l'élaboration de statistiques ethniques, contre 41% qui se disent défavorables. Parmi les «favorables» se trouvent nombre de sympathisants du Front National, qui n'est pas connu pour son amour des étrangers, mais également des gens appartenant à des associations de défense des minorités.

Q. Qui sont les personnes favorables à ces statistiques?

(a) Des Français de souche.
(b) Des étrangers sans papiers.
(c) Des personnes de divers horizons.
(d) Des gens réputés pour leur racisme.

| 해설 | 새로운 통계 방법에 관한 글이다. 이 통계 방법에 누가 찬성하는지를 알 수 있는 직접적인 설명은 뒷부분에 제시되어 있다. 정답은 (c)이다.

번역 여론조사에 따르면 프랑스인 중 59%는 민족을 반영한 통계를 개발하는 것에 호의적이고 41%는 부정적이다. '호의적인' 사람들 중에는 국민전선 지지자들이 많다. 국민전선은 외국인에 대한 사랑으로는 알려진 바가 없다. 호의적인 사람들 중에는 또한 소수집단 보호 단체에 속한 사람들도 있다.

질문 이러한 통계에 호의적인 사람들은 누구입니까?

(a) 토박이 프랑스인.
(b) 불법 체류 외국인.
(c) 여러 영역의 사람들.
(d) 인종차별로 유명한 사람들.

참고

sondage n.m. 여론조사; 측량

favorable à N a. ~에 호의적인, 유리한

défavorable (à N) a. (~에) 호의적이 아닌, 반대하는

élaboration n.f. 착상, 구상; 공들여 만듦

ethnique a. 민족의

se dire Adj v. 자기가 ~하다고 말하다, ~라고 자칭하다

nombre de øN loc. 많은, 다수의 ~

sympathisant (f. -e) a., n. 동조하는, 지지하는; 동조자, 지지자

Front National 국민전선(프랑스의 정당)

appartenir à N v. ~에 속하다, ~의 것이다

de souche loc. 토박이의

sans papiers loc. 체류증이 없는, 불법체류 중인

réputé(e) pour qqc a. 무엇으로 유명한, 평판이 높은

racisme n.m. 인종주의, 인종차별

SET 2

청해

독해

Part I

| 문제 1~15 | 다음 문장을 듣고 자연스러운 대화를 이룰 수 있는 가장 적절한 응답을 고르시오.

01

H: À quelle heure avez-vous rendez-vous?
F: ________________

(a) Mardi prochain.
(b) Le 16 de ce mois.
(c) À six heures, ce soir.
(d) Pendant deux heures.

| 해설 | 약속이 몇 시인지 묻는 물음에 적절한 응답을 고르는 문제이다. (a)는 요일을, (b)는 날짜를 제시하므로 적절한 답이 될 수 없다. 한편 «heure»는 전치사 «à»와 결합하면 '~시'로 해석되지만, (d)에서처럼 «pendant» 뒤에서는 '~시간'으로 해석된다. 따라서 정답은 (c)이다.

번역

남: 당신은 몇 시에 약속이 있나요?
여: ________________

(a) 다음 화요일이요.
(b) 이번 달 16일이요.
(c) 오늘 저녁 6시요.
(d) 2시간 동안이요.

참고

à quelle heure loc. 몇 시에
avoir rendez-vous (avec qqn) loc. (누구와) 약속이 있다
prochain (f. -e) a. 다음의, 돌아오는, 가까운 (↔ dernier)

ce, cet, cette + 시기/때 a. 이번 ~, 오늘 ~

✪ ce soir 오늘 저녁(에), cette semaine 이번 주(에), cet été 이번 여름(에), cette année 올해(에)

pendant prép. ~ 동안

✎ 요일 표현

lundi 월요일 mardi 화요일 mercredi 수요일 jeudi 목요일
vendredi 금요일 samedi 토요일 dimanche 일요일

02 F: Vous aimez la chanson française?
H: ________________

(a) Non, je n'aime pas le cinéma.
(b) Je ne sais pas, je suis malade.
(c) Beaucoup, surtout Édith Piaf.
(d) Ah oui, j'adore Michael Jackson.

| 해설 | 여자가 남자에게 프랑스 노래를 좋아하는지 묻는다. 영화에 대해 말하는 (a)나 질문의 주제와 무관한 내용의 (b)는 답이 될 수 없다. 참고로 에디트 피아프는 1940~1950년대에 활동한 프랑스의 국민가수이다. 따라서 정답은 (c)이다.

번역 여: 당신은 프랑스 노래를 좋아하세요?
남: ________________

(a) 아니요, 저는 영화를 좋아하지 않아요.
(b) 모릅니다, 저는 아파요.
(c) 많이 좋아해요, 특히 에디트 피아프를 좋아해요.
(d) 아 네, 저는 마이클 잭슨을 많이 좋아해요.

참고
chanson n.f. 가요, 노래
cinéma n.m. 영화, 영화관
savoir v. (지식, 사실을) 알다, 알고 있다
malade a., n. 아픈; 환자
beaucoup adv. 많이, 대단히
surtout adv. 특히, 특별히, 무엇보다도 우선
adorer v. 열렬히 사랑하다, 숭배하다

03

H: Il fait quel temps?
F: ____________________

(a) Demain, à 17 heures!
(b) Mauvais! Il pleut et il fait froid.
(c) Non, je n'ai pas le temps aujourd'hui.
(d) Oui, si tu veux, ce soir pendant une heure.

| 해설 | 날씨에 관한 대화이다. «il fait»는 가장 널리 쓰이는 날씨 표현으로, 형용사나 명사 표현과 함께 쓴다. 예를 들어 «Il fait beau / mauvais.»는 '날씨가 좋다/나쁘다'이고, «Il fait du soleil / du vent.»은 '맑다/바람이 분다'이다. «temps»이 '시간'과 '날씨' 두 가지 의미로 쓰인다는 것도 알아두자.

번역

남: 날씨 어때?
여: ____________________

(a) 내일 17시에!
(b) 나빠! 비가 오고 추워.
(c) 아니, 나는 오늘 시간이 없어.
(d) 응, 네가 원하면, 오늘 저녁 1시간 동안.

참고

temps n.m. 시간; 날씨
demain adv., n.m. 내일
✪ aujourd'hui 오늘, hier 어제
pleuvoir v. (비인칭 동사) 비 오다
froid (f. -e) a., n.m. 추운, 차가운; 추위 (↔ chaud)
avoir le temps (de inf) loc. (~할) 시간이 있다
si tu veux, si vous voulez loc. 원하(시)면, 괜찮으(시)면

04 F : Qu'est-ce que tu aimes faire le soir?
H: ______________________

(a) Me réveiller très tôt.
(b) Déjeuner avec des amies.
(c) Écouter les infos du matin.
(d) Dîner en famille à la maison.

| 해설 | 여자가 남자에게 저녁에 무엇을 하는 것을 좋아하는지 묻는다. 선택지에는 일과 관련 표현들이 등장한다. (a)의 « se réveiller »는 잠에서 깨는 것을 뜻한다. (b)의 « déjeuner »와 (d)의 « dîner »는 식사 표현으로, 각각 '점심을 먹다'와 '저녁을 먹다'이다. 한편 « le soir »는 '매일 저녁에, 저녁마다, 저녁이면' 등으로 해석된다. 이처럼 하루 중 일부와 요일을 지칭하는 단어는 정관사와 함께 쓰이면 주기적인 반복을 나타낸다. 예를 들어, « le matin »은 '매일 아침에'이고, « le lundi »는 '매주 월요일에'이다.

번역 여 : 너는 저녁에 뭐 하는 것을 좋아하니?
남 : ______________________

(a) 아주 일찍 기상하는 것.
(b) 친구들하고 점심 먹는 것.
(c) 아침 뉴스를 듣는 것.
(d) 집에서 가족과 함께 저녁을 먹는 것.

참고
faire qqc v. 무엇을 하다; 만들다
soir n.m. 저녁
matin n.m. 오전, 아침
se réveiller v. 깨다, 일어나다
tôt adv. 일찍 (↔ tard)
déjeuner v., n.m. 점심을 먹다; 점심 식사

dîner v., n.m. 저녁을 먹다; 저녁 식사

écouter v. 듣다, 경청하다

infos n.f.pl. 소식, 뉴스(informations의 줄임말)

en famille loc. 가족이 모여서, 가족과 함께, 가족끼리

maison n.f. 집; (공공) 시설, 기관; 회사, 상사

05 H: Vous cherchez la mairie, c'est ça?
F: ______________________

(a) Non, je cherche la poste.
(b) Oui, comment s'appelle-t-il?
(c) Alors attention, je ne suis pas jalouse.
(d) Non, je veux manger au restaurant chinois.

| 해설 | 시청을 찾는지 묻는다. «c'est ça?»는 질문의 내용이 맞는지 확인하는 말로 '맞습니까?', '그렇죠?'로 해석된다. 이 표현이 응답에 쓰이면 찬성, 동의, 인정을 뜻한다.

번역 남: 시청을 찾으신다, 그거죠?
여: ______________________

(a) 아니요, 우체국을 찾아요.
(b) 네, 그는 이름이 어떻게 되나요?
(c) 그러면 조심하세요, 저는 질투하지 않아요.
(d) 아니요, 저는 중국 식당에서 식사하고 싶어요.

참고
chercher v. 찾다
mairie n.f. 시청, 구청
poste n.f. 우편, 우체국
s'appeler + 이름 v. ~라고 불리다, 이름이 ~이다
alors adv. 그러면, 그래서, 아
attention n.f. 주의, 조심, 관심
jaloux (f. -se) a. 질투하는, 시기하는, 집착하는
manger v. 먹다
restaurant chinois n.m. 중국 식당

06

F: Quel est ton animal préféré ?
H: ________________________________

(a) Je vois un cheval dans le pré.
(b) Ah, c'est un chat qui est sur le mur.
(c) Ce garçon est malin comme un singe.
(d) Tous les animaux, mais surtout les chiens.

| 해설 | 좋아하는 동물을 묻는 말에 적절한 응답을 고르는 문제이다. 모든 선택지에 동물을 지칭하는 단어가 있으므로 이들 단어가 어떤 표현과 함께 쓰이는지 봐야 한다. (a)에서 «voir un cheval»은 '말 한 마리가 보이다'로 해석되므로 적절한 응답이 아니다. (b)의 «c'est un chat ...»는 언뜻 답이 될 수 있는 것처럼 보이지만, 이는 «Qu'est-ce que c'est ?»에 대한 답이다. (c)의 «malin comme un singe»는 '원숭이처럼 약삭빠르다'이다. 따라서 정답은 (d)이다. 아울러 정답을 제외한 (a)~(c)는 동물을 지칭하는 명사가 부정관사와 함께 쓰이는데, 호불호를 나타내는 구문에서 그 대상은 정관사와 함께 쓴다.

번역

여: 네가 좋아하는 동물은 뭐니?
남: ________________________________

(a) 풀밭에 말 한 마리가 보여.
(b) 아, 담 위에 있는 것은 고양이야.
(c) 그 소년은 원숭이처럼 아주 약삭빨라.
(d) 모든 동물을 좋아하지만 그중에서도 개를 좋아해.

참고

animal (pl. -aux) n.m. 동물
préféré (f. -e) a. 좋아하는, 선호하는
voir v. 보다, 보이다
cheval (pl. -aux) n.m. 말
chat (f. -te) n. 고양이

chien (f. -ne) n. 개

singe n.m. 원숭이

pré n.m. 풀밭, 초원

sur prép. ~ 위에 (↔ sous)

mur n.m. 벽, 담

garçon n.m. 소년, 사내아이

malin (f. maligne) a. 약삭빠른

07 H: Excusez-moi, la poste c'est par où ?
F : ______________________

(a) C'est à cinq minutes à pied.
(b) Là-bas, juste au coin de la rue.
(c) À la poste ? Non, je n'y travaille pas.
(d) La poste ? Ce n'est pas un beau bâtiment.

| 해설 | 남자가 우체국 가는 길을 묻는다. « C'est par où ? »는 경로 또는 방향을 묻는 말로, '어디로 갑니까?' 또는 '어느 쪽입니까?'이다. (a)의 « à cinq minutes à pied »는 '걸어서 5분 거리에'이므로 적절한 응답이 될 수 없다. (c)와 (d)는 우체국을 뜻하는 « la poste »가 다시 쓰이고 있으나 질문과 무관한 내용이므로 주의해야 한다.

번역 남 : 실례합니다, 우체국은 어느 쪽인가요?
여 : ______________________

(a) 걸어서 5분 거리입니다.
(b) 저기요, 바로 길모퉁이에 있어요.
(c) 우체국에서요? 아니요, 저는 거기서 일하지 않아요.
(d) 우체국이요? 예쁜 건물은 아니죠.

참고
par + 장소 prép. ~을 통해서, 거쳐서, ~ 쪽으로
où adv. 어디에, 어디로, 어디에서
à pied loc. 걸어서
là(-bas) adv. 거기에, 그곳에 (↔ ici)
juste adv. 바로, 꼭, 겨우, 간신히
au coin de N loc. ~ 모퉁이에, 가장자리에
rue n.f. 길
travailler v. 일하다
bâtiment n.m. 건물

08 F : Tu veux partir quand ?
H: ______________________________

(a) Il y a cinq minutes, pas plus.
(b) Ça commence dans cinq minutes.
(c) Entre 14 heures trente et 15 heures.
(d) Deux heures de sport par jour, c'est beaucoup !

| 해설 | 언제 떠나고 싶은지 묻는 말에 적절한 응답을 고르는 문제이다. (a)에서 «il y a»는 기간 표현과 결합하여 '(지금으로부터) ~전에'를 뜻하고, (b)의 «dans»은 기간 표현과 결합하여 '(지금으로부터) ~후에'를 뜻한다. 즉, «il y a»는 과거의 시점을, «dans»은 미래의 시점을 지칭한다. (c)에서 «heure»는 시각을 나타내지만, (d)에서는 '시간'으로 해석된다.

번역 여: 너는 언제 떠나고 싶니?
남: ______________________

(a) 딱 5분 전에.
(b) 그것은 5분 뒤에 시작해.
(c) 14시 30분에서 15시 사이에.
(d) 매일 2시간씩 운동이라니, 대단하네!

참고
partir v. 출발하다, 떠나다
quand adv. 언제
수량 + pas plus loc. 딱 ~이다
commencer v. 시작하다
entre A et B prép. A와 B 사이에
수사 + heure(s) de øN loc. ~시간 (분량)의 ~
par jour loc. 하루에, 일당
C'est beaucoup. 대단하다.

09 H: Vous pourrez venir demain soir?
F: ______________________

(a) Si possible, venez à l'heure.
(b) Peut-être, si je me sens mieux.
(c) C'est difficile, car le plat est épicé.
(d) Au moins, mon mari n'est pas en retard.

| 해설 | 남자가 여자에게 내일 저녁에 올 수 있는지 묻는다. (a)의 «si possible»와 (b)의 «peut-être»는 '가능하면'과 '어쩌면'으로, 그렇게 할 가능성이 있음을 나타내고, (c)의 «c'est difficile»은 그렇게 하기 어려움을 표현한다. 이어지는 내용을 볼 때 남자의 물음에 가장 자연스러운 응답은 (b)이다.

(a)에서 «à l'heure»는 '제시간에'로 예정된 시각에 맞춰서 오는 것을 표현하고, (d)의 «en retard»는 '(예정 시각보다) 늦게' 오는 것을 말한다. '예정 시각보다 일찍'은 «en avance»이다. 한편 «tard»와 «tôt»는 예정된 시각 없이 '(평소보다) 늦게'와 '(평소보다) 일찍'을 뜻한다.

번역 남: 당신은 내일 저녁에 올 수 있습니까?
여: ______________________

(a) 가능하면 제시간에 오세요.
(b) 어쩌면요, 좀 나아지면요.
(c) 어려워요, 음식이 양념이 되어 있어서요.
(d) 적어도 제 남편은 지각하지 않았습니다.

참고
pouvoir inf v. ~할 수 있다, ~해도 좋다, ~일 것 같다
venir v. 오다, (상대방 쪽으로) 가다
si possible loc. 가능하면, 가능하다면
peut-être adv. 아마, 어쩌면
si conj. 만약 ~라면

se sentir (bien / bon) v. (기분, 느낌, 건강이) ~하다(좋다), (좋게) 느껴지다

mieux adv., a. (bien의 비교급) 더 잘, 더 좋게; 더 좋은, 더 나은

car conj. 왜냐하면, ~이니까

plat n.m. 요리, 접시

épicé (f. -e) a. 양념을 한, 매운

au moins loc. 적어도, 어쨌든

mari n.m. 남편 (↔ femme)

10

F : Il me semble que tu as un peu grossi.
H : ______________________________

(a) Tu plaisantes ! Il pleut dehors.
(b) Tu exagères ! Je ne suis pas riche.
(c) Tu rigoles ! Il n'aime pas beaucoup courir.
(d) Tu parles ! Je fais un régime depuis une semaine.

| 해설 | 살이 좀 찐 것처럼 보인다는 말에 대한 적절한 응답을 고르는 문제이다. 선택지는 모두 상대의 말에 동의하지 않음을 나타내는 표현으로 시작한다. « Tu plaisantes ! »와 « Tu rigoles ! »는 '농담이지'로 해석된다. « Tu exagères ! »는 '과장하는 거지'나 '말이 지나치네'이고, « Tu parles ! »는 '설마, 말도 안 돼, 말이면 다야' 정도로 해석된다. 뒤따라오는 내용을 볼 때 가장 자연스러운 응답은 다이어트에 대해 말하는 (d)이다.

번역

여: 살이 좀 찐 것 같네.
남: ______________________________

(a) 농담이지! 밖에 비 와.
(b) 과장이지! 나는 부자가 아니야.
(c) 농담이지! 그는 뛰는 것을 그다지 좋아하지 않아.
(d) 설마! 나 일주일째 다이어트하고 있어.

참고

Il (me / te / lui) semble que P. (나에게는/너에게는/그에게는) ~하는 것처럼 보인다.
grossir v. 살찌다, 커지다, 굵어지다
plaisanter v. 농담하다, 장난삼아 말하다
dehors adv. 밖에, 밖으로
exagérer v. 과장하다, 부풀려 말하다
riche a., n. 돈 많은; 부자 (↔ pauvre)
rigoler v. 농담하다
courir v. 뛰다, 달리다
régime n.m. 다이어트, 식이요법
depuis prép. ~ 동안, 이후로

11

H: Je crois que Jacques est fou de Laura...
F: ______________

(a) Je pense la même chose.
(b) Tu te trompes, il l'adore.
(c) Tu as raison, il la déteste.
(d) Je crois qu'elle m'a menti.

| 해설 | 자크가 로라에게 푹 빠진 것 같다는 남자의 말에 적절한 응답을 고르는 문제이다. (a)의 «je pense»와 (d)의 «je crois»는 '~라고 생각한다'로, 자신의 의견이나 판단을 드러내는 표현이다. 반면 (b)의 «Tu te trompes»는 상대방의 생각이 잘못되었음을, (c)의 «Tu as raison»은 상대방의 의견이 옳음을 나타내는 말이다.

번역

남: 내 생각에는 자크가 로라에게 푹 빠진 것 같아…
여: ______________

(a) 나도 같은 생각이야.
(b) 오해하는 거야, 그는 그녀를 많이 좋아해.
(c) 네가 맞아, 그는 그녀를 싫어해.
(d) 나는 그녀가 내게 거짓말했다고 생각해.

참고

croire / penser que P v. ~라고 생각하다, 믿다
fou (f. folle, m.pl. -s) a. 미친; 빠진, 열광한, 열중한
✪ 모음 또는 무성 h로 시작하는 남성명사 앞에서는 fol을 쓴다.
la même chose n.f. 같은 것
se tromper v. (목적보어 없이) 잘못하다, 실수하다; 잘못 생각하다, 오해하다
adorer v. 열렬히 사랑하다, 매우 좋아하다
avoir raison loc. 옳다, 맞다, 이치에 맞다 (↔ avoir tort)
détester v. 싫어하다
mentir (à qqn) v. (누구에게) 거짓말하다

12

F: Puis-je recevoir une copie de ce dossier?
H: ________________________________

(a) Ah, vous n'habitez pas loin d'ici.
(b) Oh là là, la poste est déjà fermée.
(c) Merci, je l'ai reçu hier soir par courriel.
(d) D'accord, je vous l'enverrai par email ce soir.

| 해설 | 서류의 복사본을 받을 수 있느냐는 물음에 적절한 응답을 고르는 문제로, 저녁에 전자우편으로 보내겠다는 (d)가 정답이다. (c)의 «par courriel»과 (d)의 «par email»은 모두 '전자우편으로'라는 의미이다. «courriel»은 '전자우편'을 뜻하는 «courrier électronique»의 줄임말이고, «email, e-mail»은 영어 단어를 그대로 차용한 것이다. 이 외에 «mél», «mèl» 등도 함께 쓰인다.

번역

여: 그 서류 복사본을 하나 받을 수 있을까요?
남: ________________________________

(a) 아, 당신은 여기서 멀지 않은 곳에 사시는군요.
(b) 이런, 우체국이 벌써 닫았네요.
(c) 고마워요, 저는 그것을 어제 전자우편으로 받았어요.
(d) 알겠어요, 당신에게 그것을 오늘 저녁에 전자우편으로 보내 드리죠.

참고

recevoir v. (무엇을) 받다, (누구를) 맞이하다
(photo) copie n.f. 복사, 복제
dossier n.m. 서류, 자료
habiter v. 살다, 거주하다
loin de N loc. ~에서 멀리 떨어져
oh là là int. 이야, 저런, 아이고
fermé (f. -e) a. 닫힌
d'accord loc. 알았어, 찬성이야; 동의하는, 찬성하는
envoyer qqc à qqn v. 무엇을 누구에게 보내다

13

H: Ça se dit comment en français?
F : ________________

(a) On ne traite que de ça ces jours-ci.
(b) Le français n'a pas de mot pour ça.
(c) On n'en parle pas assez en France.
(d) Les Français l'aiment beaucoup, bien sûr.

| 해설 | 프랑스어 표현을 묻는 남자의 말에 가장 적절한 응답은 그것을 위한 단어가 없다고 말하는 (b)이다. 만약 그런 단어가 있으면 « Ça se dit ... » 또는 « On dit ... »라고 답한다. (a)의 « ne ... que »는 '~만, ~뿐'으로 해석되고 « que »는 이렇게 해석되는 성분 앞에 놓인다. 예를 들어 '나는 바게트 빵 하나만 샀어'는 « Je n'ai acheté qu'une baguette. »로, '그는 마리에게만 친절하다'는 « Il n'est gentil qu'avec Marie. »로 쓴다.

번역

남: 그것은 프랑스어로 어떻게 말하나요?
여: ________________

(a) 요새는 그것만 다뤄지네요.
(b) 프랑스어에는 그것을 위한 단어가 없어요.
(c) 프랑스에서는 그것에 대해 별로 이야기하지 않아요.
(d) 프랑스인은 그것을 많이 좋아해요, 당연하죠.

참고

se dire v. (무생물 주어) 말해지다, 일컬어지다
en français loc. 프랑스어로, 프랑스어로 된
traiter (de N) v. (~에 대해) 논하다, 다루다
ces jours-ci loc. 요즘, 최근에
mot n.m. 단어, 말
parler de N v. ~에 대해 말하다
assez adv. 충분히, 상당히, 꽤
en France loc. 프랑스에서
 ✪ au Japon 일본에서, aux États-Unis 미국에서
bien sûr loc. 물론, 당연히

14

F : Tu veux faire quoi après tes études ?
H: ______________________

(a) Je devrais changer de métier, je crois.
(b) Je vais avoir mon diplôme l'an prochain.
(c) Je travaille depuis un an dans une banque.
(d) Franchement, je n'y ai pas beaucoup réfléchi.

| 해설 | 여자가 남자에게 공부를 마친 후에 무엇을 하고 싶은지 묻는다. 이에 대한 가장 적절한 응답은 많이 생각해 보지 않았다고 말하는 (d)이다. 직업을 바꾼다는 내용의 (a)는 학생의 말로 적절하지 않다. 또한 (a)는 조건법을 사용하여 '~해야 한다'를 '~해야 할 것 같아'로 완곡하게 표현한 것이다.

번역

여: 너는 공부 끝내고 뭘 하고 싶어?
남: ______________________

(a) 직업을 바꿔야 할까 봐, 내 생각엔.
(b) 내년에 졸업장을 받아.
(c) 1년 전부터 한 은행에서 일하고 있어.
(d) 솔직히 나는 그것에 대해 별로 생각하지 않았어.

참고

quoi pn. 무엇
après prép. 뒤에, 후에 (↔ avant)
étude n.f. 공부, 연구
devoir inf v. ~해야 한다, ~임에 틀림없다
changer de øN v. ~을 바꾸다, 교체하다
métier n.m. 직업 (= profession)
diplôme n.m. 증서, 졸업장, 학위
franchement adv. 솔직하게, 분명하게 단호하게
réfléchir (à / sur N) v. (~에 대해) 숙고하다, 곰곰이 생각하다

15

H: Attention, tu roules trop vite !
F: ______________________

(a) Ne t'en fais pas, je vais ralentir.
(b) Regarde, il fait très beau dehors !
(c) Pas du tout ! On a encore un peu de temps.
(d) Mais il faut marcher vite, sinon on sera en retard.

| 해설 | 너무 빨리 달린다고 주의를 주는 남자의 말에 대한 적절한 응답은 속도를 늦추겠다는 (a)이다. « rouler »는 자동차, 자전거 등 탈것을 전제하므로 (d)는 답이 될 수 없다. (a)에서 « Ne t'en fais pas »는 '걱정하지 마, 신경쓰지 마'이고, (c)의 « Pas du tout ! »는 '천만에, 전혀 아니야'로 강한 부정을 나타낸다. (d)의 « sinon »은 '그렇지 않으면'으로 앞의 발언과 반대되는 내용의 조건 또는 가정을 표현한다.

번역

남: 조심해, 너무 빨리 달리고 있어!
여: ______________________

(a) 걱정 마, 속도를 늦출 거야.
(b) 봐, 밖에 날씨가 참 좋아!
(c) 전혀! 아직 시간이 좀 있어.
(d) 그런데 빨리 걸어야 해, 아니면 지각할 거야.

참고

rouler v. (차가) 달리다; (사람이) 차를 몰다
trop adv. 지나치게, 너무
vite adv. 빨리, 신속하게
ralentir v. 속도를 늦추다
pas du tout loc. 전혀, 조금도
encore adv. 아직, 여전히
il faut inf loc. ~해야 한다
marcher v. 걷다

Part II

| 문제 16~30 | **다음 대화를 듣고 자연스러운 대화를 이룰 수 있는 가장 적절한 응답을 고르시오.**

16

F : Aïe ! J'ai mal au dos !

H : Tu devrais faire du sport.

F : Et toi, tu en fais du sport ?

H : ________________

(a) Non, du tennis.

(b) Oui, je déteste ça.

(c) Non, jamais le soir.

(d) Oui, de la natation.

| 해설 | 등이 아프다고 말하자 운동을 권하고 운동과 관련된 대화가 이어진다. «faire du sport»는 '운동을 하다'이고, «faire du foot / du tennis / de la natation» 등으로 쓰면 '축구/테니스/수영을 하다'가 된다. '축구/테니스를 하다'는 «jouer au foot / au tennis»라고도 한다.

번역

여: 아야! 등이 아프네!

남: 너 운동해야겠다.

여: 너는 운동하니?

남: ________________

(a) 아니, 테니스를 해.

(b) 응, 나는 그것이 싫어.

(c) 아니, 저녁에는 절대 안 해.

(d) 응, 수영을 해.

참고

aïe int. (고통, 아픔) 아야

avoir mal (à + 정관사 + 신체부위) loc. (~가) 아프다

dos n.m. 등

jamais adv. 절대, 결코

natation n.f. 수영

17

H: Attention madame! Vous venez de faire tomber votre portefeuille!
F: Oh merci monsieur, c'est gentil à vous.
H: Je vous en prie, c'est normal.
F: ______________________

(a) Arrêtez de m'insulter monsieur!
(b) Mais non, c'est vraiment très gentil.
(c) Oui, vous avez raison. C'est terrible.
(d) Continuez, c'est très joli ce que vous dites...

| 해설 | 떨어진 지갑을 찾아주는 상황에서 오가는 대화로, 적절한 대응은 (b)이다. 참고로 '친절하시네요'는 «C'est gentil (à vous).», «C'est gentil de votre part.», «Vous êtes gentil(le).»라고 한다. 또한 «gentil» 대신 «aimable»을 써서 «C'est aimable (à vous).», «Vous êtes aimable.» 등으로 말할 수 있다. 한편 «Je vous en prie.»는 점잖은 표현이며, 구어에서는 «Il n'y a pas de quoi.», «Pas de quoi.», «De rien.», «À votre service.» 등이 사용된다.

번역

남: 조심하세요! 지갑을 떨어뜨리셨어요!
여: 오 고마워요, 친절하시네요.
남: 천만에요, 당연한 일이죠.
여: ______________________

(a) 저를 모욕하는 거 그만하세요!
(b) 아니요, 아주 친절하시네요.
(c) 네, 당신이 맞아요. 끔찍하죠.
(d) 계속하세요, 말씀하시는 것이 아주 재미있네요.

참고

venir de inf v. (근접과거) 막 ~하다
faire tomber N loc. ~을 떨어뜨리다(떨어지게 하다), 쓰러뜨리다(쓰러지게 하다)
portefeuille n.m. 지갑

normal (f. -e, m.pl. -aux) a. 정상의, 보통의; 당연한 (= naturel)

arrêter de inf v. ~하기를 중단하다, 중지하다

insulter qqn v. 누구를 욕하다, 모욕하다

vraiment adv. 매우, 대단히

terrible a. 무시무시한, 가혹한, 심한

continuer v. (말, 행동 등을) 계속하다

joli (f. -e) a. 예쁜, 귀여운; 멋진; 재미있는

ce pn. (+관계절) ~하는 것, ~하는 바

18

F: Qu'est-ce que vous prendrez, monsieur ?
H: Un croissant, s'il vous plaît.
F: Et comme boisson ?
H: ______________________

(a) Un petit café noir.
(b) Un pain au chocolat.
(c) Cette bière est allemande.
(d) Ce gâteau est au chocolat.

| 해설 | 주문하는 상황에서 점원과 손님이 나누는 대화이다. 두 번째 물음이 음료수에 관한 것이므로 적절한 응답은 (a)이다.

번역

여: 무엇을 드시겠어요, 손님?
남: 크루아상 하나 주세요.
여: 그리고 음료는요?
남: ______________________

(a) 블랙커피 작은 걸로 한 잔이요.
(b) 초콜릿 빵 하나요.
(c) 이 맥주는 독일산입니다.
(d) 이 케이크는 초콜릿이 들어 있어요.

참고

prendre + 음식물 v. ~을 먹다, 마시다, 섭취하다
croissant n.m. 크루아상
comme prép. (자격, 소속) ~로, ~로서
petit (f. -e) a. (크기, 규모가) 작은, (양이) 적은; (시간이) 짧은
café noir n.m. 블랙커피
(pain, gâteau) au chocolat loc. 초콜릿이 들어간 (빵, 케이크)
bière n.f. 맥주
gâteau n.m. 케이크, 과자

19

H: Cabinet du docteur Dessaux, bonjour.

F : Bonjour, je voudrais prendre rendez-vous pour demain matin...

H: Est-ce que vous avez votre dossier médical chez nous ?

F : ________________________________

(a) Merci, c'est très gentil.

(b) Non, c'est la première fois.

(c) Oui, j'en ai plusieurs chez moi.

(d) Entendu, je vous rappelle tout de suite.

| 해설 | 전화로 진료 예약을 하면서 나누는 대화이다. 직원이 손님에게 병원에 진료 서류가 있는지, 즉 전에 진료를 받은 적이 있는지 묻는다. 자연스러운 응답은 (b)이다. (c)를 정답으로 착각할 수 있으므로 주의 깊게 들어야 한다.

번역

남: 데소 의원입니다, 안녕하세요.

여: 안녕하세요, 내일 아침 약속을 잡고 싶은데요…

남: 우리 병원에 진료 서류가 있나요?

여: ________________________________

(a) 고마워요, 아주 친절하시네요.

(b) 아뇨, 이번이 처음이에요.

(c) 네, 제 집에 그것이 여러 개 있어요.

(d) 알았어요, 즉시 다시 전화드릴게요.

참고

cabinet n.m. 작은 방, 사무실, 연구실

Je voudrais qqc / inf. (가게, 상점에서 주문할 때) 무엇을 주세요, ~하고 싶습니다.

prendre rendez-vous (avec qqn) loc. (누구와) 약속을 잡다, 만날 약속을 하다

pour + 시간 prép. ~ 예정으로

dossier médical n.m. 진료 서류, 진단서

la première fois loc. 첫 번째, 처음

plusieurs a. 여러, 몇몇의

chez qqn prép. 누구 집에(서), 집으로; (직업명사와 함께) 누구(의) 가게/상점/사무실에(서)

(C'est) entendu. 알겠습니다, 좋습니다.

rappeler qqn v. 누구에게 다시 전화하다, 누구를 다시 부르다

tout de suite loc. 즉시, 곧바로

20

F : Tu fais quoi ce soir ?
H : Je vais au cinéma. Tu viens ?
F : Pourquoi pas... Tu vas voir quoi ?
H : ______________________________

(a) Le dernier roman de Le Clézio.
(b) Une amie, pour aller au théâtre.
(c) Le dernier film de Nicole Garcia.
(d) Toi, avec un petit verre de vin dans un bar.

| 해설 | 저녁에 무엇을 하는지에 대한 대화로, 여자가 남자에게 무엇을 볼 것인지 묻는다. 이에 대한 적절한 응답은 영화관에 간다는 남자의 말에서 유추할 수 있다.

번역

여: 오늘 저녁에 뭐해?
남: 영화 보러 갈 거야. 갈래?
여: 그럴까… 뭐 볼 거야?
남: ______________________________

(a) 르클레지오의 신작 소설.
(b) 여자 친구 하나, 연극 보러 가려고.
(c) 니콜 가르시아의 최근 영화.
(d) 너, 바에서 포도주 한잔 하면서.

참고

Tu viens (avec moi) ? (나랑) 갈래?
pourquoi pas loc. 안 될 이유 없지, 못할 이유 없지, 그럴까, 그러자
dernier (f. -ère) a. (명사 앞) 마지막의, 최후의, 최근의, 최신의
roman n.m. 소설
théâtre n.m. 극장, 무대; 연극
verre n.m. 잔, 컵
vin n.m. 포도주
bar n.m. 바, 술집

21

H: Avez-vous aimé le spectacle?
F: Je ne sais pas vraiment, c'était assez spécial.
H: Vous n'aimez pas la musique contemporaine?
F: ______________________________

(a) Ah oui, c'était un magnifique repas.
(b) Oui, mais les musiciens étaient bien trop beaux.
(c) Si, mais je n'apprécie pas trop la musique bruyante.
(d) Au contraire, je prends beaucoup de plaisir à jouer du piano.

| 해설 | 음악 공연을 보고 나누는 대화로, 현대 음악을 좋아하지 않느냐고 묻는 남자의 말에 적절한 응답을 고르는 문제이다. (a)와 (d)는 질문과 무관한 내용이다. 질문이 부정문이면 «oui»로 답할 수 없으므로 (b)는 적절한 응답이 될 수 없다. 따라서 정답은 (c)이다. 한편 (d)의 «jouer de»는 '(악기를) 연주하다'이고 이때 악기 이름은 정관사와 함께 쓴다.

번역

남: 공연 좋았습니까?
여: 잘 모르겠어요, 꽤 특이했어요.
남: 현대 음악을 좋아하지 않으세요?
여: ______________________________

(a) 아 네, 훌륭한 식사였어요.
(b) 네, 하지만 음악가들이 너무 예뻤어요.
(c) 아니요, 하지만 시끄러운 음악은 별로 좋아하지 않아요.
(d) 반대예요, 저는 피아노 치면서 많은 즐거움을 얻어요.

참고

spectacle n.m. 공연, 연극, 영화
spécial (f. -e, m.pl. -aux) a. 특별한, 특이한, 특수한
contemporain (f. -e) a. 현대의, 현대적인
magnifique a. 굉장한, 훌륭한

repas n.m. 식사

musicien (f. -ne) n. 음악가

apprécier v. 높이 평가하다, 존중하다, 애호하다, 즐기다

bruyant (f. -e) a. 시끄러운, 큰 소리를 내는, 소음을 내는

au contraire loc. 반대로

prendre plaisir à inf loc. ~하는 것에서 기쁨을 느끼다

beaucoup de øN loc. 많은 ~

22

F: Tu as une copine, maintenant.
H: Oui! Elle s'appelle Stéphanie...
F: Et tu l'as rencontrée où?
H: ______________

(a) Le bus.
(b) Sur Internet.
(c) Il y a longtemps.
(d) Grâce à des amis.

| 해설 | 남자의 새 여자 친구에 관한 대화로 그녀를 어디서 만났는지 묻는 말에 적절한 응답을 고르는 문제이다. 정답은 (b)이다. (a)는 전치사가 없어서 장소, 즉 '버스에서'로 해석될 수 없다. 참고로 (a)는 « Tu attends / prends quoi ? », 즉 '너 무엇을 기다리니/탈 거니?' 등의 질문에 대한 답이다. (c)는 언제 만났느냐는 물음, 즉 « Tu l'as rencontrée quand ? »에 대한 답이다.

번역

여: 너 여자 친구 있지, 이제는.
남: 응! 그녀는 이름이 스테파니야.
여: 그녀를 어디서 만났어?
남: ______________

(a) 버스야.
(b) 인터넷에서야.
(c) 오래전이야.
(d) 친구들 덕분이야.

참고

copain n.m. 친구(여성형은 copine)
maintenant adv. 이제, 지금
rencontrer v. 만나다
Internet n.m. (주로 관사 없이 첫 글자 대문자로) 인터넷
grâce à N loc. ~ 덕분에, 덕택에

23

H: Je peux vous aider, madame ?
F : Merci, je cherche un pantalon chaud.
H: Vous faites quelle taille ?
F : ______

(a) Du 40.
(b) 62 kg.
(c) 31 ans.
(d) 1 m 65.

| 해설 | 옷가게에서 점원과 손님이 나누는 대화로, 옷의 치수를 묻는 말에 적절한 응답을 고르는 문제이다. 즉 « Quelle taille faites-vous ? »는 치수를 묻는 말이다. 한편 « taille »는 '키'라는 뜻으로도 쓰이는데, 키는 « Quelle est votre taille ? »라고 묻는다.

번역

남: 도와드릴까요, 손님?
여: 고마워요, 따뜻한 바지를 찾고 있어요.
남: 치수가 어떻게 되세요?
여: ____________

(a) 40이에요.
(b) 62kg이에요.
(c) 서른한 살이에요.
(d) 1m 65예요.

참고

aider qqn v. 누구를 돕다
pantalon n.m. 바지
chaud (f. -e) a. 더운, 따뜻한
taille n.f. 사이즈, 크기, 키
an n.m. (나이) ~ 살; 연(年), 해

24

F : Je cherche les maillots de bain.
H: La natation de loisir, c'est au deuxième étage.
F : Et où est l'escalier ?
H: ______________________

(a) Au sous-sol.
(b) Au fond, à droite.
(c) L'escalade, c'est là-bas.
(d) Les soldes commencent demain.

| 해설 | 상점에서 이루어지는 대화로, 계단 위치를 묻는 말에 적절한 응답을 고르는 문제이다. 참고로 프랑스는 우리와 달리 0층부터 시작하기 때문에 « au deuxième étage »는 '3층에'이다. 0층, 즉 우리의 1층은 « le rez-de-chaussée »이다. 한편 지하는 « le sous-sol »이고, '지하 (1/2층)에'는 « au (premier/second) sous-sol »이다.

번역

여: 수영복을 찾는데요.
남: 여가 수영은 3층에 있습니다.
여: 그리고 계단은 어디에 있나요?
남: ______________________

(a) 지하에 있습니다.
(b) 안쪽 오른편에 있습니다.
(c) 등반은 저쪽입니다.
(d) 할인판매는 내일 시작합니다.

참고

maillot de bain n.m. 수영복
loisir n.m. 여가
étage n.m. 층
escalier n.m. 계단

au sous-sol loc. 지하에

au fond loc. 안쪽에, 깊은 곳에

à droite loc. 오른쪽에 (↔ à gauche)

escalade n.f. 등반, 등정; 가택침입

soldes n.f.pl. 할인판매

25

H: Tu peux m'aider à traduire ce dossier?
F: D'accord, mais il est écrit en quelle langue?
H: En français, bien sûr.
F: ______________________________

(a) On le traduit donc en français?
(b) Je ne suis pas peintre, tu le sais bien.
(c) Donne-m'en une photocopie, je vais le lire.
(d) Ne t'en fais pas, je vais recevoir ces clients français.

| 해설 | 남자가 여자에게 서류 번역을 부탁하는 내용의 대화이다. (a)는 정답처럼 생각되기 쉽지만 앞에서 서류가 프랑스어로 되어 있다고 말하므로 적절한 응답이 될 수 없다. 한편 (c)와 (d)에서는 명령문의 어순, 특히 목적보어 대명사의 위치에 유의하자. 부정명령문은 (d)와 같이 목적보어 대명사가 동사에 선행하며, 대명사가 여러 개이면 이들의 배열 순서는 평서문에서와 같다. 반면 긍정명령문은 (c)에서와 같이 목적보어 대명사가 동사 뒤에 놓이고 하이픈으로 동사와 연결된다. 이때 대명사가 여럿이면 직접목적보어 대명사인 «le/la/les»가 가장 먼저 오고, 이어서 «me/te/nous/vous/lui/leur»가 놓이며, 마지막으로 중성대명사 «y»와 «en»이 쓰인다. 명령문이 대명사 «me/te»로 끝나면 이들은 «moi/toi»로 교체된다. 예를 들어, '나를 보세요!'는 «Regarde-me!»가 아니라 «Regarde-moi!»이고, '내게 그것들을 보여 주세요!'도 «Montrez-les-me!»가 아니라 «Montrez-les-moi!»가 맞다.

번역

남: 이 서류 번역하는 거 도와줄 수 있어?
여: 알았어, 근데 어떤 언어로 쓰여 있어?
남: 당연히 프랑스어지.
여: ______________________________

(a) 그걸 그러니까 프랑스어로 번역하는 거지?
(b) 나는 화가가 아니야, 너 잘 알잖아.
(c) 내게 복사본을 하나 줘봐, 읽어 볼게.
(d) 걱정 마, 내가 프랑스 손님들을 맞이할 거야.

참고

traduire qqc (en français) v. 무엇을 (프랑스어로) 번역하다

écrire v. 쓰다

langue n.f. 언어

peintre n.m. 화가

✪ une artiste peintre / une femme peintre 여성 화가

donner v. 주다

lire v. 읽다

recevoir qqn v. 누구를 받다, 맞이하다, 대접하다

26

F : On prévoit une forte canicule cet été.
H : Oui, et on doit aller acheter un climatiseur.
F : Déjà ? Nous sommes à peine en avril.
H : ____________________

(a) Sinon, on doit attendre des heures.
(b) Oui, on ferme les magasins à Noël.
(c) Sinon, on risque de le recevoir en retard.
(d) Oui, tout le monde sera parti en vacances.

| 해설 | 여름 날씨와 에어컨 구입에 관한 대화이다. 4월인데 벌써 에어컨을 사야 하는 이유로 적절한 응답을 고르면 된다. 정답은 (c)이다. 참고로 « aller inf »는 '~하러 가다'와 '곧 ~한다, ~할 것이다'의 두 가지로 해석된다. 예를 들어 « On va manger. »는 '식사하러 간다' 또는 '곧 식사한다, 식사할 것이다'가 되고 최종 해석은 문맥으로 결정된다. 이 대화에서 « aller acheter »는 '~해야 한다'를 뜻하는 « devoir »와 결합하면서 '사러 가야 한다'로 해석된다.

번역

여: 이번 여름에 대단한 무더위가 예상된대.
남: 맞아, 그래서 에어컨을 사러 가야 해.
여: 벌써? 이제 4월인데.
남: ____________________

(a) 아니면 몇 시간을 기다려야 돼.
(b) 맞아, 크리스마스에는 가게들이 문을 닫아.
(c) 아니면 그것을 뒤늦게 받을 수도 있어.
(d) 맞아, 모두 휴가를 떠나 있을 거야.

참고

prévoir v. 예견하다, 예상하다
fort (f. -e) a. 강한, 강렬한, 대단한
canicule n.f. 무더위, 혹서
acheter v. 사다, 구입하다 (↔ vendre)
climatiseur n.m. 에어컨
à peine loc. 이제 막, 고작, 기껏해야
en avril loc. 4월에
attendre des heures loc. 몇 시간을 기다리다
fermer v. 닫다 (↔ ouvrire)
magasin n.m. 상점, 가게
Noël n.m. 크리스마스
risquer de inf v. ~할 위험이 있다, 가능성이 있다
tout le monde loc. 모두, 모든 사람
partir en vacances loc. 휴가를 떠나다

✎ 계절과 달

- **계절:** printemps 봄, été 여름, automne 가을, hiver 겨울
- **달(월):** janvier 1월, février 2월, mars 3월, avril 4월, mai 5월, juin 6월, juillet 7월, août 8월, septembre 9월, octobre 10월, novembre 11월, décembre 12월

27

H: Tu pars déjà ? Il est à peine 14 heures.
F : Oui, mes parents vont arriver dans une heure.
H: Alors, tu vas à la gare ?
F : ______________________________

(a) Oui, ils prennent l'avion.
(b) Oui, je vais les y accompagner.
(c) Non, je vais les attendre chez moi.
(d) Non, je dois aller les chercher à l'aéroport.

| 해설 | 일찍 나가는 동료와 나누는 대화로, 기차역에 가느냐고 묻는 말에 적절한 응답을 고르는 문제이다. (c)는 정답처럼 보이지만 사실은 '역에 가서 그분들을 기다리는 거니?', 즉 « Tu vas les attendre à la gare ? »에 대한 응답이다.

번역

남: 벌써 가? 이제 14시인데.
여: 응, 부모님이 1시간 뒤에 도착하셔.
남: 그럼 기차역에 가니?
여: ______________________________

(a) 응, 그분들은 비행기를 타셔.
(b) 응, 그분들을 그곳에 모시고 갈 거야.
(c) 아니, 집에서 그분들을 기다릴 거야.
(d) 아니, 그분들을 모시러 공항에 가야 돼.

참고

gare n.f. 기차역
prendre + 교통수단 v. ~을 타다
avion n.m. 비행기
accompagner qqn (à / jusqu'à + 장소) v. (~에/~까지) 누구와 함께 가다, 누구를 데려다 주다, 배웅하다
aéroport n.m. 공항

28

F : Tu as l'air très fatigué. Qu'est-ce qu'il y a ?
H: J'ai passé trois jours avec des clients japonais.
F : Pas possible ? Comment avez-vous communiqué ?
H: ______________________________

(a) On a aussi fait venir un cuisinier.
(b) Je les ai vraiment trouvés très aimables.
(c) Comme ça, on peut maîtriser le japonais.
(d) En fait, tout le monde se débrouillait un peu en anglais.

| 해설 | 남자의 근황에 관한 대화이다. 일본인 고객과 어떻게 의사소통을 했는지 묻는 여자의 말에 적절한 응답을 고르는 문제이다. 정답은 (d)이다. « avoir l'air + Adj »는 두 가지로 해석된다. 하나는 '~처럼 보이다, ~인 듯하다'인데, 이때 « avoir l'air »는 « sembler », « paraître »와 동의어이고, 다음에 오는 형용사는 주어와 성·수를 일치시킨다. 둘째 해석은 '표정/모습/태도가 ~하다'이고, 이때 « l'air »는 '안색'을 뜻하는 « la mine »나 '외양, 기미'를 뜻하는 « l'apparence » 등으로 바꾸어 쓸 수 있다. 이때 형용사는 이들 명사에 성·수를 일치시킨다.

번역

여: 너 많이 피곤해 보여. 무슨 일 있어?
남: 사흘을 일본 고객들과 같이 보냈어.
여: 농담이지? 의사소통은 어떻게 했어?
남: ______________________________

(a) 요리사도 한 명 오게 했어.
(b) 그 사람들은 정말이지 아주 친절했어.
(c) 그렇게 해서 일본어를 능숙하게 할 수 있는 거야.
(d) 실은 모두가 영어를 쓰면서 대충 해결했어.

참고

fatigué (f. -e) a. 피곤한, 지친

Qu'est-ce qu'il y a ? (구어) 무슨 일이야, 무슨 일입니까?

passer + 시간 (avec qqn / à inf / 장소) v. (누구와/~하면서/~에서) ~을 보내다, 지나다

japonais (f. -e) a., n. 일본의, 일본 사람인; (J-) 일본인; (le japonais) 일본어

(Ce n'est) pas possible loc. 설마, 그럴 수가, 거짓말이지

communiquer (avec qqn) v. (누구와) 의사소통하다, 연락하다

cuisinier (f. -ère) n. 요리사

trouver N Adj v. ~을 ~하다고 생각하다, ~이 ~함을 알게 되다

maîtriser v. 완전히 숙달하다

en fait loc. 사실은, 실제(로)는

se débrouiller v. 요령껏 행동하다, 알아서 처리하다

anglais (f. -e) a., n. 영국의; (A-) 영국인; (l'anglais) 영어

29

H: Julie, l'imprimante ne marche plus.
F: Qu'est-ce qui se passe ? Elle est de nouveau en panne ?
H: Euh je crois que non. On dirait qu'il n'y a plus de papier.
F: ________________________________

(a) Alors, ouvre-la et recharge le bac !
(b) Bon, je vais rappeler l'informaticien.
(c) Mais on doit acheter une nouvelle machine.
(d) Il faut attendre que la machine se réinitialise !

| 해설 | 프린터가 작동하지 않는 원인과 처방에 대한 대화로, 남자는 고장이 아니라 종이가 없는 듯하다고 말한다. 따라서 정답은 (a)이다. « on dirait ... »는 '~라고 (말)할 수 있겠다, ~인 듯하다'로 해석되고, 뒤에 « que »가 이끄는 절이나 명사 등이 온다. 예를 들어 « On dirait un roi. »는 '(그는) 마치 왕 같다'이다.

번역

남: 쥘리, 프린터가 더 이상 작동하지 않아.
여: 무슨 일 있어? 그게 다시 고장이야?
남: 어 아닌 것 같은데. 종이가 없는 것 같아.
여: ________________________________

(a) 그러면, 열어서 함을 채워!
(b) 좋아, 컴퓨터 기사를 다시 부를게.
(c) 하지만 새 기계를 사야 해.
(d) 기계가 다시 초기화되는 것을 기다려야 해!

참고

imprimante n.f. 프린터, 인쇄기
marcher v. (기계가) 작동하다, 움직이다 (= fonctionner)
qu'est-ce qui pn. 무엇이
- qu'est-ce que, que 무엇을

se passer v. (일, 사건 등이) 일어나다, 발생하다

de nouveau loc. 다시, 재차 (= une fois de plus, encore une fois)

en panne loc. 고장 난

Je crois que non / oui. 아니라고/같다고 생각합니다.

ouvrir v. 열다; 열리다

recharger v. 다시 채우다, 다시 넣다

bac n.m. 통, 용기

informaticien (f. -ne) n. 정보처리 기술자, 전산 전문가

attendre que Psub v. ~하기를 기다리다

se réinitialiser v. 다시 초기화되다

30

F : Je peux faire quelque chose pour vous, monsieur ?
H: Merci, madame. Je cherche une lampe, mais j'hésite entre plusieurs...
F : Vous n'avez pas une petite idée ?
H: ________________________________

(a) Les idées lumineuses ne courent pas les rues.
(b) Euh... j'ai juste besoin d'une ampoule pour ma lampe.
(c) Je vais vous dire quel type de lampadaire est le meilleur.
(d) Ben... avoir un bon éclairage est le plus important pour moi.

| 해설 | 전등을 구입하려는 손님과 점원의 대화로, 생각해 둔 것이 있는지 묻는 점원의 말에 적절한 응답을 고르는 문제이다. (b)에는 지문과 동일한 « lampe »가 쓰이고, (c)에는 이와 발음이 비슷한 « lampadaire »가 등장하지만 모두 정답이 아니다.

번역

여: 무엇을 도와드릴까요, 손님?
남: 고마워요. 전등을 하나 찾는데, 여러 개 중에서 망설이고 있어요.
여: 생각해 두신 거 없으세요?
남: ________________________________

(a) 명석한 생각은 흔하지 않아요.
(b) 어… 저는 단지 제 전등에 쓸 전구 하나가 필요해요.
(c) 어떤 유형의 스탠드가 가장 좋은지 말씀드리겠습니다.
(d) 음… 조명이 아주 밝은 게 제겐 가장 중요해요.

참고

quelque chose pn. 무엇, 어떤 것
hésiter v. 망설이다, 주저하다
lumineux (f. -se) a. 빛나는, 밝은; 명석한, 통찰력 있는
courir les rues loc. 흔하다, 평범하다, 널리 퍼지다
avoir besoin de N loc. ~이 필요하다

ampoule n.f. 전구

dire à qqn Pint v. 누구에게 ~인지 말하다

type (de øN) n.m. (~) 유형, 형식, 모델

lampadaire n.m. 전기스탠드

ben int. (망설임, 주저함, 거절 등) 음, 어, 저기

éclairage n.m. 조명, 채광

Part III

| 문제 31~40 | **다음 대화를 잘 듣고 제시하는 질문에 대한 가장 적절한 응답을 고르시오.**

31

H: Madame, bonjour, je voudrais aller à Bordeaux.
F : Vous partez quand ?
H: Demain, dans la matinée, si possible.
F : Il y a un train à 7 heures 10 ou 9 heures 25.
H: Le train de 7 heures 10, s'il vous plaît.
F : D'accord monsieur, ça vous fera 30 euros.

Q. Qu'est-ce que l'homme achète ?

(a) Un jouet.
(b) Un billet.
(c) Une jupe.
(d) Une revue.

| 해설 | 기차표를 구입하려는 손님과 매표소 직원이 나누는 대화로, 행선지와 기차 시간, 가격이 언급되고 있다. 질문은 남자가 무엇을 구입하는가이다. 따라서 정답은 (b)이다.

번역

남: 안녕하세요, 보르도에 가려고 하는데요.
여: 언제 떠나시죠?
남: 내일 오전 중에요, 가능하면요.
여: 7시 10분과 9시 25분에 기차가 있어요.
남: 7시 10분 기차로 주세요.
여: 알겠습니다, 30유로입니다.

질문 남자는 무엇을 사고 있습니까?

(a) 장난감.

(b) 표.

(c) 치마.

(d) 잡지.

참고

dans la matinée loc. 오전 중에

jouet n.m. 장난감

billet (de train / d'avion) n.m. (기차/비행기) 표

jupe n.f. 치마, 스커트

revue n.f. 잡지, 정기간행물

32

F : Je n'ai envie de rien, ce soir.
H : Qu'est-ce que tu as ? Tu es fatiguée ?
F : Oui. J'ai trop de travail en ce moment.
H : Ma chérie, je vais préparer le dîner !
F : Tu ferais vraiment ça ?
H : Oui ! Je ne l'ai pas fait souvent depuis notre mariage.

Q. Qui sont les deux personnes qui parlent ?

(a) Une enfant et son père.
(b) Une fille et son frère.
(c) Une femme et son mari.
(d) Une jeune fille et son voisin.

| 해설 | 저녁에 부부가 나누는 대화이다. 두 사람이 부부라는 것은 « depuis notre mariage »에서 알 수 있다. 또한 « ma chérie »에서도 답을 유추할 수 있는데, « mon chéri »와 « ma chérie »는 부부가 서로를 부르는 애칭이다. 따라서 정답은 (c)이다.

번역

여: 아무것도 하고 싶지 않아, 오늘 저녁은.
남: 무슨 일이야? 피곤해?
여: 맞아. 요즘 일이 너무 많아.
남: 여보, 저녁 내가 만들게!
여: 정말로 그걸 하겠다고?
남: 응! 결혼하고서는 자주 안 했잖아.

질문 대화 중인 두 사람은 누구입니까?

(a) 여자아이와 그녀의 아버지.
(b) 소녀와 그녀의 남자 형제.
(c) 여자와 그녀의 남편.
(d) 어린 소녀와 그녀의 이웃.

참고

avoir envie de N loc. ~을 원하다, 가지고 싶어하다

trop de øN loc. 너무 많은 ~

en ce moment loc. 지금, 현재

préparer qqc v. 무엇을 준비하다; 마련하다; 조리하다

(N) qui rel. ~하는 (~)

enfant n. 아이; 자식(남성형과 여성형 동일)

père n.m. 아버지 (어머니는 mère)

frère n.m. 남자 형제 (여자 형제는 sœur)

jeune a., n. 젊은, 어린; 젊은 사람 (↔ vieux)

voisin (f. -e) n., a. 이웃 사람; 이웃의, 이웃하고 있는

33

H : Tu sembles épuisée.
F : Oui, je n'ai pas bien dormi hier soir.
H : Pourquoi ? Tu as beaucoup de travail ces jours-ci ?
F : Non, c'est à cause des voisins.
H : Ah bon ! Ils ont fait du bruit pendant la nuit ?
F : Non, mais c'est leur chien qui a aboyé jusqu'au petit matin.

Q. Pourquoi la femme n'a-t-elle pas pu dormir ?

(a) À cause de son travail.
(b) À cause du chien des voisins.
(c) Parce qu'elle était trop fatiguée.
(d) Parce que ses voisins ont fait beaucoup de bruit.

| 해설 | 잠을 설친 것에 대해 나누는 대화로, 잠을 못 잔 이유는 대화의 끝부분에 나온다. « à cause de »는 원인이나 이유를 나타내는데 일반적으로 좋지 않은 일에 대해서 말할 때 쓰인다. 그리고 « C'est X qui … »는 강조 표현으로 '~하는 것은 바로 X이다'로 해석된다. 이때 X는 뒤에 오는 문장의 주어이다. 만약 주어가 아니면 다음 예문과 같이 « qui » 대신 « que »가 쓰인다.

- C'est un chat que Paul a acheté.
  폴이 산 것은 고양이이다.
- C'est demain que Marie part pour Paris.
  마리가 파리로 떠나는 것은 내일이다.

번역

남: 너 지쳐 보여.
여: 맞아, 어제 저녁에 잠을 잘 못 잤거든.
남: 왜? 요즘 일이 많아?
여: 아니, 이웃 사람들 때문이야.
남: 아 그래! 밤새 시끄럽게 했어?
여: 아니, 하지만 그들의 개가 새벽까지 짖어댔어.

질문 여자는 왜 잠을 자지 못했습니까?

(a) 일 때문에.

(b) 이웃의 개 때문에.

(c) 그녀가 너무 피곤했기 때문에.

(d) 이웃 사람들이 시끄럽게 했기 때문에.

참고

sembler Adj v. ~하게 보이다, ~인 것 같다

épuisé (f. -e) a. 지친, 기진맥진한 (= fatigué)

dormir v. 자다

bruit n.m. 소음, 소리

aboyer v. (개가) 짖다

jusque'à prép. ~까지

au petit matin loc. 이른 아침에, 새벽에

parce que conj. 왜냐하면, ~이기 때문에

34

F : Je suis là pour retirer mon titre de séjour.
H: D'accord, votre convocation, s'il vous plaît.
F : Voilà, et ça, c'est le récépissé.
H: Merci, vous avez votre passeport ?
F : Attendez, je l'ai dans mon sac... Ah, le voici. Tenez !
H: Tout y est. Attendez, je vais chercher votre document.

Q. Que peut-on apprendre par ce dialogue ?

(a) La femme est une étrangère.
(b) L'homme travaille dans une banque.
(c) La femme a perdu sa pièce d'identité.
(d) L'homme et la femme se connaissent bien.

| 해설 | 체류증을 찾으러 온 여자와 직원이 나누는 대화이다. '체류증'은 « titre de séjour » 또는 « carte de séjour »라고 한다. « récépissé »는 체류증을 발급받기 위해 서류를 제출하고 받는 접수증을 말하고, « convocation »은 발급된 체류증을 수령해 가라는 소환장 또는 소환통지서이다.

번역

여: 제 체류증을 받으러 왔습니다.
남: 네, 소환장 주세요.
여: 여기요, 그리고 이것은 접수증이에요.
남: 고맙습니다, 여권 있으시죠?
여: 잠시만요, 가방에 있어요… 아, 여기 있어요. 받으세요.
남: 다 갖춰졌네요. 기다리세요. 당신의 서류를 찾으러 갑니다.

질문 이 대화에서 무엇을 알 수 있습니까?

(a) 여자는 외국인이다.
(b) 남자는 은행에서 일한다.
(c) 여자는 신분증을 잃어버렸다.
(d) 남자와 여자는 서로를 잘 안다.

참고

retirer v. 꺼내다; 인출하다; 얻다, 획득하다

sac n.m. 가방, 봉투

voici N prép. 여기에 ~가 있다

✪ 이때 명사는 직접목적보어 대명사 또는 en으로 교체된다.

Tout y est. 모든 것이 있다; 다 갖추었다.

apprendre v. 배우다, 알다

étranger (f. -ère) n. 외국인

perdre v. 분실하다, 잃다, 상실하다

pièce d'identité n.f. 신분증

se connaître v. (복수 주어) 서로를 알다

35

H: Appelez M. Dugard et reportez le rendez-vous de 15 heures.
F : Entendu, et quelle est la cause du report ?
H: On a avancé mon audience, elle commence à 15 heures au tribunal.
F : Très bien, et vous voulez un nouveau rendez-vous pour quand ?
H: Hmm… Demain matin, c'est possible ?
F : Oui, vous êtes libre à partir de 10 heures 30.

Q. Où se trouvera l'homme cet après-midi vers 15 heures ?

(a) Chez lui.
(b) Au tribunal.
(c) Chez M. Dugard.
(d) Dans son bureau.

| 해설 | 오후 3시의 약속을 다음 날로 늦추기 위해 나누는 대화로, 약속을 미루려는 이유를 설명하는 남자의 두 번째 발언에서 질문에 대한 답을 유추할 수 있다. 여기서 « audience »는 법정 용어로 '공판, 심문, 변론'으로 해석되며, 이 단어가 법정 용어임은 다음 문장의 « au tribunal », 즉 '법원에서'라는 말을 통해 명확해진다.

번역

남: 뒤가르 씨에게 전화해서 15시 약속을 연기해 주세요.
여: 알겠습니다, 연기하는 이유는 무엇인가요?
남: 제 공판이 앞당겨져서 15시에 법원에서 시작됩니다.
여: 잘 알겠습니다. 새 약속은 언제로 원하세요?
남: 흠… 내일 아침 가능할까요?
여: 네, 10시 30분부터 시간이 비어 있습니다.

질문 남자는 오늘 오후 15시경에 어디 있습니까?

(a) 그의 집에.
(b) 법원에.
(c) 뒤가르 씨 집에.
(d) 그의 사무실에.

참고

reporter v. 연기하다 (↔ avancer)

report n.m. 연기, 연장

cause n.f. 이유, 원인, 동기

avancer v. 앞당기다, 빠르게 하다 (↔ reporter)

tribunal (pl. -aux) n.m. 법원, 법정; 재판소

pour quand loc. 언제를 예정으로

libre a. 자유로운, 한가한, 비어 있는

à partir de N loc. ~로부터

se trouver v. 있다

vers + 시간 prép. ~경에, 즈음에

36

F : Tu veux du café, chéri ?
H: Je veux bien, mais pas trop serré.
F : Tu veux combien de sucres ?
H: Tu sais bien que je fais un régime.
F : Alors tu ne veux pas de lait non plus ?
H: C'est ça.

Q. L'homme veut boire quel café ?

(a) Un café court sans sucre.
(b) Un café crème avec du sucre.
(c) Un café au lait avec du sucre.
(d) Un café long sans sucre ni lait.

| 해설 | 커피에 관해 부부가 나누는 대화이다. « café long »은 '연한 커피'로 « café allongé / léger »라고도 한다. 반면 '진한 커피'는 « café court / serré / fort »이다. « café crème »은 '크림 커피'이고, « café au lait »는 '우유를 넣은 커피'를 가리킨다. 남자의 말을 종합하면 남자가 원하는 커피는 (d)임을 알 수 있다.

번역

여: 커피 줄까, 여보?
남: 좋아, 하지만 너무 진하지 않게.
여: 설탕은 얼마나 원해?
남: 다이어트 중인 거 알잖아.
여: 그러면 우유도 원하지 않겠네?
남: 그렇지.

질문 남자는 어떤 커피를 마시고 싶어합니까?

(a) 설탕을 넣지 않은 진한 커피.
(b) 설탕을 넣은 크림 커피.
(c) 설탕을 넣은 밀크 커피.
(d) 설탕과 우유를 넣지 않은 연한 커피.

참고

Je veux bien. 좋아요, 그렇게 하겠습니다.

serré (f. -e) a. (커피가) 진한

combien de øN loc. 얼마나 많은 ~

sucre n.m. 설탕

non plus loc. ~도 또한 아니다

sans prép. ~ 없이, ~가 들어가지 않은 (↔ avec)

sans N ni N loc. ~도 ~도 없이

37

H: Delphine, tu as lu ça ?
F : Non. Ça parle de quoi ?
H: D'un homme accusé d'un meurtre qu'il n'avait pas commis.
F : Et finalement, son innocence est prouvée ?
H: Non, il n'a jamais pu la prouver, alors il s'est échappé.
F : Ce journal raconte une histoire un peu banale, non ?

Q. De quoi parle-t-on ?

(a) D'un film.
(b) D'un article.
(c) D'une blague.
(d) D'un documentaire.

| 해설 | 살인 누명을 쓴 남자에 관한 대화로, 여자의 마지막 발언인 « Ce journal raconte ... » 를 통해 그 남자의 이야기가 신문에 실린 것임을 알 수 있다.

번역

남: 델핀, 너 그거 읽었어?
여: 아니. 무엇에 관한 이야기야?
남: 자기가 저지르지 않은 살인으로 고소당한 남자에 대한 거야.
여: 결국 그의 무죄가 입증되었니?
남: 아니, 그는 무죄를 입증하지 못했어, 그래서 도망쳤어.
여: 이 신문은 좀 평범한 일을 이야기하네, 그렇지 않니?

질문 무엇에 대해 말하고 있습니까?

(a) 영화에 대해.
(b) 기사에 대해.
(c) 농담에 대해.
(d) 기록영화에 대해.

참고

accusé(e) (de qqc / de inf) a. (무엇으로/~해서) 고발된, 고소된

meurtre n.m. 살인

commettre v. (범죄, 실수, 잘못 등을) 저지르다, 범하다

finalement adv. 최후로, 마침내, 결국

innocence n.f. 결백, 무죄

prouver v. 증명하다, 입증하다

s'échapper v. 도망치다

journal (pl. -aux) n.m. 신문, 신문사; 뉴스

raconter v. 이야기하다, 말하다

histoire n.f. 이야기, 사건, 일, 역사

banal (f. -e, m.pl. -s) a. 평범한, 진부한, 흔한

blague n.f. 농담, 허풍; 조롱

documentaire n.m. 다큐멘터리, 기록영화

38

F : Bonjour monsieur…
H : Oui, madame, c'est pour quoi ?
F : Je voudrais des timbres, s'il vous plaît.
H : Au tarif normal ou pour du courrier international ?
F : Au tarif économique, à 73 centimes…
H : Dans ce cas, prenez plutôt des enveloppes pré-timbrées !

Q. Où se déroule le dialogue ?

(a) À la gare.
(b) À la poste.
(c) Dans un aéroport.
(d) Dans une agence de voyages.

| 해설 | 우표를 구입하면서 나누는 대화로, « timbres », « courrier international », « enveloppes pré-timbrées » 등을 통해 대화 장소를 짐작할 수 있다.

번역

여: 안녕하세요…
남: 네, 무슨 일로 오셨나요?
여: 우표를 주세요.
남: 보통 요금이요 아니면 국제 우편을 위한 건가요?
여: 할인 요금으로요, 73상팀짜리…
남: 그러면, 차라리 우표가 붙은 봉투를 사시죠!

질문 대화는 어디에서 전개되고 있습니까?

(a) 기차역에서.
(b) 우체국에서.
(c) 공항에서.
(d) 여행사에서.

참고

timbre n.m. 우표

au tarif normal loc. 보통 요금으로

au tarif économique loc. 할인 요금으로

courrier n.m. 우편물, 편지

à + 가격 prép. ~의 가격에, ~짜리

dans ce cas loc. 그 경우에는, 그러면

plutôt adv. 오히려, 차라리

enveloppe pré-timbrée n.f. 우표가 붙은 봉투

se dérouler v. (사건, 일 등이) 일어나다, 전개되다; (경치가) 펼쳐지다

agence de voyages n.f. 여행사

39

H: T'es où, Marianne?
F: Au bureau.
H: Encore!!! Vite! Je t'attends en bas.
F: Désolée, j'ai un travail urgent.
H: D'accord. Tu veux que je t'achète un sandwich?
F: Oui, et un jus d'orange aussi, s'il te plaît.

Q. Pourquoi l'homme téléphone-t-il initialement à la femme?

(a) Pour savoir ce qu'elle veut.
(b) Parce qu'elle l'attend en bas.
(c) Parce qu'elle n'est pas descendue.
(d) Pour lui dire de prendre un sandwich.

| 해설 | 친구가 오지 않아 전화 통화를 하는 내용으로, 남자가 여자에게 전화를 건 이유는 대화 초반에 잘 나타나 있다. 특히 남자의 두 번째 발언을 통해 (c)가 정답임을 알 수 있다. 참고로 «T'es où?»는 구어에서 «Tu es où?»를 줄여서 말한 것이다.

번역

남: 너 어디야, 마리안?
여: 사무실이야.
남: 아직도!!! 서둘러! 아래에서 너를 기다리고 있어.
여: 미안, 급한 일이 있어.
남: 알았어. 샌드위치 사다 줄까?
여: 좋아, 그리고 오렌지 주스도, 부탁해.

질문 남자가 처음에 여자에게 전화한 이유는 무엇입니까?

(a) 그녀가 원하는 것을 알기 위해.
(b) 그녀가 그를 아래에서 기다리고 있기 때문에.
(c) 그녀가 내려오지 않았기 때문에.
(d) 그녀에게 샌드위치를 먹으라고 말하기 위해서.

참고

en bas loc. 아래에(서), 아래로

urgent (f. -e) a. 긴급한

vouloir que Psub v. ~하는 것을 원하다, 바라다

acheter qqc à qqn v. 무엇을 누구에게 사주다

jus d'orange n.m. 오렌지 주스

téléphoner (à qqn) v. (누구에게) 전화하다

initialement adv. 처음에, 애초에, 초기에

descendre v. 내려오다, 내려가다

dire à qqn de inf v. 누구에게 ~하라고 말하다

40

F : Tu sais, Anne sort avec un nouveau type.
H: Ah bon, il est comment ?
F : C'est un grand blond.
H: Et son caractère ?
F : Il a de l'humour, mais il semble plutôt coureur.
H: Donc, tu l'as déjà vu.

Q. Quel est le sujet de ce dialogue ?

(a) Le nouveau chien d'Anne.
(b) Le nouveau copain d'Anne.
(c) Le nouveau portable d'Anne.
(d) Le nouveau collègue d'Anne.

| 해설 | 안느의 새 남자 친구에 대한 대화이다. 여기서 « sortir avec »는 비유적으로 쓰여 '~와 교제하다, 사귀다'로 해석된다. 한편 « type »는 '녀석, 놈' 또는 '애인, 남자 친구'를 뜻하는 구어 표현이다.

번역

여: 너 알아, 안느가 새 남자를 만나고 있어.
남: 아 그래, 어떤 사람이야?
여: 큰 키에 금발이야.
남: 그리고 그의 성격은?
여: 유머가 있어, 근데 바람둥이 같아.
남: 그러니까 너는 그를 이미 만나 본 거네.

질문 이 대화의 주제는 무엇입니까?

(a) 안느의 새 개.
(b) 안느의 새 친구.
(c) 안느의 새 휴대폰.
(d) 안느의 새 동료.

참고

sortir avec qqn loc. 누구와 사귀다, 누구를 만나다

blond (f. -e) a., n. 금발의; 금발인 사람

caractère n.m. 성격, 기질

avoir de l'humour loc. 유머가 있다

coureur (f. -euse) a., n. 방탕한; 바람둥이

sujet n.m. 주제

portable n.m. 휴대전화; 노트북

collègue n. 동료

Part IV

| 문제 41~50 | **다음 글을 듣고 제시하는 질문에 대한 가장 적절한 답을 고르시오.**

41 Allô, c'est Dominique... Cela fait quatre fois que je te téléphone. Deux fois hier, une fois ce matin, et puis maintenant... Je ne comprends pas pourquoi tu ne me rappelles pas. Est-ce que tu aurais perdu mon numéro de téléphone ? Je te le redonne au cas où, c'est le 01 48 23 45 54. Je pense à toi très fort...

Q. De quel type de message s'agit-il ?

(a) D'une offre d'emploi sur Internet.
(b) D'un message laissé sur un répondeur.
(c) D'une réponse favorable à une invitation.
(d) D'une réponse à une offre d'emploi sur Internet.

| 해설 | 지문의 유형을 파악하는 문제로, 첫 단어인 « Allô »에서 전화 통화임을 알 수 있다. 또한 이어지는 내용을 통해 응답기에 남겨진 메시지라는 것을 짐작할 수 있다. 프랑스의 전화번호는 지역번호 두 자리를 포함하여 총 10개의 숫자로 되어 있고 두 자리씩 끊어 읽는다. 다음으로 « Est-ce que tu aurais perdu mon numéro de téléphone ? »에서 « tu as perdu » 대신 조건법인 « tu aurais perdu »를 쓴 것은 추측이기 때문이다.

번역 여보세요, 나 도미니크야. 네게 전화하는 게 네 번째야. 어제 두 번, 오늘 아침에 한 번, 그리고 지금… 네가 왜 내게 전화하지 않는지 모르겠어. 너 혹시 내 전화번호 잃어버렸니? 혹시 모르니 다시 알려줄게, 01 48 23 45 54야. 네 생각 아주 많이 하고 있어…

질문 어떤 종류의 메시지입니까?

(a) 인터넷 구인 공고.

(b) 응답기에 남겨진 메시지.

(c) 초대에 대한 긍정적 답변.

(d) 인터넷 구인 공고에 대한 답변.

참고

Ça / Cela fait + 기간 / 횟수 (que P). (~한 것이) ~가 되다, ~ 번이다.

(et) puis adv. 그리고 또, 그러고 나서, 그 후에

comprendre pourquoi / comment P loc. 왜/어떻게 ~인지 이해하다, 납득하다

numéro de téléphone n.m. 전화번호

redonner qqc à qqn v. 무엇을 누구에게 다시 주다

au cas où loc. 만약의 경우에, 혹시라도

penser à N v. ~을 생각하다

fort adv. 매우, 몹시; 세게, 강하게

il s'agit de N / de inf loc. ~이 문제이다, ~하는 것이 중요하다

offre d'emploi n.f. 구인, 구인 공고

laisser N + 장소 v. ~을 ~에 남기다, 놓아두다

répondeur n.m. 응답기

réponse à N n.f. ~에 대한 응답, 답변

favorable a. 호의적인, 긍정적인

invitation n.f. 초대

42 Salut! J'ai vingt ans et j'habite à Séoul en Corée du Sud. Je recherche des amis français et allemands. J'adore les langues étrangères et je voudrais pouvoir échanger régulièrement du courrier, des photos, des petites vidéos, etc. Comme ça, je pourrais aussi faire découvrir mon pays. Venez vite visiter ma page Facebook.

Q. On recherche ici quel type de personnes?

(a) Des amis en Corée.
(b) Des amis européens.
(c) Des amis qui parlent coréen.
(d) Des amis qui aiment le cinéma.

| 해설 | 편지, 사진, 영상 등을 교환할 친구를 구하는 내용으로, 두 번째 문장인 «Je recherche des amis français et allemands.»에서 프랑스인과 독일인 친구를 찾고 있음을 알 수 있다. 따라서 정답은 (b)이다. 한편 뒷부분에서 «Comme ça, je pourrais aussi faire découvrir mon pays.»는 조건법인 «je pourrais»를 사용하여 '알게 해 주겠다(알려 주겠다)'는 확실한 약속이 아니라 '알게 해 줄(알려 줄) 수 있을 거야' 정도의 가능성만을 표현한다.

번역 안녕! 나는 스무 살이야, 그리고 한국 서울에 살아. 나는 프랑스와 독일 친구들을 찾고 있어. 나는 외국어를 많이 좋아해. 그리고 정기적으로 편지와 사진, 짧은 영상 등을 교환할 수 있었으면 해. 그렇게 해서 내 나라에 대해 알려 줄 수도 있을 거야. 어서 내 페이스북을 방문해 줘.

질문 어떤 유형의 사람을 찾고 있습니까?

(a) 한국에 있는 친구들.
(b) 유럽 친구들.
(c) 한국어를 하는 친구들.
(d) 영화를 좋아하는 친구들.

참고

salut int. (인사말) 안녕

avoir + 수사 + an(s) loc. ~ 살이다

Corée du Sud n.f. 한국 (북한은 Corée du Nord)

rechercher v. 찾다, 수배하다; 연구하다

échanger qqc v. (서로) 무엇을 주고받다; 교환하다, 맞바꾸다

régulièrement adv. 규칙적으로, 정기적으로, 정식으로

petit (f. -e) a. 짧은, 작은; 사소한, 하찮은

découvrir v. 발견하다, 알아차리다

pays n.m. 나라, 고장, 지방

visiter v. 방문하다, 여행하다, 견학하다

européen (f. -ne) a., n. 유럽의, 유럽 사람인; (E-) 유럽 사람

parler (le) français / (l')anglais v. 프랑스어/영어를 하다

✪ 이 경우 관사는 흔히 생략한다.

43 Chers amis, je vous écris d'où je passe mes vacances. Il fait un temps magnifique. La plage est à cinq minutes à pied de mon hôtel. Je vais me baigner tous les matins. J'aime bien la cuisine locale. Ici, on mange beaucoup de fruits de mer. Demain, je vais faire un pique-nique. Bon, je dois préparer mes affaires. Je vous embrasse.

Q. Où se trouve cette personne?

(a) Dans une ville.
(b) À la montagne.
(c) Près de la mer.
(d) À la campagne.

| 해설 | 휴가 중에 친구들에게 보낸 편지이다. «la plage», «je vais me baigner», «fruits de mer» 등의 표현에서 이 사람이 있는 곳을 알 수 있다. 따라서 정답은 (c)이다. 한편 «d'où je passe mes vacances»에서 «où»와 다음의 문장은 관계절을 만들고 명사 없이 단독으로 쓰여 '~하는 곳'으로 해석된다.

번역 사랑하는 친구들아, 휴가를 보내는 곳에서 너희들에게 편지를 쓰고 있어. 여긴 날씨가 아주 좋아. 해변은 호텔에서 걸어서 5분 거리에 있어. 난 매일 아침 해수욕을 하러 가. 난 이 지역 음식이 아주 좋아. 여기서는 해산물을 많이 먹어. 내일은 소풍을 갈 거야. 저런, 물건들 준비하러 가야겠네, 안녕.

질문 이 사람은 어디에 있습니까?

(a) 도시에.
(b) 산에.
(c) 바다 가까이에.
(d) 시골에.

참고

cher (f. -ère) a. 사랑하는, 소중한; 친애하는, 경애하는
écrire à qqn v. 누구에게 편지를 쓰다
magnifique a. 멋진, 매우 아름다운; 굉장한, 훌륭한
plage n.f. 해변, 바닷가, 해수욕장
se baigner v. 해수욕하다, 물놀이 하다, 목욕하다
tous les matins loc. 아침마다, 매일 아침
cuisine locale n.f. 지역 요리
fruits de mer n.m.pl. 해산물
affaires n.f.pl. 소지품; 사업, 장사
Je vous embrasse, Je t'embrasse. (편지 등에서 끝맺는 인사말) 안녕, 사랑해.
près de N adv. ~ 가까이에
campagne n.f. 농촌, 시골; 밭, 들

44 Allongé dans son lit, il rêvait de découvrir de nouvelles civilisations cachées. Il partait au plus profond de son duvet, avec pour seul éclairage une torche sur le point de rendre l'âme, et s'inventait d'extraordinaires histoires de catacombes secrètes révélant des mondes encore inconnus. Il partait à l'aventure emportant avec lui juste de quoi se nourrir pendant quelques jours.

Q. D'après le passage, cet homme voulait devenir quoi ?

(a) Un écrivain.
(b) Un religieux.
(c) Un inventeur.
(d) Un explorateur.

| 해설 | 침대에 누워서 탐험에 나서는 모습을 상상하는 것을 묘사한 내용이다. « il rêvait de découvrir de nouvelles civilisations cachées », « ... s'inventait d'extraordinaires histoires de catacombes secrètes révélant des mondes encore inconnus », « Il partait à l'aventure ... » 등을 통해 이 사람이 탐험을 얼마나 좋아하는지를 짐작할 수 있다. 따라서 정답은 (d)이다.

이 글에서는 현재분사가 두 가지 다른 기능으로 쓰인다. 첫째는 « révélant »으로 명사 표현 « catacombes secrètes » 뒤에서 이를 꾸며 준다. 둘째는 « emportant »으로, « partir » 뒤에서 주어 속사로 쓰여 '~하면서, ~한 채로 떠나다'로 해석된다.

또한 « de quoi se nourrir »는 '먹을 것'을 뜻하는데, 여기서 « de quoi »는 부정법 동사와 결합하여 '~에 필요한 것, ~할 것' 등으로 해석된다.

번역 침대에 누워서, 그는 감춰진 새로운 문명들을 발견하는 것을 꿈꾸곤 했다. 그는 이불 깊숙한 곳에서 떠나곤 했다. 유일한 조명인 다 꺼져 가는 횃불 하나를 가지고서. 그는 기이한 이야기들을 지어냈다. 아직 알려지지 않은 세계를 드러내는 비밀의 납골당에 관해서. 그는 모험을 떠나곤 했다. 단지 며칠 동안만 먹을 식량을 가지고서.

질문 이 구절에 따르면 이 남자는 무엇이 되고 싶었습니까?

(a) 작가.

(b) 수도사.

(c) 발명가.

(d) 탐험가.

참고

allongé (f. -e) a. 누워 있는

rêver de inf v. ~하는 것을 꿈꾸다; 동경하다, 열망하다

civilisation n.f. 문명

caché (f. -e) a. 숨겨진, 비밀의

au plus profond de N loc. ~의 깊은 곳에서, 가장 밑바닥에서

duvet n.m. 솜털, 침낭

torche n.f. 횃불

sur le point de inf loc. 막 ~하려는 참인, ~할 준비가 된

rendre l'âme loc. 꺼지다; 명을 다하다, 죽다

s'inventer N v. ~을 상상하다; 꾸며내다

extraordinaire a. 놀라운, 기이한; 아주 좋은, 훌륭한

catacombe n.f. 지하묘지, 납골당

secret (f. -ète) a., n.m. 비밀의; 비밀

révéler v. 드러내다, 밝히다, 폭로하다, 보여 주다

inconnu (f. -e) a. 모르는, 미지의; 익명의, 무명의; 생소한

à l'aventure loc. 정처없이, 발길이 가는 대로

emporter v. 가져가다

se nourrir v. 먹다, 식사하다

d'après loc. ~에 의하면, ~에 따르면, ~에 따라서(= selon)

passage n.m. 구절, 단락; 통행, 통과

devenir Adj / N v. ~하게/~이 되다

écrivain (f. -e) n. 작가, 문필가(여성형은 une écrivain이라고도 함)

religieux (f. -se) n., a. 수도사, 수녀; 종교의, 종교를 믿는

inventeur (f. -trice) n. 발명가, 고안자

explorateur (f. -trice) n. 탐험가, 탐사자

45 Grâce au mariage pour tous, les gens de même sexe peuvent se marier, mais aussi avoir des enfants ou en adopter. Ce type d'union existe officiellement en France depuis mai 2013, tout comme dans de nombreux autres pays, mais dans certaines régions du monde l'homosexualité est violemment réprimée, car elle est considérée comme un crime ou une maladie mentale.

Q. Où est permis le mariage homosexuel?

(a) Seulement en France.
(b) Uniquement en Europe.
(c) Dans beaucoup de pays.
(d) Dans le monde entier sans exception.

| 해설 | 만인을 위한 결혼(mariage pour tous)과 동성 결혼에 관한 내용이다. 만인을 위한 결혼은 동성 결혼을 포함하여 모든 유형의 결혼을 허용하는 법이다. 프랑스에서는 2013년 5월에 이 법이 제정되었다. 한편 두 번째 문장에서는 동성 결혼이 여러 나라에서 허용되지만 일부 지역에서는 강력하게 처벌받는다고 말한다. 따라서 정답은 (c)이다.

번역 만인을 위한 결혼 덕분에 동성의 사람들이 결혼할 수 있다. 또한 아이를 가지거나 입양할 수도 있다. 이런 유형의 결합은 많은 다른 나라들에서처럼 프랑스에서 2013년 5월부터 공식적으로 존재한다. 하지만 세계의 일부 지역에서는 동성애가 강력하게 처벌받는다. 왜냐하면 동성애가 죄나 정신병으로 간주되기 때문이다.

질문 어디에서 동성 결혼이 허용되어 있습니까?

(a) 프랑스에서만.
(b) 유럽에서만.
(c) 많은 나라들에서.
(d) 예외 없이 전 세계에서.

참고

tous pn. 모두, 모든 사람들; 모든 것들

gens n.pl. 사람들

se marier (à/avec qqn) v. (누구와) 결혼하다

adopter v. 입양하다; 가결하다, 통과시키다

union n.f. 결합, 결혼; 통합, 합병

exister v. 존재하다, 실재하다

officiellement adv. 공식적으로, 정식으로

nombreux (f. -se) a. 많은, 다수의

certain (f. -e) a. (명사 앞) 어떤; 몇몇(의)

région n.f. 지역, 지방

homosexualité n.f. 동성애

homosexuel (f. -le) a., n. 동성애의; 동성애자

violemment adv. 강력하게, 맹렬하게, 세차게; 열렬하게

réprimer v. 처벌하다, 억압하다, 억제하다

considérer N comme Adj/N v. ~을 ~하게/~으로 여기다, 간주하다

crime n.m. 범죄

maladie mentale n.f. 정신병, 정신질환

permis (f. -e) a. 허가된, 허용된

seulement adv. 단지, 오직

uniquement adv. 오로지, 단지

entier (f. -ère) a. 전체의; 완전한, 전적인

sans exception loc. 예외 없이

46 Je ne comprends pas que les gens ne se sentent pas plus concernés par la protection de l'environnement. Celui-ci se dégrade très rapidement, ce qui met, à moyen terme, notre planète en danger, mais personne, que ce soit chez les politiques ou chez les simples citoyens, ne semble vraiment réagir. Il y a peu d'actions concrètes, et quand elles existent, elles manquent d'envergure.

Q. Que dénonce la personne qui parle ?

(a) Le manque de lois protégeant les citoyens.
(b) L'excès des articles parlant de l'environnement.
(c) Le caractère alarmiste de la politique écologique.
(d) Le manque d'intérêt général pour l'environnement.

| 해설 | 환경 보호에 대한 무관심을 비판하는 내용이다. 두 번째 문장에서 «celui-ci»는 앞에서 언급된 «l'environnement»을 다시 받는 말이다. 이때 «celui»는 앞 명사의 성·수에 따라 «celle», «ceux», «celles»로 교체된다. 만약 «celui-ci»가 «celui-là»와 함께 쓰이면 «celui-ci»는 나중에 언급된 것을, «celui-là»는 먼저 언급된 것을 가리킨다. 다음으로 «ce qui mettra ...»에서 «ce qui»는 앞 문장 전체를 받아 그것에 관해 새 이야기를 덧붙이는 역할을 한다.

번역 사람들이 환경보호가 자신과 관련되어 있음을 느끼지 못하는 것을 나는 납득하기 어렵다. 환경은 아주 빠르게 파괴되고 있으며, 이는 중기적으로 지구를 위험에 빠뜨릴 것이다. 하지만 아무도 진정으로 대응하는 것처럼 보이지 않는다. 정치인이나 일반 시민이나 모두 그러하다. 구체적인 행동이 거의 없고, 그러한 행동이 있다 해도 그 규모가 작다.

질문 말하는 사람은 무엇을 고발하고 있습니까?

(a) 시민을 보호하는 법의 부재.
(b) 환경에 대해 말하는 기사들의 과도함.
(c) 환경 정책의 불안을 조장하는 특성.
(d) 환경에 대한 전반적인 관심 부족.

참고

se sentir Adj v. ~하다고 느끼다

concerné (f. -e) a. 관련된, 관계된

protection n.f. 보호, 보전

environnement n.m. 환경, 주위, 주변, 상황

se dégrader v. 파괴되다, 망가지다; 악화되다; 타락하다

rapidement adv. 빠르게, 순식간에, 급속도로

à moyen terme loc. 중기(적으)로

✪ à court terme 단기적으로, à long terme 장기적으로

planète n.f. 지구, 세계; 별, 혹성

mettre N en danger loc. ~을 우 태롭게 하다

personne pn. (부정문에서) 아무도

✪ 이때 부정 표현인 pas는 쓰지 않는다.

que ce soit ... ou ... loc. ~이건 ~이건

politique ❶ n. 정치인

❷ n.f. 정책; 방책, 전략; 정치

❸ a. 정치의, 정치적인

simple a. (명사 앞) 단지 ~만의, 순전히 ~뿐인, 한낱; (명사 뒤) 간단한, 단순한

citoyen (f. -ne) n. 시민

réagir v. 대응하다, 반응하다, 반항하다

concret (f. -ète) a. 구체적인; 실질적인

manquer de øN v. ~이 없다, 부족하다

manque de øN n.m. ~ 결핍, 부족

envergure n.f. 폭, 규모, 크기

dénoncer v. 고발하다, 규탄하다; 알리다

loi n.f. 법, 법률

protéger v. 보호하다, 보전하다, 지키다

excès n.m. 과도, 지나침; 남용

écologique a. 자연보호의; 생태학의

alarmiste a. 불안을 일으키는, 소란을 일으키는

intérêt n.m. 관심, 호의, 공감

47 Votre attention s'il vous plaît. Nous recherchons les parents du petit Christophe. Il s'agit d'un petit garçon d'environ trois ans. Il porte un jean bleu, des baskets rouges, un T-shirt jaune et une veste vert olive. Il a été trouvé entre le rayon boucherie et le rayon boulangerie. Merci de venir le chercher au point information à l'entrée du magasin.

Q. Que porte le petit Christophe?

(a) Un pantalon bleu.
(b) Un short vert olive.
(c) Des baskets jaunes.
(d) Un pull-over rouge.

| 해설 | 아이의 부모를 찾는 안내 방송으로 아이의 옷차림과 발견 장소 등을 설명한다. 질문은 아이가 무엇을 입고 있는가이다. 정답은 (a)이다.

번역 주목해 주십시오. 꼬마 크리스토프의 부모님을 찾고 있습니다. 세 살가량의 남자아이입니다. 파란색 청바지와 빨간 농구화, 노란 티셔츠, 황록색 자켓을 입고 있습니다. 그는 정육 매장과 빵 매장 사이에서 발견되었습니다. 상점 입구에 있는 안내소로 아이를 찾으러 와 주시면 감사하겠습니다.

질문 꼬마 크리스토프는 무엇을 착용하고 있습니까?

(a) 파란색 바지.
(b) 황록색 반바지.
(c) 노란색 농구화.
(d) 빨간색 스웨터.

참고

environ adv. 대략, 약
jean n.m. 청바지
baskets n.f.pl. 운동화, 농구화
T-shirt n.m. 티셔츠
veste n.f. 재킷, 웃옷
pantalon n.m. 바지
short n.m. 반바지, 쇼트 팬츠
pull-over n.m. 스웨터
vert olive a., n.m. (성수 불변) 황록색의; 황록색
trouver N v. ~을 찾다, 발견하다
rayon n.m. 매장, 코너
boucherie n.f. 정육점
boulangerie n.f. 빵집; 제빵
merci de qqc / de inf int. 무엇에 대해/~해서 고맙습니다, 고마워
venir inf v. ~하러 오다
point (d')information n.m. 안내소
entrée n.f. 입구; 입장
magasin n.m. 상점, 가게

48 Connaissez-vous la réalité augmentée? C'est un mélange entre réalité virtuelle et réalité tout court. Une interface électronique, comme des lunettes spéciales, vous permet de regarder votre environnement en bénéficiant d'informations additionnelles. En résumé, il s'agit de percevoir différemment le monde pour agir de manière plus active.

Q. D'après le texte, qu'est-ce que la réalité augmentée?

(a) Un nouveau jeu vidéo révolutionnaire.
(b) Une interface mécanique de réalité virtuelle.
(c) Un outil électronique très utile pour les mathématiques.
(d) Une invention permettant d'améliorer notre façon d'agir.

| 해설 | 증강현실에 관한 설명으로, 그것이 세상을 달리 지각하여 더 능동적으로 행동하기 위한 것이라고 요약하면서 끝난다. 따라서 정답은 (d)이다. 한편 넷째 줄의 « en bénéficiant ... »은 전치사 « en »과 현재분사가 결합한 제롱디프이다. 제롱디프는 문맥에 따라 '~하면서, ~하다가, ~하면, ~이지만' 등으로 해석된다.

번역 증강현실을 아십니까? 그것은 간단히 말하면 가상현실과 현실의 혼합입니다. 전자 접속 장치, 예를 들어 특수안경과 같은 것을 통해서 당신은 주위를 보면서 추가 정보를 받을 수 있습니다. 요약하면, 세상을 다르게 지각하고 이를 통해 더 능동적으로 행동하는 것입니다.

질문 글에 따르면, 증강현실은 무엇입니까?

(a) 혁신적인 새 비디오 게임.
(b) 기계식 가상현실 접속 장치.
(c) 수학을 위한 아주 유용한 전자 도구.
(d) 우리의 행동 방식을 개선하게 해주는 발명품.

참고

réalité augmentée n.f. 증강현실

réalité virtuelle n.f. 가상현실

mélange n.m. 혼합물; 혼합

tout court loc. 간략하게, 짧게

interface n.f. 인터페이스

lunettes n.f.pl. 안경

permettre à qqn de inf / qqc v. 누구에게 ~하는 것을/무엇을 허락하다, 허가하다

bénéficier de qqc v. 무엇을 받다, 얻다; 무엇으로 득을 보다, 혜택을 입다

additionnel (f. -le) a. 추가적인, 부가적인

en résumé loc. 요컨대, 결국

percevoir v. 지각하다, 감지하다, 식별하다

différemment adv. 다르게, 다른 방법으로; 여러 가지로

agir v. 움직이다; 행동하다, 처신하다

de / d'une manière Adj loc. ~하게

actif (f. -ve) a. 적극적인, 능동적인; 활기찬, 부지런한

révolutionnaire a. 혁신적인; 혁명의, 혁명적인

mécanique a. 기계식의, 기계로 움직이는; 기계를 이용한

outil n.m. 도구, 공구; 수단

utile pour qqc / pour inf a. 무엇에/~하기에 유용한

mathématiques n.f.pl. 수학

invention n.f. 발명(품); 발견, 발굴

améliorer v. 개선하다, 개량하다

façon (de inf) n.f. (~하는) 방법, 방식

49 L'objectif de ce service est d'informer les citoyens en temps réel sur le trafic routier. Plusieurs modes de transport sont disponibles, tels que le bus, le métro, le tram, ou encore l'autopartage ou le covoiturage. On va donc mettre au point un système rassemblant toutes les données concernant les conditions de déplacements et qui soit en mesure de les fournir aussitôt aux usagers.

Q. À quoi sert ce service ?

(a) À chercher un loueur de voitures.
(b) À réduire les coûts de déplacement.
(c) À trouver le meilleur mode de déplacement.
(d) À s'informer sur la circulation des autoroutes.

| 해설 | 교통 상황을 실시간으로 알려주는 서비스에 관한 내용으로, 먼저 서비스의 목적을 밝히고 이어 다양한 교통 수단과 관련하여 해결해야 할 문제를 지적하고 있다. 한편 교통 수단의 예는 « tel que »로 제시되는데, 이때 « tel »은 앞에서 언급된 주제를 지칭하는 명사에 성·수를 일치시킨다. 여기서는 « plusieurs modes de transport »와 일치되어야 하므로 « tels que »가 쓰였다.

또한 마지막 문장에는 접속법 관계절이 보인다. 접속법 관계절은 흔히 관계절이 표현하는 내용이 아직 실현되지 않았거나 실현되기 어려움을, 때에 따라서는 그것이 이루고자 하는 목표임을 암시한다.

번역 이 서비스의 목적은 시민들에게 실시간으로 도로 교통에 관한 정보를 제공하는 것입니다. 여러 교통 수단, 예를 들면, 버스, 지하철, 전차, 나아가 카셰어링이나 카풀이 이용 가능합니다. 따라서 이동 조건에 관한 모든 자료를 수집하고 그것들을 사용자들에게 즉각 제공할 수 있는 장치를 개발할 것입니다.

질문 이 서비스는 무엇에 쓰입니까?

(a) 자동차 임대업자를 찾는 것에.

(b) 이동 비용을 줄이는 것에.

(c) 가장 좋은 이동 방법을 찾는 것에.

(d) 고속도로 운행 상황을 알아보는 것에.

참고

objectif n.m. 목표, 목적, 의도

informer qqn (de / sur qqc) v. (무엇을/무엇에 대해) 누구에게 알리다, 정보를 주다

en temps réel loc. 실시간으로

trafic routier n.m. 도로 교통

mode de transport n.m. 운송 방식, 교통 수단

disponible a. 사용할 수 있는

tel(le) que N loc. ~와 같은, 예를 들어

tram(way) n.m. 전차

autopartage n.m. 카셰어링, 승용차 공동 이용

covoiturage n.m. 카풀, 승용차 함께 타기

mettre qqc au point loc. 무엇을 조정하다, 수정하다; 개발하다

rassembler v. 수집하다; 모집하다

données n.f.pl. 자료, 데이터; 소재, 재료

concernant prép. ~와 관련된, ~에 관한

déplacement n.m. 이동, 출장, 통근

en mesure de inf loc. ~할 수 있는

fournir qqc à qqn v. 무엇을 누구에게 공급하다, 제공하다

aussitôt adv. 즉각, 곧장

usager (f. -ère) n. 사용자, 이용자

servir à qqc / à inf v. 무엇에/~하는 것에 사용되다, 쓸모 있다

loueur (f. -euse) n. 임대업자

réduire v. 줄이다, 깎다; 축소하다

coût n.m. 비용, 경비

circulation n.f. 교통, 통행량; 순환; 유통

autoroute n.f. 고속도로

50 Si nombreux sont ceux qui rêvent d'entrer en contact avec des extraterrestres, d'autres nous avertissent du danger d'une telle rencontre. C'est Stephen Hawking lui-même, le fameux astrophysicien britannique, qui nous prévient qu'un tel contact avec une civilisation technlogiquement aussi avancée pourrait provoquer la fin de l'humanité.

Q. Quelle est la réponse qui convient le mieux au passage?

(a) Il n'existe pas de civilisations extraterrestres avancées.
(b) Les êtres humains devraient contacter les extraterrestres.
(c) Les civilisations extraterrestres sont potentiellement dangereuses.
(d) Stephen Hawking espère entrer en contact avec les extraterrestres.

| 해설 | 외계인과 접촉하는 것의 위험성에 대한 내용이다. 첫 문장에서 « Si nombreux sont ceux qui ... »는 어순이 일반 문장과 다른데, 이는 길고 복잡한 주어와 간단한 형용사를 자리바꿈한 것이다. 이처럼 프랑스어에서는 길고 복잡한 성분이 동사 앞에 놓이고 동사 뒤에 짧고 간단한 성분이 오면 어순을 달리해서 쓴다.

번역 많은 이들이 외계 생명체와 접촉하는 꿈을 꾸고 있다면, 다른 사람들은 그러한 만남의 위험성을 경고하고 있다. 바로 유명한 영국의 천체물리학자 스티븐 호킹이 우리에게 경고한다. 기술이 아주 앞선 문명과의 그러한 접촉은 인류의 종말을 야기할 수 있다는 것이다.

질문 이 구절에 가장 잘 부합하는 답은 무엇입니까?

(a) 앞선 외계 문명은 존재하지 않는다.
(b) 인류는 외계 생명체와 접촉해야 할 것이다.
(c) 외계 문명은 잠재적으로 위험하다.
(d) 스티븐 호킹은 외계 생명체와 접촉하기를 바란다.

참고

entrer en contact avec qqn loc. 누구와 접촉하다

extraterrestre n., a. 외계인; 지구 밖의, 우주의

avertir qqn de qqc v. 누구에게 무엇을 알리다; 경고하다, 주의를 주다

danger n.m. 위험

tel (f. -le) a. (명사 앞) 그러한, 그와 같은

rencontre n.f. 만남, 접촉

lui-même pn. 그 자신, 그것 자체

fameux (f. -se) a. 유명한, 뛰어난

astrophysicien (f. -ne) n. 천체물리학자, 우주물리학자

britannique a., n. 영국의, 영국 사람인; (B-) 영국 사람

✪ britannique는 Grande-Bretagne에 대응하는 표현이다.

prévenir qqn que P v. 누구에게 ~한다고 알리다, 예고하다, 경고하다

contact n.m. 접촉, 교류

avancé (f. -e) a. 앞선, 진보한

provoquer v. 유발하다; 부추기다; 유도하다

fin n.f. 끝, 종말

humanité n.f. 인류; 인간미

convenir à qqc v. 무엇에 맞다, 적합하다

il existe N loc. ~이 있다, 존재하다

être humain n.m. 인간, 인류

contacter qqn v. 누구와 연락하다, 접촉하다

potentiellement adv. 잠재적으로

espérer qqc / inf v. 무엇을/~하기를 기대하다, 바라다

Part I

| 문제 1~4 | 다음 대화문의 빈칸에 들어갈 가장 적절한 표현을 고르시오.

01

A : Merci beaucoup de ton aide.
B : Il n'y a pas _____ quoi.

(a) à
(b) de
(c) en
(d) pour

| 해설 | 감사 인사에 대한 겸양 표현을 묻는 문제로, 정답은 (b)이다. « Il n'y a pas de quoi. »는 줄여서 « Pas de quoi. »라고도 하며, 이 외에도 « Je vous en prie. », « Je t'en prie. », « De rien. » 등이 함께 사용된다.

번역

A : 도와줘서 정말 고마워.
B : 별거 아니야.

참고

merci de qqc / de inf　int. 무엇에 대해/~해서 고맙습니다, 고마워
aide　n.f. 도움, 지원

02

A : Vous avez des sœurs ?
B : Oui, j'en ai ________.

(a) un
(b) plus
(c) deux
(d) quelques

| 해설 | 동사의 직접목적보어를 대명사 « en »과 수량 표현으로 나타내는 문제이다. 정답은 (c)이다. 참고로 (a)의 « un »은 남성형이어서 답이 될 수 없다. (b)의 « plus »는 « plus de sœurs », 즉 '더 많은 여자 형제'를 뜻하므로 비교 대상을 나타내는 « que X » 형태의 성분이 추가되어야 한다. (d)의 « quelques »는 명사 앞에서만 쓰는 단어이다. 여기서처럼 단독으로 쓰이려면 대명사인 « quelques-un(e)s »을 써야 한다.

번역

A : 여자 형제가 있습니까?
B : 네, 둘입니다.

참고

sœur n.f. 여자 형제 (남자 형제는 frère)
quelque (pl. -s) a. (+ 단수명사) 약간의(양); (+ 복수명사) 몇몇의(수)

03

A : Alors, tu ne viens pas demain ?
B : ____________, mais je partirai avant midi.

(a) Si
(b) Non
(c) Oui
(d) Je ne sais pas

| 해설 | 부정 의문문에 대한 적절한 응답을 고르는 문제이다. 이 경우 긍정 대답에는 « si »를, 부정 대답에는 « non »을 사용한다.

Il n'est pas français ? 그는 프랑스인 아니죠?
- Si, il vient de Paris. 아니요, 그는 파리 출신입니다.
- Non, il est allemand. 네, 그는 독일인입니다.

따라서 정답은 (a)이다. 한편 질문이 긍정문이면 « oui / non »으로 답한다.

번역

A : 그래서 너 내일 안 와?
B : 아니, 하지만 정오 전에 떠날 예정이야.

참고

alors adv. 그러면, 그러므로; 아, 자, 그런데
venir v. 오다, (상대방 쪽으로) 가다
demain adv. 내일
midi n.m. 정오, 낮 12시
partir v. 출발하다, 떠나다
avant prép. ~ 전에, 앞서
savoir v. 알다, 알고 있다

04 A : Ben, je te laisse, à demain !
B : Tu _____ vas déjà ?

(a) te
(b) me
(c) t'en
(d) m'en

| 해설 | « s'en aller » 표현을 아는지 확인하는 문제로, 정답은 (c)이다. 이 표현은 '가다, 가버리다'를 뜻한다.

번역 A : 음, 나 간다, 내일 보자!
B : 벌써 가니?

참고 ben int. (망설임, 주저함, 거절 등) 음, 어, 저기(→ bien)
Je te / vous laisse. 이만 간다, 가보겠습니다.
à demain loc. 내일 봐요, 내일 보자

| 문제 5~8 | **다음 문장의 빈칸에 들어갈 가장 적절한 표현을 고르시오.**

05 Dans le Sud de la France, il ne fait jamais très froid _________ hiver.

(a) en
(b) dans
(c) durant
(d) pendant

| 해설 | 계절 표현에 관한 문제이다. 계절 명사 앞에는 전치사 «en»을 쓰고, '봄'을 뜻하는 «printemps»만 «au»를 쓴다. 따라서 정답은 (a)이다. 한편 (b)~(d)의 전치사를 쓰려면 계절 명사 앞에 관사가 추가되어야 한다. 그리고 «dans» 뒤에서는 흔히 계절 명사가 수식어를 동반한다. 예를 들어, '다음/그 이듬해 겨울에'는 «dans l'hiver qui a suivi»이다.

번역 프랑스 남부는 겨울에 결코 많이 춥지 않다.

참고
sud n.m. 남쪽; (S-) 남부(지방), 남반구, (동서남북의) 남
Il fait Adj. 날씨가 ~하다.
froid (f. -e) a. 찬, 차가운
ne … jamais adv. 결코 ~ 않다
durant prép. (명사 앞) ~ 동안(에); (명사 뒤) ~ 동안 내내
pendant prép. ~ 동안(에)

06

Le nombre de touristes s'est élevé à 60 millions, soit une hausse ___ 5,3 % par rapport à l'an dernier.

(a) à
(b) de
(c) en
(d) par

| 해설 | 수량이나 비율의 변동폭을 나타내는 표현에 관한 문제로, 정답은 (b)이다. 전치사 « de »는 변동폭 이외에도 차이값이나 다양한 측정값을 표현하는 데 사용된다.

- Il est âgé de 30 ans. 그는 서른 살이다.
- un mur haut de 3 mètres 높이가 3미터인 담장
- Il est en retard de 10 minutes. 그는 10분 늦었다.
- La Seine a monté de 5 mètres. 센강이 수위가 5미터 상승했다.
- Cette chambre est de 15 mètres carrés. 이 방은 면적이 15제곱미터이다.
- La température est de 25°C. 온도가 25°C이다.

번역 관광객 수가 6천만에 달했다. 즉 작년 대비 5.3%가 상승한 것이다.

참고
s'élever à + 수사 v. (예산, 인구, 수 등이) ~에 달하다, 이르다
soit conj. 즉, 다시 말해 (= à savoir, c'est-à-dire)
hausse n.f. 상승, 오름, 인상
par rapport à N loc. ~와 관련하여 ~에 비하여, ~에 대하여
l'an dernier n.m. 작년

07 Internet n'est ______________ d'autre que le reflet de notre société.

(a) rien
(b) plus
(c) tout
(d) quelque chose

| 해설 | « ne … rien d'autre que » 표현을 아는지 확인하는 문제로, 정답은 (a)이다. 이 표현은 '~와 다르지 않다, 다름이 없다'를 뜻한다.

번역 인터넷은 우리 사회의 반영일 뿐이다.

참고

reflet n.m. 그림자, 반영

société n.f. 사회; 단체, 협회, 연합; 회사

rien pn. 아무것도

ne … plus adv. 더 이상 ~ 않다, 이제는 ~ 않다

tout ❶ a. (f. -e, m.pl. tous, f.pl. toutes) 모든, 전
❷ pn. 모든 것
❸ adv. 아주, 완전히, 매우

quelque chose pn. 어떤 것, 무엇인가

08 Les êtres humains désirent toujours plus que __________ ont besoin.

(a) dont ils
(b) ce qu'ils
(c) duquel ils
(d) ce dont ils

| 해설 | 대명사 «ce»를 선행사로 하는 관계절에 대한 문제이다. 여기서 관계절은 «dont»이나 «duquel»로 시작한다. 동사구 «avoir besoin»이 전치사 «de»가 이끄는 간접목적보어를 갖기 때문이다. 따라서 정답은 (d)이다. 참고로 관계사 «duquel»은 «ce»와 함께 쓰일 수 없다.

번역 인간은 언제나 자신이 필요한 것보다 더 많은 것을 바란다.

참고

être humain n.m. 사람, 인간, 인류
désirer qqc / inf v. 무엇을/~하기를 원하다, 바라다
plus adv. (beaucoup의 비교급) 더, 더 많이
avoir besoin de N / de inf loc. ~이/~하는 것이 필요하다

| 문제 9 | **다음 대화에서 어법상 틀리거나 어색한 부분을 고르시오.**

09

(a) A: Bonjour, alors quoi de neuf depuis qu'on se soit vu ?
(b) B : Salut, j'ai réussi mon bac ! J'ai reçu mes notes hier.
(c) A: Toutes mes félicitations ! Tu vas t'inscrire à l'université ?
(d) B : Non, j'ai changé d'avis. Je veux passer un an à l'étranger.

| 해설 | 오류는 (a)에 있다. « depuis que » 다음에는 접속법을 쓰지 않고 직설법을 써야 하므로 « depuis qu'on s'est vu »가 맞는 표현이다. 참고로 시간 표현 다음에는 직설법을 쓰는 것이 일반적이지만, « avant que », « jusqu'à ce que » 뒤에서는 접속법을 쓴다. 한편 (b)의 « réussir mon bac »는 « mon bac » 앞에 전치사 « à »를 추가할 수 있다. 이처럼 동사 « réussir »는 '시험'을 지칭하는 목적보어를 두 가지 형태로 쓴다.

번역

(a) A: 안녕, 전에 만났던 이후로 새로운 소식 있니?
(b) B : 안녕, 바깔로레아 시험에 합격했어! 어제 성적표를 받았어.
(c) A: 축하해! 대학에 갈 거지?
(d) B : 아니, 생각을 바꿨어. 1년을 외국에서 보내고 싶어.

참고

neuf (f. -ve) a. 새로운, 새로 만든, 아직 사용하지 않은
✪ nouveau와 달리 항상 명사 뒤에 쓴다.

se voir v. (복수 주어) 만나다

réussir v. ❶ (à qqc / à inf) (무엇을/~하기에) 성공하다, (무엇에서) 좋은 결과를 얻다
❷ (qqc) (무엇을) 잘 해내다, 잘 만들다

bac n.m. 대학 입학 자격 (시험)(baccalauréat의 줄임말)

note n.f. 평가, 점수, 성적; 고지서, 명세서

(Toutes mes) félicitations ! (진심으로) 축하합니다!

s'inscrire v. 등록하다, 가입하다

changer de øN v. ~을 바꾸다, 교체하다

avis n.m. 견해, 의견, 판단

passer + 시간 + 장소 / à inf v. ~에서/~하면서 ~을 보내다

à l'étranger loc. 해외에서, 외국에서

| 문제 10 | 다음 글에서 어법상 틀리거나 어색한 부분을 고르시오.

10 (a) Quand on est adolescent, on a des rêves à réaliser qui représentent une étape vers l'âge adulte. (b) La mienne, c'était d'aller à Rome et de voir la chapelle Sixtine peinte par Michel-Ange. (c) J'ai effectué ce voyage à 20 ans, après la mort d'un proche. (d) J'en garde un souvenir émerveillé et une idée d'accompli.

| 해설 | (b)의 « La mienne »는 문맥상 « mon rêve »를 대신하므로 남성형인 « Le mien »이 되어야 한다. « la mienne »는 여성명사를 받을 때 사용된다. 한편 (a)에서 « à réaliser »와 « qui représentent ... »는 별개의 성분이다. 전자는 명사 뒤에서 '~할, ~해야 할'로 해석되는 구문이고, 후자는 « qui »로 시작하는 관계절이다.

번역 (a) 청소년일 때 사람들은 실현해야 할 꿈을 가지는데, 이 꿈들은 성년으로 향하는 한 시기를 나타낸다. (b) 내 꿈은 로마에 가서 미켈란젤로가 그림을 그린 식스틴 성당을 보는 것이었다. (c) 나는 스무 살 때 한 친구가 죽은 뒤에 그 여행을 실행했다. (d) 나는 그 여행에 대해 경탄스러웠던 추억과 성취감을 간직하고 있다.

참고 N à inf loc. ~할, ~해야 할 ~

représenter v. 나타내다, 표시하다; 상징하다, 전형이다; 이루다; 의미하다

étape n.f. 단계, 기간, 시기

chapelle n.f. 예배당, 소교회, 소성당

peindre v. (벽, 건물 등을) 칠하다, 그림을 그려 장식하다; (그림을) 그리다; 묘사하다

effectuer v. 실행하다, 행하다

mort n.f. 죽음, 사망

proche n. 친구; (복수) 친족, 혈족

garder v. 보관하다, 보존하다; 간직하다

souvenir n.m. 기억, 추억, 회상; 기념품

émerveillé (f. -e) a. 감탄한

idée d'accompli n.f. 성취감

Part II

| 문제 11~15 | 다음 대화문의 빈칸에 들어갈 가장 적절한 표현을 고르시오.

11

A: Est-ce que vous prenez des médicaments?
B: Oui, je prends des somnifères pour bien ________.

(a) dormir
(b) manger
(c) marcher
(d) travailler

| 해설 | «somnifère»는 '수면제'이고 «pour»는 목적을 나타내는 전치사이다. 따라서 정답은 (a)이다. 참고로 «bien»은 동사를 수식할 경우 동사의 형태에 따라 위치가 달라진다. 동사가 현재나 반과거 등 시제 변화를 한 경우에는 동사 뒤에 놓이고, 과거분사나 부정법이면 동사 앞에 쓴다. «mieux», «tout», «rien», «trop» 등도 마찬가지이다.

- Il dort bien / trop. 그는 잘/너무 (많이) 잔다.
- Il a bien / trop dormi. 그는 잘/너무 (많이) 잤다.
- Il veut bien / mieux dormir. 그는 잘/더 잘 자고 싶다.

번역

A: 약 드시는 것 있으세요?
B: 네, 잘 ________ 수면제를 먹고 있어요.

(a) 자려고
(b) 먹으려고
(c) 걸으려고
(d) 일하려고

참고

prendre v. (음식물, 음료, 약 등을) 먹다, 마시다, 섭취하다

médicament n.m. 약, 약품

somnifère n.m. 수면제

dormir v. 자다

manger v. 먹다

marcher v. 걷다

travailler v. 일하다, 공부하다

12

A: Pierre te manque ?
B: Oui... Je voudrais tellement qu'il ____________ bientôt.

(a) parte
(b) revienne
(c) s'en aille
(d) s'en souvienne

| 해설 | 대화 내용으로 볼 때 빈칸에 들어갈 말은 (b)이다. «manquer»는 여기서 '그립다, 보고 싶다'의 뜻으로 사용되었다. 이 경우 주어는 보고 싶은 대상을, 간접목적보어는 보고 싶어하는 주체를 나타낸다. 한편 «vouloir»는 목적보어로 문장이 오면 접속법을 쓴다.

번역

A: 너 피에르 보고 싶어?
B: 응… 나는 그가 어서 ________를 아주 많이 바라.

(a) 떠나기
(b) 돌아오기
(c) 가기
(d) 기억하기

참고

tellement adv. 아주 많이, 그렇게 많이
bientôt adv. 곧, 오래지 않아
revenir v. 돌아오다, 다시 오다
se souvenir de N/de inf v. ~을/~한 것을 기억하다; ~이/~한 것이 생각나다

13

A: Je trouve le français vraiment difficile.
B: Je crois que tu devrais étudier _____.

(a) très
(b) trop
(c) plus
(d) fort

| 해설 | 문맥상 '더 많이, 더 열심히'를 뜻하는 표현이 요구되므로 정답은 (c)이다. (b)의 « trop »는 과도함을 나타내고 형용사와 부사, 동사를 수식한다. (a)의 « très »는 정도의 강함을 나타내며, 보통 형용사와 부사 앞에 쓴다. (d)의 « fort »는 본래 형용사인데 부사로도 사용되며, 동사와 함께 쓰면 '세(차)게, 격렬하게, 진하게' 등으로 해석된다.

번역

A: 나는 프랑스어가 정말 어렵다고 생각해.
B: 나는 네가 ________ 공부해야 한다고 생각해.

(a) 아주
(b) 너무 많이
(c) 더 많이
(d) 세게

참고

trouver N Adj v. ~을 ~하다고 생각하다
vraiment adv. 정말, 매우, 대단히
difficile a. 어려운(↔ facile)
croire que P v. ~라고 생각하다
devoir inf v. ~해야 한다; ~임에 틀림이 없다

14

A: Alors, demain soir, ça vous va?
B: Non, je suis déjà ________.

(a) libre
(b) prise
(c) tenue
(d) pressée

| 해설 | 약속 시간을 정하는 대화이다. 빈칸에는 '약속이 있다'에 해당하는 표현이 들어가야 하므로 정답은 (b)이다. 참고로 (d)의 «pressé(e)»는 '바쁘다'의 뜻이다. 따라서 «Je suis déjà pressé(e).»는 내일 저녁이 아닌 현재의 상황을 설명하는 말이다.

번역

A: 자, 내일 저녁은 괜찮습니까?
B: 아니요, 저는 이미 ________________.

(a) 한가합니다
(b) 약속이 있습니다
(c) 책임이 있습니다
(d) 시간이 없습니다

참고

Ça vous/te va? 괜찮습니까, 괜찮니?
libre a. 한가한; 비어 있는, 사용 중이 아닌
pris (f. -e) a. 약속이 있는, 바쁜; (자리 등이) 차 있는, 만원인 (= occupé)
tenu (f. -e) a. ~할 책임이 있는, ~해야 하는; 정리된, 유지된
pressé (f. -e) a. 바쁜; 긴급한, 다급한

15

A: Où est-ce que tu penses déjeuner demain?
B: Peut-être ________ restaurant où je ne suis encore jamais allé.

(a) au
(b) à un
(c) chez un
(d) dans un

| 해설 | '식당에서'라는 표현에는 전치사 «à»나 «dans»을 쓴다. «à»를 쓰면 관사가 정관사로 제한되고 관계절 등 부가적인 특징을 설명하는 수식어를 동반하지 않으므로 '식당에서'는 «au restaurant»으로 쓴다. 반면 «dans»은 그와 같은 제약이 없다. 한편 «dans un / le restaurant»이 구체적인 장소를 지칭한다면, «au restaurant»은 장소 유형의 하나로서 식당을 가리킨다. 따라서 정답은 (d)이다.

번역 A: 너 내일은 점심 어디서 먹을 생각이야?
B: 아마도 아직 가보지 않은 식당에서.

참고 où ❶ adv. 어디에서, 어디로, 어디에
❷ rel. (장소, 시간 명사 뒤) ~하는 (곳, 때)

penser inf v. ~할 생각이다

déjeuner v., n.m. 점심을 먹다; 점심 식사

peut-être adv. 아마, 어쩌면

encore adv. 아직, 여전히, 여태껏

aller v. 가다

✪ aller 동사의 상세한 용법은 SET 1 청해 2의 해설 참고.

| 문제 16~20 | 다음 글의 빈칸에 들어갈 가장 적절한 표현을 고르시오.

16 Cette actrice est très belle, mais peut-être un peu ________ maigre.

(a) trop
(b) plus
(c) bien
(d) beaucoup

| 해설 | « mais »는 상반되는 표현을 연결한다. 앞의 내용이 긍정적인 표현이므로 « mais » 뒤에는 부정적인 표현이 와야 한다. 따라서 정답은 (a)이다. 참고로 « trop »는 '지나치게, 과도하게, 몹시' 등으로 지나침, 과도함을 나타낸다.

번역 그 여배우는 아주 아름답다, 하지만 분명 다소 ________ 말랐다.

(a) 지나치게
(b) 더
(c) 매우
(d) 많이

참고

actrice n.f. 여배우 (남자 배우는 acteur)
maigre a. 마른, 여윈, 수척한

17 Les États-Unis et l'Allemagne ne s'espionneront pas selon un accord ________.

(a) latéral
(b) mutuel
(c) antérieur
(d) concomitant

| 해설 | 문장의 내용을 보면 빈칸에는 '상호 (간의), 두 나라 사이의' 등을 나타내는 표현이 들어가야 한다. 따라서 정답은 (b)이다.

번역 미국과 독일은 ________ 합의에 따라 서로를 염탐하지 않을 것이다.

(a) 측면(의)
(b) 상호(적인)
(c) 이전(의)
(d) 수반되는

참고
espionner v. 정탐하다, 염탐하다, 간첩 행위를 하다
selon prép. ~에 따라; ~에 의하면; ~의 관점으로 보아
accord n.m. 협정, 합의; 일치, 화합, 동의
latéral (f. -e, m.pl. -aux) a. 측면의, 옆의
mutuel (f. -le) a. 상호 간의, 상호적인
antérieur (f. -e) a. 전의, 이전의
concomitant (f. -e) a. 수반되는, 공존하는, 동시에 일어나는

18 Ces pluies mettront sans doute _____ au problème de la pénurie d'eau.

(a) fin
(b) bout
(c) ordre
(d) temps

| 해설 | 동사 관용구 «mettre fin à»에 관한 문제로, 정답은 (a)이다. 참고로 '끝, 말단'을 뜻하는 (b)의 «bout»는 시공간상의 위치를 나타낼 뿐 어떤 일이 종결되거나 끝남을 표현하지 않는다.

번역 이 비는 아마 물 부족 문제를 끝낼 것이다.

참고

pluie n.f. 비
mettre fin à qqc loc. 무엇을 끝내다, 멈추게 하다
sans doute loc. 아마 (= probablement)
pénurie de øN n.f. ~(의) 부족, 결핍
bout n.m. (긴 물건, 공간의) 끝, 말단; (시간의) 끝
ordre n.m. 순서, 정리, 정돈, 질서

19 Un salarié peut être ______ à la disposition d'une autre société sous certaines conditions.

(a) mis
(b) pris
(c) posé
(d) porté

| 해설 | 동사 관용구 «mettre qqc à la disposition de qqn»에 관한 문제이다. 이 표현은 '무엇을 누가 이용할 수 있게 하다'의 뜻으로, 여기서는 수동문으로 사용되고 있다. 따라서 정답은 (a)이다. 참고로 (c)의 «poser»는 '무엇을 어디에 두다/놓다'의 뜻으로 항상 장소 표현과 함께 쓴다.

번역 임금 노동자는 일정 조건하에 다른 회사에 의해 운용될 수 있다.

참고
salarié (f. -e) n., a. 임금노동자; 임금을 받는
sous certaines conditions loc. 몇몇 조건하에
prendre v. 잡다, 쥐다; 붙잡다, 체포하다
porter v. 들다, 가지고 있다; 받치다, 지탱하다; 옮기다, 운반하다

20 ________ à trouver un nom pour un bébé singe, les visiteurs d'un zoo ont choisi Charlotte, en hommage à la petite princesse d'Angleterre.

(a) Forcés
(b) Appelés
(c) Nommés
(d) Destinés

| 해설 | 동사 «appeler»의 용법에 관한 문제이다. «appeler»는 '(이름을) 부르다, 전화하다' 외에 '~하도록 요구하다, 권하다'의 뜻으로도 사용된다. 이때의 문형은 «appeler qqn à inf»이다. 따라서 정답은 (b)이다.

번역 아기 원숭이를 위한 이름을 정해 달라는 ____________, 동물원 방문객들은 영국의 어린 공주를 기념하면서 샤를로트를 선택했다.

(a) 강요를 당해서
(b) 요구를 받고서
(c) 임명이 되어서
(d) 운명을 받아서

참고
singe n.m. 원숭이
en hommage à qqn loc. 누구를 기념하며, 누구에게 경의를 표하며
princesse n.f. 공주(왕자는 prince)
forcer qqn à inf / à qqc v. 누구에게 ~할 것을/무엇을 강요하다, 강제하다
nommer v. (누구를 ~라고) 명명하다; (누구를 ~로) 지명하다, 임명하다
destiner N à inf / à N v. ~을 ~하는 것으로/~로 정해 두다

Part III

| 문제 21~35 | **다음 글을 읽고 빈칸에 들어갈 가장 알맞은 표현을 고르시오.**

21 Nous avons ______________ vous accueillir sur notre nouveau site. Vous y trouverez tous les renseignements sur notre entreprise, nos produits et nos services, dans un environnement agréable et convivial.

(a) l'air de
(b) besoin de
(c) très peur de
(d) le grand plaisir de

| 해설 | 인터넷 사이트를 홍보하는 글이다. '~하게 되어 기쁘다'를 뜻하는 « avoir le (grand) plaisir de inf»를 알면 어렵지 않게 풀 수 있는 문제이다. 이 표현은 흔히 기쁜 소식을 전하거나 사람들을 초대할 때 사용되며, 행사장에서 중요한 손님이나 연사 등을 소개할 때에도 많이 사용된다. 따라서 정답은 (d)이다.

번역 우리는 우리의 새로운 사이트에서 여러분을 맞이하는 ______________. 여러분은 이 사이트에서 우리 회사와 제품 및 서비스에 관한 모든 정보를 쾌적하고 사용하기 편한 환경 속에서 얻을 수 있습니다.

(a) 것처럼 보입니다
(b) 것이 필요합니다
(c) 것이 매우 두렵습니다
(d) 것이 아주 기쁩니다

참고

accueillir qqn v. 누구를 맞이하다, 접대하다; 받아들이다, 숙박시키다

renseignement sur N n.m. (흔히 복수) ~에 관한 정보, 자료

entreprise n.f. 기업, 회사; 기도, 기획, 계획

produit n.m. 생산품, 제품; 산물

agréable a. 유쾌한, 쾌적한; 상냥한, 호감이 가는, 잘생긴

convivial (f. -e) a. (컴퓨터, 프로그램 등) 인간공학적인; (식사) 손님을 초대한; 친교적인

avoir l'air de inf / de N / Adj loc. ~처럼 보이다, ~와 같다, ~하는 듯하다

avoir peur de N / de inf loc. ~이/~하는 것이 무섭다, 두렵다

22 Même si Calais est une ville d'accueil de migrants, les conflits qui agitent le Proche-Orient et les récents flux de réfugiés ont transformé une partie de la ville en campement de fortune. Mille personnes y vivent dans des ________________ qui frôlent la crise humanitaire.

(a) familles faciles
(b) conditions misérables
(c) appartements admirables
(d) logements méconnaissables

| 해설 | 칼레의 이주민 임시 수용소에 관한 글이다. 빈칸 다음에 나오는 « qui frôlent la crise humanitaire »라는 언급에서 수용소의 여건이 아주 좋지 않음을 알 수 있다. 따라서 빈칸에 들어갈 말은 (b)이다.

번역 칼레가 비록 이주민 수용 도시이기는 하지만 근동을 위협하는 분쟁과 최근의 난민 유입으로 인해 도시의 일부를 임시 캠프로 바꾸어 버렸다. 그곳에서 천 명의 사람들이 인도적 차원의 위기에 가까운 ________________ 속에서 살고 있다.

(a) 안락한 가정들
(b) 비참한 조건들
(c) 놀라운 아파트들
(d) 알아보기 어려운 집들

참고
même si conj. ~한다 할지라도, ~하더라도
ville d'accueil n.f. (난민, 이민자 등) 수용 도시, 피난 도시; (시합, 행사 등의) 개최 도시
migrant (f. -e) n. 이주민, 이주노동자
conflit n.m. 분쟁, 충돌, 대립
agiter v. 흔들다, 위협하다, 동요시키다, 불안하게 하다

Proche-Orient n.m. 근동

flux de øN n.m. ~의 대량 유입, 대량 이동

réfugié (f. -e) a., n. 피난한, 망명한; 난민, 망명자

transformer v. 변형시키다, 개조하다, 변환시키다

campement de fortune n.m. 임시 야영지, 임시 숙소

frôler v. 살짝 건드리다, 스치다; 가깝다; 가까스로 모면하다

crise n.f. 위기

humanitaire a. 인도적인, 인도주의적인

famille facile n.f. 유복한 가정, 평온한 가정

admirable a. 놀라운, 감탄할 만한

logement n.m. 거주, 주거, 숙소, 집

méconnaissable a. 알아보기 힘든, 알아볼 수 없을 정도로 변한

23 Un jeune soldat a téléchargé et transmis 700 000 documents militaires classifiés « top secret » au site d'investigation Wikileaks. Il dit avoir voulu dénoncer des crimes commis par l'armée américaine. Faut-il pour cela le considérer comme un héros de la démocratie ou comme ____________________ ?

(a) un réfugié politique
(b) un traître à son pays
(c) une innocente victime
(d) un agent secret de l'armée

| 해설 | 극비 군사 문건이 위키리크스를 통해 폭로된 사건에 관한 내용이다. 마지막 문장은 '그러한 행위를 어떻게 볼 것인가?'라는 질문으로, 접속사 « ou »를 매개로 « un héros de la démocratie »에 접속될 수 있는 것을 고르는 문제이다. 따라서 정답은 (b)이다.

번역 한 젊은 군인이 '극비'로 분류된 군사 문건 70만 건을 다운로드하여 조사 사이트 위키리크스에 넘겼다. 그는 미군이 저지른 범죄들을 고발하고자 했다고 말한다. 이로 인해 그를 민주주의의 영웅으로 보아야 하는가 아니면 ____________ 로 보아야 하는가?

(a) 정치 난민
(b) 조국에 대한 배신자
(c) 무고한 피해자
(d) 군의 비밀 요원

참고
soldat n.m. 군인, 병사
télécharger v. 다운받다, 다운로드하다
transmettre v. 전하다, 전달하다; 물려주다, 양도하다

classifier v. 분류하다

investigation n.f. 수사, 조사, 연구, 탐구

dénoncer v. 알리다; 고발하다, 규탄하다

commettre v. 저지르다, 범하다

armée n.f. 군, 군대

pour cela loc. 그것을 위해; 그것 때문에

considérer N comme Adj / N v. ~을 ~하게/~로 여기다, 간주하다

héros n.m. 영웅, 위인, 주역 (여성형은 héroïne)

traître(sse) à son pays n. 매국노, 조국에 대한 배신자

innocente victime n.f. 무고한 피해자

agent secret n.m. 비밀 요원

24 Le sport est une source incroyable de revenus financiers. On aura beau louer le sport en général, parler de l'esprit sportif, des valeurs de combat ou de persévérance qu'il véhicule, le sport professionnel est, ____________________, une histoire de gros sous.

(a) avant toute chose
(b) avant chaque heure
(c) mais c'est secondaire
(d) avec de faibles chances

| 해설 | 글은 스포츠가 결국 돈벌이라고 말한다. 빈칸에 들어갈 말은 (a)이다.

번역 스포츠는 믿기 어려운 금전적인 수입의 원천이다. 아무리 스포츠 전반을 찬양하고 스포츠 정신과 운동이 전파하는 전투 능력이나 끈기에 대해 말하더라도 프로 스포츠는, ____________________, 돈 문제이다.

(a) 무엇보다도
(b) 매 시각 전에
(c) 하지만 이차적인 것으로
(d) 작은 가능성으로

참고
source n.f. 샘; 기원, 원천; 출처, 근거
incroyable a. 믿기 어려운; 경이적인, 굉장한
revenu n.m. 소득, 수입, 수익
financier (f. -ère) a. 금전상의, 재정의, 재무의, 금융의
avoir beau inf loc. 아무리 ~해도 (소용없다)
louer v. 칭찬하다, 찬양하다
en général loc. 일반적으로, 대개, 보통

parler de N v. ~에 대해 말하다, 이야기하다

esprit n.m. 정신, 마음

valeur n.f. 가치; 능력, 재능; 중요성

combat n.m. 전투

persévérance n.f. 인내심, 끈기, 투지

véhiculer v. 운반하다, 전달하다, 전하다, 전파하다

gros sous n.m.pl. 돈, 이익, 금전

avant toute chose loc. 우선, 무엇보다도

avant chaque heure loc. 매 시각 전에, 매 시간 전에

secondaire a. 이차의, 부차적인, 부수적인

faible a. 약한, 허약한; 미미한; 적은, 작은

25 La presse écrite est-elle en voie de disparition ? C'est possible, car les nouvelles technologies offrent un accès aux informations plus rapide, plus fourni et moins cher. Et les livres ? Devrons-nous échanger ______________ contre une tablette, certes souvent plus pratique mais sans âme ?

(a) nos tables de bois
(b) nos chaises hautes
(c) notre vieille penderie
(d) nos lourdes bibliothèques

| 해설 | 신문과 책이 전자문서로 교체되는 것에 관한 글이다. 맥락상 빈칸에는 태블릿과 대비되는 말이 들어가야 한다. 따라서 정답은 (d)이다.

번역 인쇄물은 소멸 중인가? 그럴 수 있다. 신기술 덕분에 더 빠르고 더 풍부하게, 그러면서도 더 저렴하게 정보를 얻을 수 있기 때문이다. 그러면 책들은? 우리는 ______________ 태블릿으로 바꿔야 하는가? 물론 대개는 훨씬 편리하기는 하지만 혼이 없는 이 기기로 말이다.

(a) 우리의 나무 탁자들을
(b) 우리의 유아용 의자들을
(c) 우리의 오래된 옷장을
(d) 우리의 무거운 책장들을

참고

presse n.f. 출판, 출판물; 언론, 보도
écrit (f.-e) a., n.m. 쓰여진; 문서, 서류; 필기시험
en voie de øN / de inf loc. ~의 도중에 있는, ~하는 중인
disparition n.f. 사라짐, 소멸, 실종, 종말

nouvelle technologie n.f. 신기술

offrir v. 주다, 제공하다; 제의하다, 제안하다

accès à qqc n.m. 무엇에의 접근; 무엇의 획득

fourni (f. -e) a. 갖춘, 구비된; 무성한; 숱이 많은

cher (f. -ère) a., adv. 비싼, 비용이 많이 드는; 비싸게

échanger A contre B v. A를 B와 교환하다, 맞바꾸다

tablette n.f. 태블릿 컴퓨터; 판, 판자

pratique a. 편리한, 실용적인; 실제의, 실질적인

sans âme loc. 얼이 빠진, 넋이 나간; 생기 없는; 인정 없는

bois n.m. 숲, 삼림; 나무, 재목; 장작, 땔나무

chaise haute n.f. 유아용 의자

penderie n.f. 옷장

lourd (f. -e) a. 무거운; 둔중한; 부담이 큰; 진한, 짙은

bibliothèque n.f. 도서관; 책장; 장서, 총서

26 Il s'appelle Yi Qi, a la taille d'un pigeon et possède des ailes de chauve-souris. Il s'agit du dernier spécimen d'un dinosaure étonnant découvert récemment par des paléontologues, lesquels y voient comme une expérimentation non aboutie ________________ de l'évolution.

(a) dans l'essai
(b) dans le processus
(c) dans la possibilité
(d) dans l'accomplissement

| 해설 | 공룡 화석에 관한 글이다. 생김새에 대한 설명을 볼 때 공룡은 진화 과정의 중간 지점에 있는 것으로 보인다. 따라서 빈칸에 들어갈 말은 (b)이다. 한편 « lesquels y voient ... »에서 « lesquels »은 관계사로서 관계절의 주어로 해석되는데, 이 용법은 법률 문서나 공문서 등에서 해석상의 모호함이나 « qui »의 반복을 피하기 위한 경우로 제한된다. 이를 제외하면 « lesquels »과 그 변이형인 « lequel », « laquelle », « lesquelles »은 항상 전치사와 함께 쓴다.

번역 그것의 이름은 이치이다. 크기가 비둘기 정도이고 박쥐 날개를 가지고 있다. 그것은 최근 고생물학자들에 의해 발견된 놀라운 공룡의 마지막 표본이다. 이들은 이 공룡에게서 진화의 ____________ 완결되지 않은 실험 같은 것을 본다.

(a) 시험에서
(b) 과정에서
(c) 가능성에서
(d) 완성에서

참고 s'appeler + 이름 v. 이름이 ~이다, ~라고 불리다
taille n.f. 키, 신장; 크기, 사이즈; 허리
pigeon n.m. 비둘기

posséder v. 소유하다, 가지다; 마음을 사로잡다, 지배하다

aile n.f. 날개

chauve-souris n.f. 박쥐

il s'agit de N/de inf loc. ~에/~하는 것에 관련되다, 문제는 ~이다/~하는 것이다, ~이/~하는 것이 중요하다

spécimen n.m. 표본, 견본

dinosaure n.m. 공룡

étonnant (f. -e) a. 놀랄 만한, 뜻밖의; 감탄할 만한, 훌륭한

découvert (f. -e) a. 발견된, 밝혀진

récemment adv. 최근에

paléontologue n. 고생물학자

expérimentation n.f. 시험, 실험

abouti (f. -e) a. 종결된, 완결된, 끝난

évolution n.f. 변화, 발달, 진화

essai n.m. 시험, 실험, 시도

processus n.m. 과정, 절차

accomplissement n.m. 완수, 완성, 달성

27 Qui est la personne la plus puissante du monde? Le magazine américain *Forbes* se pose la question chaque année et ils ont dû trancher ______________________, d'un dictateur à la tête d'une puissance belliqueuse, ou d'un dirigeant à la tête du pays dominant le monde, avait le plus de poids.

(a) pour savoir où
(b) pour savoir qui
(c) pour comprendre quoi
(d) pour comprendre pourquoi

| 해설 | 빈칸에 들어갈 말은 맨 마지막에 있는 «avait le plus de poids»의 주어로 해석되는 성분을 포함해야 한다. 그리고 이 성분은 글의 내용으로 보아 권력자, 즉 사람을 지칭한다. 따라서 정답은 (b)이다.

번역 세계에서 가장 힘이 센 사람은 누구일까? 미국의 잡지 『포브스』는 매년 이 질문을 제기한다. 그러면서 그들은 호전적인 권력의 정점에 있는 독재자 또는 세계를 지배하는 국가의 최고 지위에 있는 지도자 중 가장 큰 힘을 가진 것이 ______________________ 결정해야 했다.

(a) 어디인지 알기 위해
(b) 누구인지 알기 위해
(c) 무엇인지 이해하기 위해
(d) 왜인지 이해하기 위해

참고

puissant (f. -e) a. 권력이 있는, 유력한; 강한, 강대한; 힘이 센; 강력한
puissance n.f. 힘, 역량, 체력; 권력; 대국, 열강
poser la question à qqn loc. 누구에게 질문을 하다

trancher v. (문제, 어려움 등을) 해결하다, 종지부를 찍다; (목적보어 없이) 결단을 내리다

dictateur (f. -trice) n. 독재자, 폭군

à la tête de N loc. ~의 선두에, 정점에; ~을 거느리고

belliqueux (f. -se) a. 호전적인, 전쟁을 선동하는

dirigeant (f. -e) a., n. 지도하는; 지도자

dominer v. 지배하다, 통치하다; 제압하다, 우세하다; 굽어보다, 내려다보다

le plus de øN loc. 가장 많은 ~

poids n.m. 무게, 체중; 영향력, 힘, 비중

28

Le numéro de sécurité sociale est ______________ l'Institut national des statistiques et des études économiques, soit l'Insee. Il sert à chaque assuré dans ses relations avec sa caisse d'Assurance Maladie et les autres organismes de sécurité sociale, et avec le monde médical.

(a) refusé à
(b) pris pour
(c) attribué par
(d) connu comme

| 해설 | 사회보장번호를 소개하는 글이다. 국립통계경제연구소(Institut national des statistiques et des études économiques)는 사회보장번호를 발급하는 기관이므로 빈칸에 들어갈 말은 (c)이다.

번역 사회보장번호는 국립통계경제연구소, 즉 Insee________________. 그것은 보험 가입자가 질병보험금고와 다른 사회보장기관들은 물론 의료계와 관계를 가질 때도 사용된다.

(a) 에(게) 거부된다
(b) 로 간주된다
(c) 에 의해 부여된다
(d) 로 알려진다

참고

sécurité sociale n.f. 사회보장
assuré (f. -e) n., a. 보험가입자, 피보험자; 보험에 든
caisse d'Assurance Maladie n.f. 질병보험금고
organisme n.m. 유기체, 생물; 기관, 기구
refuser v. 거부하다, 거절하다
prendre N pour N/Adj v. ~을 ~로/~하게 여기다
attribuer qqc à qqn v. 무엇을 누구에게 주다, 부여하다, 할당하다

29 Avec l'augmentation des divorces au moment de la retraite, le déremboursement des médicaments que l'on prend pourtant en plus grande quantité avec l'âge, et la multiplication des frais liés à la dépendance, les seniors sont, de plus en plus, ____________________.

(a) touchés par la pauvreté
(b) intéressés aux bénéfices
(c) exposés aux intempéries
(d) annoncés par la municipalité

| 해설 | 노인 빈곤에 관한 글이며, 전치사 «avec»를 통해 이를 유발하는 요인들이 제시되고 있다. 따라서 빈칸에 들어갈 말은 (a)이다.

번역 퇴직 연령에서의 이혼 증가와 나이가 들면서 점점 더 복용하게 되는 약품들에 대한 약값 환불 중지, 그리고 의존성으로 인해 발생하는 비용 증대로 노인들은 더욱더 ____________________.

(a) 빈곤에 의해 타격을 받는다
(b) 이익분배에 참여한다
(c) 악천후에 노출된다
(d) 시에서 발표된다

참고
augmentation n.f. 증가, 증대; (물가) 상승; (임금) 인상
au moment de N/de inf loc. ~의/~하는 순간에, 때에
retraite n.f. 퇴직, 은퇴
déremboursement n.m. 환불 중지, 환급 중지
pourtant adv. 그러나, 그렇지만, 그럼에도 불구하고
en grande quantité loc. 대량으로
avec l'âge loc. 나이가 들면서

multiplication n.f. 증가, 증대; 증식, 번식

frais n.m.pl. 경비, 지출; 비용, 요금 (= dépense, coût)

lié(e) à qqc a. 무엇에 묶인, 얽매인; 관련된

dépendance n.f. 종속, 의존, 중독; 도움 없이 생활할 수 없는 상태

senior n. 50세가 넘은 사람, 나이가 많지 않은 은퇴자

de plus en plus loc. 점점, 더욱더

toucher qqn v. 누구를 만지다, 맞히다; 감동시키다; 누구에게 충격을 주다, 피해를 입히다

pauvreté n.f. 가난, 빈곤, 궁핍

intéresser qqn aux bénéfices loc. 누구를 이익분배에 참여시키다

exposer A à B v. A를 B에 노출시키다, 드러내 놓다

intempéries n.f.pl. 악천후, 혹독한 기후

annoncer v. 알리다, 발표하다, 공표하다

municipalité n.f. 시, 읍, 면; 시청, 읍(면) 사무소

30 Les hommes politiques et les femmes qu'ils fréquentent ou courtisent ont toujours été au centre de nombreuses rumeurs. Certaines d'entre elles sont justes ou paraissent possibles. Par exemple, il ____________ maintenant que la nouvelle maîtresse du président de la République française est en train de prendre ses marques à l'Élysée.

(a) se dit
(b) se fait
(c) se parle
(d) se complote

| 해설 | 정치인에 관한 소문을 언급하면서, 현직 대통령에 관한 것을 그 사례로 들고 있다. 빈칸에 들어갈 말은 (a)이다. (c)의 «se parler»는 주어가 언어 또는 언어명으로 제한되기 때문에 적절한 답이 될 수 없다. 한편 «se parler»는 여러 사람을 지칭하는 주어와 결합하면 '서로(에게) 이야기하다'로 해석된다. 이때 재귀대명사는 '누구에게'로 해석되는 간접목적보어 «à qqn»에 대응한다.

번역 남성 정치인들과 이들이 사귀거나 치근거리는 여성들은 늘 많은 소문의 중심에 있어 왔다. 일부는 사실이거나 가능성이 있는 것처럼 보인다. 예를 들어 요즘 세간에는 프랑스 공화국 대통령의 새 애인이 엘리제궁에 적응하는 ____________ ____________.

(a) 중이라고 말해진다
(b) 중인 일이 벌어지고 있다
(c) 그것이 사용된다
(d) 그것이 모의되고 있다

참고
homme/femme politique n. 정치인
fréquenter v. 자주 드나들다; 자주 만나다, 교제하다

courtiser qqn v. 누구의 비위를 맞추다; 누구에게 치근거리다

au centre de N loc. ~의 중심에, 핵심에

rumeur n.f. 소문, 풍문; (불만으로 인한) 웅성거림; 소음

juste a. 올바른, 정당한; 정확한, 적확한, 적절한

paraître Adj / N / inf v. ~처럼 보이다, ~인 듯하다, ~하는 듯하다

par exemple loc. 예를 들어

maîtresse n.f. 정부(情婦), 첩; 안주인; 여교사

en train de inf loc. ~하는 중인

prendre ses marques + 장소 loc. ~에 자리를 잡다, 적응하다

Élysée n.f. 엘리제궁(프랑스 대통령 관저)

il se fait que P loc. ~한 일이 일어나다

se comploter v. 몰래 꾸며지다, 은밀히 만들어지다

31 Le mariage, ce n'est plus ________________. Bien sûr, les Français se marient encore. Quelque 241 000 mariages ont été célébrés en 2013, soit autant qu'en 2011 et 2012. Mais, si ces chiffres sont stables, ils ne doivent pas cacher une autre réalité : le succès du PACS (pacte civil de solidarité), deux Pacs se concluant pour trois mariages.

(a) un sujet traité
(b) ce que c'était
(c) ce qui m'intéresse
(d) une question démodée

| 해설 | 결혼과 시민연대조약(PACS)에 관한 글이다. 두 번째 문장의 «les Français se marient encore»와 마지막 문장의 «ils ne doivent pas cacher une autre réalité : le succès du PACS» 등에서 시민연대조약을 체결하는 사람들이 늘어나고 그만큼 결혼하는 비율이 줄고 있음을 알 수 있다. 따라서 빈칸에 들어갈 적절한 말은 (b)이다.

번역 결혼은 더 이상 ________________ 아니다. 물론 프랑스 사람들은 여전히 결혼을 한다. 2013년에는 약 241,000쌍이 결혼식을 올렸다. 이는 2011년 및 2012년과 같은 수치이다. 하지만 이 수치가 안정적이라 하더라도 그것이 또 다른 하나의 현실을 감추어서는 안 된다. 바로 PACS(시민연대조약)의 성공이다. 3쌍이 결혼할 때 2쌍은 PACS를 체결한다.

(a) 이미 다룬 주제가
(b) 예전의 그것이
(c) 나의 관심을 끄는 것이
(d) 유행이 지난 문제가

참고

se marier (à / avec qqn) v. (누구와) 결혼하다

quelque adv. (숫자 앞) 약, 대략 (= environ)

célébrer v. (식을) 올리다, 거행하다

autant (que N) adv. (~와) 같은 수로; 같은 양으로

chiffre n.m. 숫자; 총액, 총계

cacher v. 감추다, 숨기다, 가리다

succès n.m. 성공, 좋은 성과, 인기, 호평

PACS (pacte civil de solidarité) n.m. 시민연대조약

se conclure v. 체결되다

traiter v. 논하다, 취급하다; 가공하다, 처리하다

ce que c'était (명사 없는 관계절) 예전의 것; (질문) 무엇이었는지

intéresser qqn v. 누구의 관심을 끌다, 관심을 불러일으키다

démodé (f. -e) a. 유행에 뒤진, 시대에 뒤떨어진, 구식의

32 La France produit plusieurs centaines, voire plusieurs milliers de fromages de toutes sortes et figure parmi les plus grands consommateurs au monde ; pas étonnant alors que l'on trouve ______________________ françaises liées à ce produit laitier.

(a) de nombreux symboles
(b) de nombreux proverbes
(c) de nombreuses révélations
(d) de nombreuses expressions

| 해설 | 프랑스의 치즈에 관한 글로, 빈칸에는 치즈와 관련된 내용이 들어간다. 빈칸 다음을 보면 그것은 «françaises»와 자연스럽게 어울릴 수 있는 개념을 표현하는 여성복수명사여야 함을 알 수 있다. 이를 고려할 때 정답은 (d)이다.

번역 프랑스는 수백, 아니 수천 개에 이르는 갖가지 치즈를 생산하고 세계에서 가장 큰 소비자 중 하나이다. 그래서 이 유제품과 관련된 프랑스(어)의 ________________ 발견하는 것은 그리 놀라운 일이 아니다.

(a) 수많은 상징들을
(b) 수많은 속담들을
(c) 수많은 새 정보들을
(d) 수많은 표현들을

참고

produire v. 생산하다, 제조하다, 제작하다; 야기하다, 초래하다
centaine n.f. 백; 약 100
voire adv. 게다가 또(= et même)
millier n.m. 천; 약 1000
fromage n.m. 치즈
de toutes sortes loc. 가지각색의, 온갖

figurer parmi N v. ~ 안에 있다, ~에 포함되다

consommateur (f. -trice) n. 소비자

étonnant (f. -e) a. 놀라운, 놀랄 만한

laitier (f. -ère) a. 우유의, 유제품의

symbole n.m. 상징, 표상, 전형

proverbe n.m. 속담

révélation n.f. 폭로; 정보, 새로운 사실; (뜻밖의) 발견; 신예, 혜성; 계시

expression n.f. 표현, 어구; 표정

33 Un voyageur a été très grièvement blessé, hier soir, vers 19 heures, à la station Cité Universitaire. Selon la police, la victime aurait chuté en actionnant l'ouverture des portes du train encore en mouvement. Le trafic ______________ pendant plus d'une heure dans les deux sens.

(a) a été coupé
(b) a été pendu
(c) n'a pas entraîné
(d) n'a pas succédé

| 해설 | 지하철 사고에 관한 글이다. « trafic »이 교통기관의 운행이나 교통 상황을 가리키므로 빈칸에는 '중지되었다'를 뜻하는 표현이 들어가야 한다. 따라서 정답은 (a)이다.

번역 어제 저녁 19시경 시테-위니베르시테르 역에서 승객 한 명이 아주 크게 다쳤다. 경찰에 따르면 피해자가 아직 움직이고 있는 열차의 문 개폐 장치를 작동시키다가 추락한 것으로 보인다. 열차 운행이 1시간 넘게 양방향으로 ______________.

(a) 차단되었다
(b) 매달렸다
(c) 끌지 않았다
(d) 뒤를 잇지 않았다

참고
voyageur (f. -euse) n. 여행자; 승객
grièvement adv. (병, 부상 등) 중하게 (= gravement)
blesser v. 상처를 입히다; 마음을 상하게 하다, 모욕하다
chuter v. 넘어지다; 떨어지다, 감소하다; 실패하다
actionner v. (기계, 장치 등을) 작동시키다, 운전하다
ouverture n.f. 열기, 개봉; 개시, 시작; 출입구, 통로

en mouvement loc. 움직이는; 활동 중인; 동요하는, 혼란 상태의

trafic n.m. 왕래, 교통

sens n.m. 방향, 흐름

couper v. 자르다, 베다, 절단하다; 가로막다, 차간하다, 끊다

pendre v. (사물) 걸다, 매달다; (사람) 교수형에 처하다

entraîner v. 끌고가다, 이끌다; 야기하다; 훈련시키다

succéder v. ❶ (à qqn) (누구의) 뒤를 잇다
❷ (à qqc) (무엇에) 이어지다, (무엇) 다음에 일어나다

34 Synonyme de bonté, la gentillesse est souvent méprisée. Les gens n'aiment pas être qualifiés de gentils. ______________, il s'agit bien là d'une belle qualité puisque la gentillesse renvoie au caractère de quelqu'un qui est d'une complaisance attentive et aimable. Une qualité rare à vrai dire.

(a) Malgré
(b) De plus
(c) Pourtant
(d) Contrairement

| 해설 | 접속사나 연결 표현을 고르는 문제이다. 여기서는 빈칸 다음의 문장을 앞의 문장과 연결하는 역할을 하며 단독으로 쓸 수 있는 표현이 필요하다. 전후 문장의 내용이 서로 상반되므로 정답은 (c)이다. 참고로 (a)의 «malgré»는 전치사이므로 단독으로 쓰지 못하고, (d)의 «contrairement»은 문장을 연결하는 기능이 없다.

번역 착함의 동의어인 친절은 종종 대수롭지 않게 여겨진다. 사람들은 친절하다고 평가되는 것을 좋아하지 않는다. ______________ 그것은 당연히 좋은 품성이다. 친절이 세심하고 상냥하게 배려하는 사람의 성격을 가리키기 때문이다. 사실 그것은 드문 품성이다.

(a) ~에도 불구하고
(b) 게다가
(c) 그렇지만
(d) 반대로

참고
synonyme a., n.m. 같은 뜻의; 동의어 (↔ antonyme)
bonté n.f. 착함, 어짐, 친절; (복수) 친절한 행위
gentillesse n.f. 상냥함, 호의, 친절

méprise r v. 무시하다, 대수롭지 않게 여기다; 경멸하다, 깔보다

qualifier N de Adj v. ~을 ~라고 규정하다, 말하다

puisque conj. ~이니까, 이므로

✪ puisque의 용법은 SET 1 청해 40의 해설 참고

renvoyer à N v. ~을 가리키다, ~에 관련되다, ~을 참조하다

complaisance n.f. 호의, 배려

attentif (f. -ve) a. 주의 깊은, 조심하는; 친절한, 세심한

aimable a. 사랑스러운, 귀여운; 상냥한, 친절한

à vrai dire loc. 사실을 말하면, 사실대로 말하면 (= à dire vrai)

malgré prép. ~에도 불구하고; ~의 뜻에 반하여

de plus loc. 게다가, 그 위에

pourtant adv. 그러나, 그렇지만, 그럼에도 불구하고

contrairement (à N) adv. (~와) 반대로, (~에) 반하여

35 Les Français achètent trop peu de logements neufs. Plus de cent mille logements de ce type restent toujours invendus. Les transactions chutent. Cela s'explique ainsi : si les Français n'achètent pas, c'est ___________ les logements neufs sont trop chers, peut-être les plus chers d'Europe.

(a) que
(b) pourquoi
(c) comme si
(d) autant que

| 해설 | 문장을 이어주는 접속사나 연결 표현을 고르는 문제이다. 여기서 빈칸 다음의 문장은 앞에서 말한 바의 원인이나 이유를 설명한다. 따라서 정답은 (a)이다. « C'est que P. »는 문맥에 따라 '~하는 것이다' 또는 '~하기 때문이다'로 해석된다. 두 번째 의미는 « C'est parce que P. »로도 표현된다. 한편 « C'est pourquoi P. »는 앞에서 말한 사실에서 초래되는 결과를 나타낸다.

번역 프랑스인들은 새 집을 거의 구입하지 않는다. 10만 채가 넘는 새 집들이 여전히 팔리지 않은 채 있다. 거래도 급감하고 있다. 이런 현상은 다음과 같이 설명된다. 프랑스인들이 사지 않는다면, 그것은 새 집이 ___________________. 아마 유럽에서 가장 비쌀 것이다.

(a) 비싸기 때문이다
(b) 비싸진 원인이다
(c) 비싼 것이나 다름없다
(d) 비싼 만큼이다

참고
logement n.m. 거주, 주거, 주택, 집
invendu (f. -e) a. 팔리지 않은
transaction n.f. 매매계약, 상거래; 타협, 합의, 화해

s'expliquer v. (무엇이) 이해되다, 설명되다

ainsi adv. (동사 수식) 이렇게, 그렇게, 그처럼; (문두에서) 그렇기 때문에, 따라서

cher (f. -ère) a., adv. 비싼, 비용이 많이 드는; 비싸게

Si P, c'est que / parce que P. 만약 ~한다면, 그것은 ~하기 때문이다.

C'est pourquoi P. 그래서 ~하다.

C'est comme si + 반과거 문장. 이를테면 ~이다, ~하는 것과 같다, ~라는 것이나 다름없다.

autant que P loc. ~하는 범위에서, ~하는 내에서

Part IV

| 문제 36~50 | 다음 글을 읽고 주어진 질문에 대한 가장 알맞은 답을 고르시오.

36 La Journée mondiale de l'environnement entend sensibiliser le monde à des problèmes comme la destruction de la couche d'ozone, la déforestation, la désertification ou la sécheresse. À chaque fois, elle met en avant un enjeu spécifique. Pour 2013, elle a pointé du doigt les gaspillages alimentaires.

Q. Le texte soulève une question de quel type?

(a) Politique.
(b) Écologique.
(c) Économique.
(d) Administratif.

| 해설 | 세계 환경의 날에 관한 설명이다. 오존층 파괴, 삼림 파괴, 사막화 등이 언급되는 것에서 이 글이 어떤 유형의 문제를 제기하고 있는지 짐작할 수 있다. 따라서 정답은 (b)이다.

번역 세계 환경의 날은 그 목적이 세계로 하여금 오존층 파괴, 삼림 파괴, 사막화, 가뭄과 같은 문제들에 관심을 갖게 하는 것이다. 매번 이 행사는 특별한 쟁점을 제기한다. 2013년에는 음식 낭비가 지목되었다.

질문 글은 어떤 유형의 문제를 제기합니까?

(a) 정치 관련.
(b) 환경 관련.
(c) 경제 관련.
(d) 행정 관련.

참고

mondial (f. -e, m.pl. -aux)　a. 세계의, 세계적인

entendre inf / que Psub　v. ~하기를/~하는 것을 원하다, 희망하다; 요구하다

sensibiliser qqn à qqc　v. 누구로 하여금 무엇에 관심을 갖게 하다

couche d'ozone　n.f. 오존층

déforestation　n.f. 삼림 파괴

désertification　n.f. 사막화

sécheresse　n.f. 가뭄, 건조

mettre qqc en avant　loc. 무엇을 내놓다, 앞세우다, 제기하다, 부각시키다

enjeu　n.m. 쟁점, 문제점, 관건

pointer qqc du doigt　loc. 무엇을 지목하다, 부각시키다

gaspillage　n.m. 낭비, 허비

alimentaire　a. 음식의, 식품의, 영양의

soulever　v. (물건을) 들어올리다; (문제를) 제기하다

écologique　a. 생태학의; 환경적인, 자연보호의; 환경의

administratif (f. -ve)　a. 행정의, 행정에 관한

37 Un Turc vient d'inventer et de construire le Yaybahar. Cet instrument purement acoustique lui permet de jouer des sonorités jusque-là réservées aux instruments électroniques. Elles proviennent des vibrations des cordes transmises par des ressorts aux peaux des tambours.

Q. De quoi parle-t-on ici ?

(a) D'un jeu électronique.
(b) D'un ancien poste de radio.
(c) D'un instrument de musique.
(d) D'un vêtement en peau de bête.

| 해설 | '야이바하르'에 대해 설명하는 글이다. 야이바하르가 악기라는 것은 «instrument purement acoustique»에서 알 수 있다. 따라서 정답은 (c)이다.

번역 한 터키인이 최근 야이바하르를 개발했다. 이 악기는 전자 장치를 쓰지 않는 순수 음향 기기이지만 지금까지 전자 악기로만 가능했던 소리를 연주할 수 있게 해준다. 그 소리는 현들이 진동하면서 발생하고 용수철을 통해 북의 가죽으로 전달된다.

질문 여기에서 무엇에 대해 이야기하고 있습니까?

(a) 컴퓨터게임에 대해.
(b) 오래된 라디오에 대해.
(c) 악기에 대해.
(d) 동물 가죽으로 된 옷에 대해.

참고

turc (f. -que) a., n. 터키의, 터키사람인; (T-) 터키인; (le turc) 터키어

inventer v. 발명하다, 고안하다; 꾸며내다, 지어내다

construire v. 건축하다, 건설하다, 만들다

purement adv. 전적으로, 순전히, 단지, 오로지

acoustique a. 청각의; 음향의; (악기, 공연 등) 전자 장치를 쓰지 않는

sonorité n.f. 음질, 음색, 울림, 공명

jusque-là loc. 거기까지; 그때까지, 지금까지

réservé(e) à N a. ~ 전용의, ~을 위해 남겨둔

provenir de N v. ~에서 유래하다 생기다, ~산이다

vibration n.f. 떨림, 진동, 동요, 전율

corde n.f. 끈, 줄

ressort n.m. 용수철, 스프링

peau (pl. -x) n.f. 피부, 살갗; 껍질, 가죽, 피혁

tambour n.m. 북

jeu électronique n.m. 컴퓨터게임, 전자오락

poste de radio n.m. 트랜지스터 라디오, 라디오 수신기

vêtement n.m. 옷, 의류; 겉옷

bête n.f. 동물, 짐승, 가축

SET 2 독해

38 Attention, les médicaments tuent! Des chiffres alarmants le confirment: ils provoqueraient annuellement la mort de 18 000 personnes en France et de 197 000 en Europe. Aux États-Unis, en 2009, ils auraient causé plus de mortalité que les accidents de la route avec plus de 37 000 victimes...

Q. De quoi est-il question ici?

(a) Des risques de ne pas se soigner.
(b) Du danger que représentent les médicaments.
(c) Des conditions de vie dans les pays sous-développés.
(d) De la mortalité sur les routes dans différents pays du monde.

| 해설 | 약으로 인해 많은 사람들이 죽고 있다는 내용의 글이다. 즉 이 글의 주제는 약의 위험성이므로 정답은 (b)이다.

번역 조심하라, 약이 사람을 죽인다! 여러 경고성 수치들이 이를 확인해 준다. 즉 약으로 인해 프랑스에서는 연간 18,000명이, 유럽에서는 197,000명이 사망한다. 미국에서는 2009년 37,000명이 넘는 피해자를 발생시켜 교통사고보다 더 높은 사망률을 야기했다고 한다…

질문 여기서는 무엇이 문제입니까?

(a) 건강을 돌보지 않는 위험성.
(b) 약이 가지는 위험.
(c) 저개발국의 삶의 조건.
(d) 세계 각국의 도로 사망률.

참고

tuer v. 죽이다, 죽게 하다

confirmer v. 확인하다, 확증하다; (감정이나 생각 등을) 확고하게 하다

provoquer v. 도발하다, 선동하다, 부추기다; 유발하다, 초래하다

annuellement adv. 매년, 연간

causer v. 야기하다, 초래하다

mortalité n.f. 사망률

accident de route n.m. 교통사고

il est question de N / de inf loc. ~이/~하는 것이 문제이다, ~에 관한/~하는 것에 관한 일이다

risque de inf / de qqc n.m. ~할/무엇의 위험

se soigner v. 자신을 돌보다, 건강에 유의하다; 몸치장하다; 처신에 신경쓰다

pays sous-développé n.m. 저개발국

différent(e)s a. 여러 가지의, 갖가지의

39 Faut-il vraiment attendre longtemps pour trouver un taxi à Paris ? Tous le disent, des Internautes aux chauffeurs, en passant par *Le Nouvel Obs*. Il n'y a aucun doute : la capitale française manque de taxis. Les usagers en attendent 1 500 de plus à la fin de l'année. Mais le plan d'urgence lancé par le gouvernement saura-t-il régler ce problème ?

Q. Qui a pris des mesures pour régler le problème du manque de taxis ?

(a) Les Internautes.
(b) Les chauffeurs de taxi.
(c) Les hommes politiques français.
(d) L'hebdomadaire *Le Nouvel Observateur*.

| 해설 | 파리의 택시 부족에 관한 글이다. 질문은 이를 해결하려는 조치를 누가 취했는가인데, 마지막 문장의 «le plan d'urgence lancé par le gouvernement»에서 답을 알 수 있다. 정답은 (c)이다.

번역 파리에서 택시를 타려면 정말 오래 기다려야 하는가? 네티즌부터 『누벨 옵스』를 거쳐 택시 운전기사들에 이르기까지 모두가 그렇게 말한다. 의심의 여지가 없다. 프랑스의 수도에는 택시가 부족하다. 사용자들은 연말에 1,500여 대가 추가될 것을 기다린다. 하지만 정부가 시행한 긴급 대책이 이 문제를 해결할 수 있을까?

질문 누가 택시 부족 문제를 해결하기 위한 조치를 취했습니까?

(a) 네티즌들.
(b) 택시 운전기사들.
(c) 프랑스 정치인들.
(d) 주간지 『누벨 옵세르바퇴르』.

참고

tous pn. 모두, 모든 사람들

de A à B loc. A에서 B까지

internaute n. 네티즌, 인터넷 이용자

✪ Internet을 따라 대문자로 쓰기도 한다.

chauffeur n.m. 운전기사, 운전사(여성은 femme chauffeur)

en passant par N loc. ~을 경유하여, 거쳐

doute n.m. 의심, 의혹, 회의

capitale n.f. 수도

manquer de øN v. ~이 없다, 부족하다, 결핍되다

manque de øN n.m. ~ 부족, 결핍

usager (f. -ère) n. 이용자, 사용자

de plus loc. 더, 더 많이; 게다가

plan d'urgence n.m. 긴급 대책, 긴급 대처 방안

lancer v. 개시하다, 일으키다, 세상에 내놓다

savoir inf v. ~할 줄 알다, ~할 수 있다

régler v. 해결하다

mesure n.f. 조치, 대책, 수단

hebdomadaire a., n.m. 주간의, 일주일의; 주간지

40 En France, la criminalité est en mutation, comme en attestent les réglements de compte qui ont fait dernièrement encore plusieurs victimes à Marseille. Ce ne sont pas des actes isolés, mais bien des actions ayant pour origine un réseau de truands très organisés et bien infiltrés dans le monde de la politique ou du showbiz.

Q. Quel titre correspondrait le mieux à ce texte?

(a) La criminalité française en baisse.
(b) Le nouveau visage de la criminalité.
(c) Marseille, visite de la capitale du crime.
(d) La France, ce pays où la sécurité est reine.

| 해설 | 이 글에 적절한 제목을 고르는 문제로, 단서는 첫 문장에서 찾을 수 있다. 정답은 (b)이다.

번역 프랑스에서 범죄는 변화 중이다. 최근 마르세유에서 또다시 여러 명의 희생자를 낸 폭력 조직 간의 난투극이 이를 증명해 준다. 이 사건은 개별 행위들이 아니라 잘 조직되어 있고 정치계나 연예계에 깊이 침투해 있는 범죄 조직에서 비롯된 행동들이다.

질문 어떤 제목이 이 글에 가장 잘 부합하겠습니까?

(a) 감소하는 프랑스의 범죄.
(b) 범죄의 새 얼굴.
(c) 마르세유, 범죄 수도의 방문.
(d) 프랑스, 안전이 가장 중요한 나라.

참고

criminalité n.f. (집합적) 범죄 행위

en mutation loc. 변화 중인, 변동 중인

attester (de) qqc / que P v. (사물 주어) 무엇에 대한 증명이 되다, 무엇을/~임을 입증하다

règlement de compte n.m. 난투극, (폭력배 간) 결판 내기

dernièrement adv. 최근에, 요즘에 (= récemment)

faire des victimes loc. 희생자를 내다, 피해자가 발생하다

acte n.m. 행위, 행동, 동작

isolé (f. -e) a. 고립된, 고독한, 단독의, 특수한

bien de N loc. 많은 ~

✪ beaucoup de와 달리 명사 앞에 정관사를 쓴다.

action n.f. 행위, 활동, 행동

avoir qqc pour origine loc. 무엇에서 유래하다

réseau (pl. -x) n.m. 그물, 망; 조직망, 네트워크; 조직, 인맥

truand n.m. 악당, 사기꾼, 도적

infiltré (f. -e) a. 스며든, 침투한, 잠입한

show(-)biz n.m. 흥행 산업, 공연계, 연예계 (show-business의 줄임말)

correspondre à N v. ~에 일치하다, 부합하다; 관련되다; 상응하다

en baisse loc. 하락 중인, 감소 중인

visage n.m. 얼굴, 낯, 표정; 모습, 양상

crime n.m. 죄, 범죄

reine n.f. 여왕 (왕은 roi)

41 Le peintre franco-chinois Zao Wou-Ki vient de mourir. Il laisse une œuvre considérable tant par la taille de ses peintures que par leurs prix : l'*Hommage à Tou-Fou* s'est vendu 5,8 millions de dollars. Lui qui a fréquenté Matisse et Miró, et qui a exposé dans le monde entier, a su s'imposer comme l'un des artistes les plus talentueux de sa génération.

Q. Qu'annonce ce texte à propos de Zao Wou-Ki ?

(a) Le prix de ses dernières œuvres.
(b) La date de sa dernière exposition.
(c) Le titre de son tableau le plus connu.
(d) La disparition d'un peintre incontournable.

| 해설 | 한 중국계 프랑스 화가에 관한 글이다. 여러 가지를 언급하고 있으나 첫 문장의 «vient de mourir»에서 이 글이 말하는 바를 알 수 있다. 정답은 (d)이다.

번역 중국계 프랑스 화가인 자오 우키가 사망했다. 그는 크기에서나 가격에서나 어마어마한 작품 하나를 남겼다. 바로 〈두보에게 보내는 헌정〉으로, 이 작품은 580만 달러에 팔렸다. 마티스, 미로와 사귀고 전 세계에서 전시회를 개최했던 그는 당대의 가장 재능 있는 화가 중 하나로 인정받았다.

질문 이 글은 자오 우키에 대해 무엇을 알립니까?

(a) 그의 마지막 작품들의 가격.
(b) 그의 마지막 전시회 날짜.
(c) 그의 가장 유명한 그림의 제목.
(d) 간과할 수 없는 한 화가의 죽음.

참고

peintre n.m. 화가

✪ une artiste peintre / une femme peintre 여성 화가

peinture n.f. 그림; 미술, 회화; 페인트

mourir v. 죽다, 소멸하다, 사라지다

œuvre n.m. 일, 활동, 사업, 성과; 작품, 저서

considérable a. 존경할 만한, 주목할 만한; 막대한, 많은

tant … que … loc. ~도 ~도 (또한)

hommage à qqn n.m. 누구에게의 헌정; 증정품; 경의

exposer v. 전시하다, 출품하다

exposition n.f. 전시, 진열; 전시회, 박람회

s'imposer comme N v. ~로 인정받다

talentueux (f. -se) a. 재능 있는

annoncer v. 알리다, 발표하다, 공고하다

à propos de N loc. ~에 관하여, ~에 대해 (= au sujet de)

tableau (pl. -x) n.m. 그림; 판, 게시판; 칠판; 표, 도표

disparition (de qqn) n.f. (누구의) 실종, 죽음, 사망

incontournable a. 고려하지 않을 수 없는, 간과할 수 없는

42 La Coupe du monde de football au Brésil en 2014 ne fait pas l'unanimité. En effet, là où certains ne voient que la gloire d'organiser un événement mondial, d'autres pensent que c'est du gaspillage dans un pays où une grande partie de la population est encore très pauvre.

Q. Comment est la Coupe du monde de football au Brésil ?

(a) C'est un événement assez polémique.
(b) C'est uniquement une source de fierté.
(c) C'est une opportunité pour le commerce.
(d) C'est une bonne occasion pour s'amuser.

| 해설 | 2014년 브라질 월드컵에 관한 설명이다. 첫 문장의 « ne fait pas l'unanimité »를 통해 이 대회에 대한 여론이 어떠한지 짐작할 수 있다. 정답은 (a)이다.

번역 2014년 브라질 월드컵에 대해 모두가 찬성하는 것은 아니다. 실제로 국제행사 개최를 영광으로만 보는 사람들이 있는가 하면, 다른 이들은 그것을 국민 상당수가 여전히 아주 가난한 나라에서 행해지는 낭비라고 생각한다.

질문 브라질 월드컵은 어떠합니까?

(a) 상당히 논란이 있는 사건이다.
(b) 자랑의 원천이다.
(c) 장사를 위한 좋은 기회이다.
(d) 즐길 좋은 기회이다.

참고

Coupe du monde n.f. 월드컵
faire l'unanimité loc. 전원 합의를 얻다
en effet loc. 실제(로), 사실
gloire de inf n.f. ~하는 영광, 명예, 긍지, 자랑
événement n.m. 사건, 사태, 정세
certains …, d'autres … 일부는 ~, 다른 사람들은 ~
polémique a., n.f. 논란이 되는, 논쟁의; 논쟁, 논란
uniquement adv. 오직, 단지
source n.f. 샘; 원천, 근원; 출처
fierté n.f. 자랑, 자존심, 긍지
opportunité n.f. 좋은 기회, 호기
commerce n.m. 상업, 거래, 무역; 상업계; 가게, 상점
occasion n.f. 기회, 계기
s'amuser v. 즐기다, 놀다

43 Sais-tu que dans certains pays, il ne fait pas bon être athée ? Regarde ça : un blogueur athée vient d'être tué à coups de machette au Bangladesh par un commando masqué. C'est le troisième meurtre de ce type depuis février dernier. La police craint une recrudescence de ce genre de crime extrémiste.

Q. Qu'envisage la police à propos du nombre de ces meurtres ?

(a) Il va diminuer.
(b) Il va augmenter.
(c) Il va se stabiliser.
(d) Il va passer à zéro.

| 해설 | 무신론자를 대상으로 한 테러 공격에 관한 글이다. 질문은 경찰이 사건의 수를 어떻게 예상하고 있는가이다. 마지막 문장의 « recrudescence de ce genre de crime »에서 단서를 찾을 수 있다. 정답은 (b)이다.

번역 너는 일부 국가에서 무신론자인 것이 위험하다는 것을 알고 있니? 이것을 봐. 방글라데시에서 한 무신론자 블로거가 복면을 쓴 특공대가 휘두른 칼에 죽었어. 지난 2월 이래로 세 번째 살인 사건이야. 경찰은 그러한 과격파의 범죄가 다시 번지는 것을 우려하고 있어.

질문 그 살인 사건의 수와 관련하여 경찰은 무엇을 예상합니까?

(a) 감소할 것이다.
(b) 증가할 것이다.
(c) 안정될 것이다.
(d) 0에 이를 것이다.

참고

il ne fait pas bon inf loc. ~하는 것은 위험하다

athée a., n. 무신론의; 무신론자

blogueur (f. -euse) n. 블로거

à coups de øN loc. ~을 사용하여, ~의 도움으로

machette n.f. (벌채용) 큰 칼

commando n.m. 특공대, 특공 대원

masqué (f. -e) a. 가면을 쓴; 숨겨진, 가려진

meurtre n.m. 살인, 살해, 살인죄

craindre qqc / de inf / que Psub v. 무엇을/~하기를 무서워하다, 겁내다; 무엇을/~할까 걱정하다, 염려하다

recrudescence n.f. 악화, 재발, 재창궐

extrémiste a., n. 과격파의; 과격주의자

envisager qqc / que P v. 무엇을/~할 것이라고 예상하다, 생각하다

diminuer v. 줄이다; 줄어들다

augmenter v. 증가시키다; 증가하다

se stabiliser v. 안정화되다

passer à qqc v. 무엇으로 이동하다, 옮겨가다; 되다, 변하다

44 S'il est maintenant possible en France de se marier entre personnes du même sexe, certains pays, comme la Zambie, interdisent de telles relations et les condamnent par des peines de prison. Ce n'est pas près de changer, le ministre zambien des Affaires intérieures ayant déclaré il y a peu : « Il n'y aura pas de discussions sur les droits des gays. »

Q. Quelle phrase ne convient pas au passage ?

(a) Les homosexuels zambiens risquent la prison.
(b) Le mariage homosexuel est possible en France.
(c) La Zambie est de plus en plus à l'écoute de la communauté gay.
(d) S'aimer entre personnes du même sexe n'est pas un crime en France.

| 해설 | 동성 결혼과 동성애에 관한 글이다. 글의 내용에 부합하지 않는 설명을 찾는 문제로, 정답은 (c)이다.

번역 프랑스에서는 이제 동성 결혼이 가능하지만 잠비아 같은 일부 국가는 그러한 관계를 금지하고 징역형으로 처벌한다. 상황이 바뀔 가능성도 없다. 얼마 전에 잠비아의 내무부 장관이 "동성애자의 권리에 대한 논의는 없을 것이다"라고 선포했다.

질문 이 단락에 부합하지 않는 문장은 어느 것입니까?

(a) 잠비아의 동성애자는 감옥에 갈 위험이 있다.
(b) 프랑스에서는 동성 결혼이 가능하다.
(c) 잠비아는 점점 더 동성애자 공동체에 귀를 기울인다.
(d) 프랑스에서 동성 간 사랑은 범죄가 아니다.

참고

interdire qqc / de inf v. 무엇을/~하는 것을 금지하다, 금하다

tel (f. -le) a. (명사 앞) 그러한, 그와 같은

condamner qqn v. 누구에게 유죄판결을 내리다; 형을 선고하다

peine de prison n.f. 징역형

près de inf adv. 곧 ~할, 막 ~하려는

ministre n.m. 장관, 대신

affaires intérieures n.f.pl. 내무행정, 내정

il y a peu loc. 최근에, 얼마 전에, 저번에

discussion n.f. 의논, 토론, 토의; 말다툼, 논쟁; 이의, 항의

droit n.m. 권리

gay a., n.m. (형태 불변) 게이의; 게이, 남자 동성애자

convenir à qqc v. 무엇에 맞다, 어울리다, 적합하다

risquer qqc / de inf v. 무엇의/~할 위험이 있다, ~할 우려가 있다

communauté n.f. 공동체, 사회, 단체

être à l'écoute de qqn loc. 누구의 말에 신경을 쓰다, 누구의 말을 경청하다

45 Il est étonnant de voir, dans une vidéo, l'orchestre national de musique de chambre du Danemark manger du piment avant d'exécuter un morceau de classique avec la plus grande virtuosité. Le piment est ici le symbole de leur volonté de sauvegarder leur groupe qui est menacé de disparition dans quelques mois.

Q. Que symbolise le piment mangé par le groupe ?

(a) Sa perplexité.
(b) Son hésitation.
(c) Sa détermination.
(d) Son découragement.

| 해설 | 한 연주단이 고추를 먹고 연주한 것에 관한 글이다. 마지막 문장은 이 고추가 나타내는 바를 설명하고 있다. 정답은 (c)이다.

번역 놀랍게도 영상은 덴마크의 국립 실내음악 오케스트라가 고추를 먹고서 클래식 한 곡을 기가 막힌 솜씨로 연주하는 것을 보여 준다. 이 영상에서 고추는 몇 달 뒤 사라질 위기에 처한 자신들의 단체를 지켜내겠다는 의지의 상징이다.

질문 그 단체가 먹은 고추는 무엇을 나타냅니까?

(a) 단체의 당혹감.
(b) 단체의 망설임.
(c) 단체의 결의.
(d) 단체의 낙담.

참고

musique de chambre n.f. 실내음악, 실내악

piment n.m. 고추

exécuter v. 실행하다; 제작하다; 연주하다, 연기하다; 집행하다

morceau(x) de classique n.m. 클래식 곡, 작품

avec virtuosité loc. 뛰어난 솜씨로, 절묘하게

volonté n.f. 의지, 의사, 의도

sauvegarder v. 보호하다, 보전하다, 수호하다; (컴퓨터) 저장하다

menacer v. 위협하다, 협박하다

symboliser v. 상징하다, ~의 상징이다

perplexité n.f. 난처함, 당황스러움 (= embarras)

hésitation n.f. 망설임, 주저

détermination n.f. 결의, 결심

découragement n.m. 실망, 낙담, 의기소침

46 La tablette et une formation au numérique à partir de la cinquième, telle est l'option éducative prise par le gouvernement. Le problème, c'est que ces nouveaux outils sont plus conçus pour la lecture ou le visionnage de vidéos que pour la production. Mais quand cela est le cas, les processus cognitifs sont souvent perturbés par des affichages automatiques.

Q. À quoi sert avant tout la tablette utilisée en classe ?

(a) À créer des jeux.
(b) À envoyer des messages.
(c) À développer la cognition.
(d) À lire ou visionner des images.

| 해설 | 태블릿과 디지털 교육에 관한 글이다. 태블릿을 비롯한 디지털 기기의 용도는 두 번째 문장에서 언급되고 있다. 정답은 (d)이다.

번역 태블릿과 5학년부터의 디지털 교육, 그것이 바로 정부가 채택한 교육 방안이다. 문제는 이 새로운 도구들이 생산보다는 읽기나 영상의 시청을 위해 고안되었다는 것이다. 사실 그럴 경우에 인지 절차는 자동 게시물 때문에 종종 교란된다.

질문 수업에서 사용되는 태블릿은 우선 무엇에 쓰입니까?

(a) 게임을 제작하는 데에.
(b) 메시지를 전송하는 데에.
(c) 인지를 개발하는 데에.
(d) 읽거나 영상을 시각화하는 데에.

참고

formation à qqc n.f. 무엇(에 대한) 교육, 연수

numérique a., n.m. 수치로 나타낸, 수치상의; 디지털 방식의; 디지털

la cinquième (année scolaire) n.f. 5학년

Tel(le) est N. (이전 내용 요약) ~은 그와 같다, 이상이 ~이다.

lecture n.f. 읽기, 독서; 해석, 독해

visionnage n.m. 영상화, 시청

visionner v. 영상화하다, 영상을 비추다

cognitif (f. -ve) a. 인지의, 인식의

perturber v. 교란하다, 방해하다; 불안하게 하다, 마음을 어지럽히다

affichage n.f. 게시, 공고, 표시, 화면 출력

avant tout loc. 우선, 우선적으로, 무엇보다도 (먼저)

créer v. 만들어 내다, 고안하다, 발명하다

47 L'acteur Romain Duris nous revient dans le dernier film de François Ozon, *Une Nouvelle Amie*. Il y campe un jeune père de famille, qu'une amie surprend maquillé, en robe et en talons, autrement dit taraudé par la question du genre. Tout le mérite du film est d'éviter les clichés sur la question et de la traiter avec beaucoup d'humour et de délicatesse.

Q. Quel est le ton de cette critique de film ?

(a) Dur.
(b) Neutre.
(c) Ironique.
(d) Favorable.

| 해설 | 이 글은 한 영화배우와 그가 출연한 영화에 대해 말한다. 마지막 문장이 « Tout le mérite du film est ... »로 시작하는 것에서 이 작품에 대한 평가가 어떤지 유추할 수 있다. 정답은 (d)이다.

번역 배우 로맹 뒤리스가 프랑수와 오종의 최근 영화 〈새 친구〉(우리말 제목은 〈나의 사적인 여자 친구〉)로 돌아온다. 이 작품에서 그는 젊은 아버지로 등장한다. 그는 화장을 하고 드레스를 입고 하이힐을 신은 모습을 한 것을 (여자) 친구에게 들키고 그러한 문제로 괴로워하는 모습을 생생하게 그려낸다. 이 영화의 장점은 그 문제를 상투적인 표현들을 버리고 유머와 섬세함으로 다루는 것이다.

질문 이 영화비평의 어조는 어떠합니까?

(a) 강경하다.
(b) 중립적이다.
(c) 냉소적이다.
(d) 호의적이다.

참고

camper v. 생생하게 묘사하다, 재연하다

surprendre qqn v. 누구를 현장에서 발견하다, 적발하다

maquillé (f. -e) a. 화장한, 분장한

talons n.m.pl. 굽, 하이힐

autrement dit loc. 달리 말하면, 다시 말하면

tarauder v. 괴롭히다, 가슴을 에다

du genre loc. 그 종류의

mérite n.m. 미덕; 공적, 공로; 재능, 장점

éviter v. 피하다, 모면하다; 삼가다, 금하다

cliché n.m. 상투적인 표현, 진부한 생각

humour n.m. 유머, 해학

délicatesse n.f. 세련됨, 섬세함; 세심함, 신중함

ton n.m. 어조, 말투, 어감

dur (f. -e) a. 단단한; 엄격한, 냉혹한, 강경한

neutre a. 중립의, 중립적인

favorable a. 호의적인, 긍정적인

48 Fichte a donné un raisonnement intéressant sur le droit d'auteur. Selon lui, un livre a une double nature : matérielle et spirituelle. Il y a des idées qui appartiennent à tout le monde, mais il y a aussi la forme, la manière d'énoncer des idées, d'exprimer des sentiments propres à l'auteur. Ce n'est que par ce dernier élément que ce droit se justifie.

Q. D'après le texte, de quoi l'auteur est-il le propriétaire ?

(a) De rien.
(b) Du style.
(c) Du contenu.
(d) De tout le livre.

| 해설 | 저작권에 관한 설명으로, 이 권리를 정당화하는 것은 마지막 문장에서 제시된다. 여기서 « ce dernier élément »은 앞에서 언급된 것 중 마지막 것을 지칭한다. 따라서 정답은 (b)이다.

번역 피히테는 저작권에 대해 흥미로운 고찰을 제시하였다. 그에 따르면 책은 이중 속성을 갖는다. 즉 물질적인 성격과 정신적인 성격을 갖는다. 그 안에는 모두에게 속하는 생각들이 있다. 그런데 거기에는 또한 형태, 즉 생각들을 서술하는 방법, 저자의 고유한 감정들을 표현하는 방법이 있다. 저작권을 정당화하는 것은 바로 이 두 번째 요소만이다.

질문 글에 따르면 저자는 무엇의 주인입니까?

(a) 아무것도.
(b) 문체의.
(c) 내용의.
(d) 책 전체의.

참고

raisonnement sur N n.m. ~에 관한 추론, 논증, 논법

droit d'auteur n.m. 저작권

auteur n.m. 작가, 저자; 창시자, 발명자, 고안자

nature n.f. 자연; 본성, 본질, 성격

matériel (f. -e) a. 물질의, 물질적인

spirituel (f. -e) a. 정신의, 정신적인

appartenir à N v. ~에 속하다, ~의 것이다; ~에 고유한 것이다

tout le monde loc. 모두, 모든 사람들, 누구나

manière de inf n.f. ~하는 방식, 방법, 기법

énoncer v. 진술하다, 서술하다, 표현하다

exprimer v. 표현하다, 표시하다, 나타내다

propre (à N) a. (~의) 고유한

justifier v. 정당화하다, 정당함을 증명하다

propriétaire n. 주인, 소유주

style n.m. 문체, 스타일, 화법

contenu n.m. 내용, 의미

49 La Marine marchande britannique a utilisé des tubes musicaux comme « canons ». Il paraît qu'ils font fuir les pirates somaliens. Ceux-ci détesteraient en effet notre production musicale. Et cela à tel point que les chansons de Britney Spears les feraient réfléchir à deux fois avant d'attaquer des navires pour s'y livrer à des prises d'otages.

Q. À quoi compare-t-on ici la musique pop ?

(a) À une arme sonore.
(b) À un pirate bruyant.
(c) À une bête qui hurle.
(d) À une machine hors contrôle.

| 해설 | 영국 상선의 해적 퇴치 방법에 관한 글이다. 첫 문장을 보면 음악이 어떻게 사용되었는지 알 수 있다. 이를 고려하면 정답은 (a)이다.

번역 영국의 상선은 히트곡들을 '대포'로 사용했다. 그것들이 소말리아 해적들을 도망가게 하는 듯하다. 해적들은 실제로 우리의 음악 작품을 싫어하는 것 같다. 그리고 그것은 브리트니 스피어스의 노래들이 그들로 하여금 배를 공격해서 인질을 납치하기 전에 아주 신중하게 생각하도록 만들 정도이다.

질문 여기서 대중음악을 무엇에 비교하고 있습니까?

(a) 소리로 된 무기에.
(b) 시끄러운 해적에.
(c) 울부짖는 짐승에.
(d) 통제할 수 없는 기계에.

참고

marine marchande n.f. 상선; 상선 해병

britannique a., n. 영국의, 영국 사람인; (B-) 영국 사람

tube n.m. 히트곡; 관, 통, 튜브

canon n.m. 대포, 포

Il paraît que P. ~인 듯하다; ~라는 소문이 있다.

fuir v. 달아나다, 도망가다; 빨리 지나가다, 흘러가다; 새다

pirate n.m. 해적, 해적선

à tel point que P loc. ~할 정도까지

à deux fois loc. 거듭, 신중하게

réfléchir v. 숙고하다, 곰곰이 생각하다

attaquer v. 공격하다, 습격하다, 달려들다, 덮치다

navire n.m. 배, 선박

se livrer à qqc v. 무엇에 전념하다, 몰두하다

prise d'otages n.f. 납치, 인질극

comparer A à B v. A를 B와 비교하다, A를 B에 비유하다

arme n.f. 무기, 병기

sonore a. 소리의, 소리를 내는

bruyant (f. -e) a. 큰 소리를 내는, 시끄러운, 요란한

hurler v. 짖다; 절규하다, 고함을 치다

hors contrôle loc. 통제를 벗어난, 통제할 수 없는

50 Depuis *La Môme*, qui l'a révélée en 2007, Marion Cotillard est une actrice très convoitée : par de grandes marques ou des réalisateurs de renom, comme Christopher Nolan ou James Gray. Une icône est née, mais les icônes sont souvent artificielles et les failles possibles. Marion Cotillard n'est pas une grande élégante, comme elle vient de le révéler sur un plateau de télé en laissant échapper un juron.

Q. Comment seraient les icônes ?

(a) Factices.
(b) Capricieuses.
(c) Bien formées.
(d) Agréablement naturelles.

| 해설 | 한 영화배우에 관한 글이다. 우상은 세 번째 문장에서 언급된다. 특히 «les icônes sont souvent artificielles»에서 이 사람이 우상을 어떻게 생각하는지 알 수 있다. 정답은 (a)이다.

번역 2007년 그녀를 세상에 알린 영화 〈라 몸〉(우리말 제목은 〈라비앙 로즈〉) 이래로 마리옹 코티아르는 유명 상표 회사들은 물론 크리스토퍼 놀란이나 제임스 그레이 같은 유명한 감독들이 아주 탐을 내는 배우가 되었다. 새로운 우상이 탄생한 것이다. 하지만 우상은 흔히 인공적이고 그래서 결점이 있을 수 있다. 마리옹 코티아르도 아주 우아한 사람이 아니며, 이는 최근 그녀가 한 텔레비전 프로그램에서 욕설을 내뱉으면서 드러났다.

질문 우상은 어떠합니까?

(a) 꾸며낸 것이다.
(b) 변덕스럽다.
(c) 잘 만들어졌다.
(d) 기분 좋게 자연적이다.

참고

mône n.f. (속어) 계집애

convoité (f. -e) a. 많은 사람들이 탐을 내는

grande marque n.f. 유명 상표, 일류 상표

réalisateur (f. -trice) n. (영화) 감독, (방송) 연출가

de renom loc. 명성 있는, 유명한

icône n.f. 성상(聖像); 우상, 아이콘

artificiel (f. -le) a. 인공의, 인조의; 인위적인, 부자연스러운

faille n.f. 결점, 균열, 흠

plateau de télé n.m. 텔레비전 무대, 스튜디오

échapper à qqn v. (말, 소리, 한숨 등이) 누구에게서 (새어) 나오다

juron n.m. 욕설

factice a. 인조의, 모조의; 어색한, 꾸며낸

capricieux (f. -se) a. 변덕스러운, 변화무쌍한

formé (f. -e) a. 만들어진; 훈련된; 성장한

agréablement adv. 유쾌하게, 기분 좋게, 쾌적하게

SNULT 프랑스어

정답표

SET 1

:: 청해

1. (b) 2. (c) 3. (a) 4. (c) 5. (c)
6. (b) 7. (c) 8. (d) 9. (c) 10. (c)
11. (b) 12. (c) 13. (a) 14. (c) 15. (a)
16. (c) 17. (b) 18. (b) 19. (b) 20. (c)
21. (c) 22. (a) 23. (d) 24. (d) 25. (b)
26. (b) 27. (c) 28. (b) 29. (d) 30. (b)
31. (d) 32. (a) 33. (b) 34. (b) 35. (c)
36. (c) 37. (c) 38. (b) 39. (c) 40. (a)
41. (c) 42. (c) 43. (a) 44. (b) 45. (d)
46. (d) 47. (d) 48. (c) 49. (d) 50. (a)

:: 독해

1. (b) 2. (d) 3. (c) 4. (b) 5. (c)
6. (c) 7. (d) 8. (c) 9. (d) 10. (d)
11. (b) 12. (d) 13. (a) 14. (a) 15. (a)
16. (b) 17. (a) 18. (c) 19. (b) 20. (d)
21. (b) 22. (c) 23. (d) 24. (b) 25. (c)
26. (a) 27. (a) 28. (d) 29. (a) 30. (c)
31. (b) 32. (b) 33. (d) 34. (c) 35. (a)
36. (c) 37. (b) 38. (c) 39. (c) 40. (a)
41. (a) 42. (c) 43. (a) 44. (c) 45. (d)
46. (d) 47. (a) 48. (c) 49. (c) 50. (c)

SET 2

:: 청해

1. (c)	2. (c)	3. (b)	4. (d)	5. (a)
6. (d)	7. (b)	8. (c)	9. (b)	10. (d)
11. (a)	12. (d)	13. (b)	14. (d)	15. (a)
16. (d)	17. (b)	18. (a)	19. (b)	20. (c)
21. (c)	22. (b)	23. (a)	24. (b)	25. (c)
26. (c)	27. (d)	28. (d)	29. (a)	30. (d)
31. (b)	32. (c)	33. (b)	34. (a)	35. (b)
36. (d)	37. (b)	38. (b)	39. (c)	40. (b)
41. (b)	42. (b)	43. (c)	44. (d)	45. (c)
46. (d)	47. (a)	48. (d)	49. (d)	50. (c)

:: 독해

1. (b)	2. (c)	3. (a)	4. (c)	5. (a)
6. (b)	7. (a)	8. (d)	9. (a)	10. (b)
11. (a)	12. (b)	13. (c)	14. (b)	15. (d)
16. (a)	17. (b)	18. (a)	19. (a)	20. (b)
21. (d)	22. (b)	23. (b)	24. (a)	25. (d)
26. (b)	27. (b)	28. (c)	29. (a)	30. (a)
31. (b)	32. (d)	33. (a)	34. (c)	35. (a)
36. (b)	37. (c)	38. (b)	39. (c)	40. (b)
41. (d)	42. (a)	43. (b)	44. (c)	45. (c)
46. (d)	47. (d)	48. (b)	49. (a)	50. (a)

SNULT 정기시험은 회차별로 지정된 접수기간 중 인터넷을 통하여 접수하실 수 있습니다. 응시대상은 제한이 없으며 응시료는 다음과 같습니다.

구분	응시료
정기접수	47,000원
추가접수	51,000원

▶ 접수 방법

(1) 인터넷 접수

- 회차별로 지정된 정기접수기간 중 TEPS 홈페이지(www.teps.or.kr)에서 접수하실 수 있습니다.

(2) 결제 방법

- 신용카드, 실시간 계좌이체, 휴대폰 결제

(3) 고사장 선택

- 고사장은 TEPS 홈페이지에서 현재 접수 중인 고사장을 확인하시고 가까운 곳을 선택하시면 됩니다.
- 고사장은 일정에 따라 변동될 수 있으며, 접수가 마감된 고사장은 접수가 불가능합니다.

▶ 신분증 규정

다음에 제시된 신분증 중 한 가지를 유효한 신분증으로 인정합니다.

구분	신분증
일반인·대학생	주민등록증(발급신청확인서), 운전면허증, 기간 만료 전의 여권, 공무원증, 장애인 복지카드 **＊주의: 대학(원)생 학생증은 사용하실 수 없습니다.**
중·고등학생	학생증(학생증 지참 시 유의사항 참조), 기간 만료 전의 여권, 청소년증(발급신청확인서), 주민등록증(발급신청확인서), TEPS신분확인증명서
초등학생	기간 만료 전의 여권, 청소년증(발급신청확인서), TEPS신분확인증명서
군인	주민등록증(발급신청확인서), 운전면허증, 기간 만료 전의 여권, 현역간부 신분증, 군무원증, TEPS신분확인증명서
외국인	외국인등록증, 기간 만료 전의 여권, 국내거소신고증(출입국관리사무소 발행)

※ 유의사항

- 시험 당일 위의 규정 신분증 미소지자는 시험에 응시할 수 없습니다.
- 중·고등학교 학생증은 반드시 이름, 사진, 학교명이 식별 가능해야 합니다. 위의 항목 중 하나라도 누락되거나 식별이 불가능할 경우 시험에 응시할 수 없습니다.
- TEPS관리위원회에서 규정하는 신분증 중 한 가지를 반드시 소지해야 하며, 규정 신분증 이외의 신분증을 소지하거나 신분증을 소지하지 않은 경우 시험에 응시할 수 없습니다.
- 규정 신분증 이외의 의료보험증, 주민등록등본, 각종 자격증, 대학교 및 대학원 학생증, 사진이 있는 카드 등은 절대 신분증으로 이용할 수 없습니다.
- 규정 신분증 미소지자가 시험 도중 적발될 경우에는 시험규정 위반으로 해당 시험 성적은 무효 처리됩니다.

▶ 시험 구성

구분	청해	독해	총계
시간	약 50분	50분	약 100분
문항/배점	50문항/100점	50문항/100점	100문항/100점

▶ 성적 발표

(1) SNULT 정기시험 성적 결과는 시험일 이후 2주차 화요일(또는 수요일) 오후 5시에 TEPS 홈페이지를 통해 발표되며, 우편통보는 성적 발표일로부터 7~10일 가량 소요됩니다.

(2) 성적확인을 위해서는 성적확인 비밀번호를 반드시 입력해야 합니다. 성적확인 비밀번호는 가장 최근에 응시한 SNULT 정기시험 답안지에 기재하신 4자리 비밀번호입니다. 성적확인 비밀번호를 분실한 경우에는 성적확인 비밀번호 찾기를 통해 확인하시기 바랍니다.

(3) 성적 발표일은 변경될 수 있으니 홈페이지 공지사항을 참고하시기 바랍니다.

※ 시험 성적은 응시일로부터 2년간 유효합니다.

▶ 성적표 발급

SNULT 정기시험 성적표는 최초 발급 1회에 한하여 무료로 발급받을 수 있으며, 시험접수 단계에서 최초 발급 성적표 수령 방법을 선택하실 수 있습니다.

(1) 수령 방법

- 우편수령: 성적 발표 후 일괄 우편 발송되며, 성적 발표일 기준으로 7~10일가량 소요됩니다.
- 주소변경: 시험 시행 후 7일 이내에 TEPS 홈페이지 > 접수관리 > 성적표 수령 방법 > 주소변경 메뉴에서 변경 가능합니다.

(2) 재발급 신청

- 인터넷 신청: 인터넷을 통해 신청한 후 발급받는 방법으로, 발급신청 시 우편수령과 택배수령 중 선택할 수 있으며, TEPS 홈페이지 > 성적확인 > 성적확인, 성적표 · 인증서 발급신청 메뉴에서 신청하실 수 있습니다.

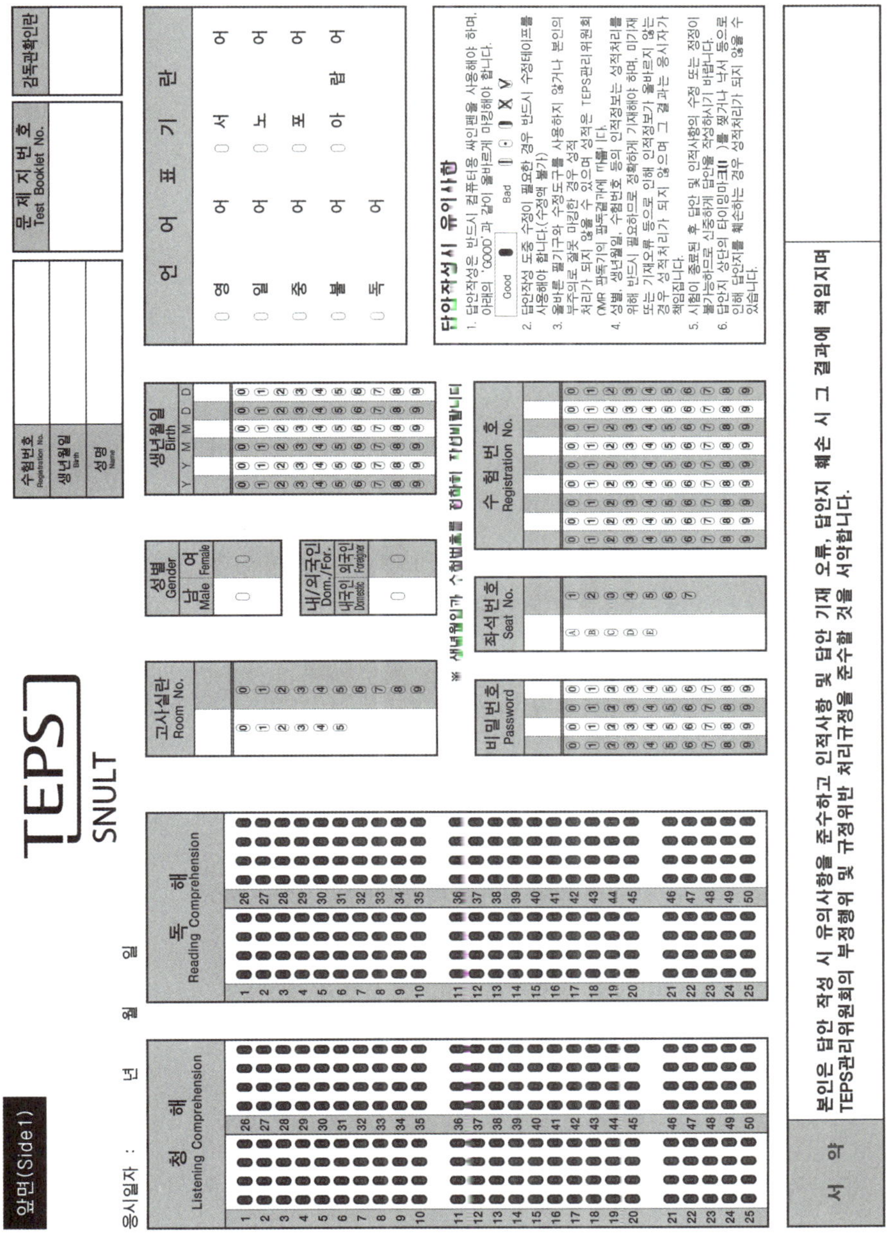

앞면(Side1)

TEPS SNULT

응시일자 : 년 월 일

수험번호 Registration No.	
생년월일 Birth	
성명 Name	

문 제 지 번 호 Test Booklet No.	감독관확인란

청 해 Listening Comprehension (1–50)

독 해 Reading Comprehension (1–50)

고사실란 Room No.

성별 Gender: 남 Male / 여 Female

내/외국인 Dom./For.: 내국인 Domestic / 외국인 Foreigner

생년월일 Birth: Y Y M M D D

언 어 표 기 란

영 어	서 어
일 어	노 어
중 어	포 어
불 어	아 랍 어
독 어	

※ 생년월일과 수험번호를 정확히 자서바랍니다

비밀번호 Password

좌석번호 Seat No.

수 험 번 호 Registration No.

답안작성시 유의사항

1. 답안작성은 반드시 컴퓨터용 싸인펜을 사용해야 하며, 아래의 'GOOD'과 같이 올바르게 마킹해야 합니다.
   Good Bad
2. 답안작성 도중 수정이 필요한 경우 반드시 수정테이프를 사용해야 합니다.(수정액 불가)
3. 올바른 필기구와 수정도구를 사용하지 않거나 본인의 부주의로 잘못 마킹한 경우 성적 처리가 되지 않을 수 있으며 성적은 TEPS관리위원회 OMR 판독기의 판독결과에 따릅니다.
4. 성별, 생년월일, 수험번호 등의 인적정보는 성적처리를 위해 반드시 필요하므로 정확하게 기재해야 하며, 미기재 또는 기재오류 등으로 인해 인적정보가 올바르지 않는 경우 성적처리가 되지 않으며 그 결과는 응시자가 책임집니다.
5. 시험이 종료된 후 답안 및 인적사항의 수정 또는 정정이 불가능하므로 신중하게 답안을 작성하시기 바랍니다.
6. 답안지 상단의 타이밍마크( )를 찢거나 낙서 등으로 인해 답안지를 훼손하는 경우 성적처리가 되지 않을 수 있습니다.

서 약	본인은 답안 작성 시 유의사항을 준수하고 인적사항 및 답안 기재 오류, 답안지 훼손 시 그 결과에 책임지며 TEPS관리위원회의 부정행위 및 규정위반 처리규정을 준수할 것을 서약합니다.	

뒷면(Side2)

TEPS SNULT

수험번호 Registration No.	
성명 Name 영문	
성명 Name 한자	

※ 접수 시 기재한 영문성명으로 작성하시기 바랍니다

<부정행위 및 규정위반 처리규정>

1. 모든 부정행위 및 규정위반 적발 및 이에 대한 조치는 TEPS관리위원회의 처리규정에 따라 이루어집니다.
2. 부정행위 및 규정위반 행위는 현장 적발 뿐만 아니라 사후에도 적발될 수 있으며 모두 동일한 조치가 취해 집니다.
3. 부정행위 적발 시 이전회차 및 당해 성적은 무효화되며 사안에 따라 최대 5년까지 TEPS관리위원회에서 주관하는 모든 시험의 응시자격이 제한됩니다.
4. 문제지 이외에 메모를 하는 행위와 시험 문제의 일부 또는 전부를 유출하거나 공개하는 경우 부정행위로 처리됩니다.
5. 각 파트별 시간을 준수하지 않거나, 시험 종료 후 답안 작성을 계속할 경우 규정위반으로 처리됩니다.

성 명 (성·이름순으로 기재)

EX H O N G G I L D O N G

A B C D E F G H I J K L M N O P Q R S T U V W X Y Z

신 분	직 업		최종학력
초등학생	학 생	공 무 원	초등학교졸업
중 학 생	전 문 직	전업주부	중학교졸업
고등학생	경 영 직	농/임/어업	고등학교졸업
전문대학생	사 무 직	자 영 업	전문대학졸업
대 학 생	서비스/영업/판매직	자유직/프리랜서	대학교졸업
대학원생	생산/기술직	기타/무직	대학원졸업
일 반 인	교사/강사		

질 문 란

1. 귀하의 SNULT 응시목적은?
ⓐ 취업준비 ⓑ 인사정책 ⓒ 개인실력측정 ⓓ 입시준비 ⓔ 국가고시지원 ⓕ 유학 ⓖ 교육목적

2. 제2외국어시험 선택의 고려 요인은?
ⓐ 성적의 활용도 ⓑ 시험인지도 ⓒ 공신력 ⓓ 난이도 ⓔ 응시료 ⓕ 주변평판 ⓖ 교재/학원

3. 귀하는 SNULT가 평가목적(다양한 소재의 질의를 통해 제2외국어의 실제 의사소통 능력을 측정)에 대체로 부합한다고 생각하십니까?
ⓐ 매우 그렇다 ⓑ 그렇다 ⓒ 보통 ⓓ 아니다 ⓔ 매우 아니다

4. 다음 중 가장 중점적으로 학습하는 영역은 무엇입니까?
ⓐ 청해 ⓑ 문법 ⓒ 어휘 ⓓ 독해 ⓔ 말하기 ⓕ 쓰기

5. 실질적으로 가장 많이 사용하는 영역은?
ⓐ 청해 ⓑ 문법 ⓒ 어휘 ⓓ 독해 ⓔ 말하기 ⓕ 쓰기

6. 귀하의 외국어실력 수준은?
ⓐ 매우높음 ⓑ 높음 ⓒ 보통 ⓓ 낮음 ⓔ 매우낮음

7. 현재 고사장의 만족도는?
ⓐ 매우만족 ⓑ 만족 ⓒ 약간만족 ⓓ 약간불만족 ⓔ 불만족 ⓕ 매우불만족

SNULT (프랑스어) 등급 분류표

등급	총점	등급별 능력검정기준
1+	91～100	모국어 화자에 버금가는 최상급의 언어능력을 보이며, 모든 분야의 전문적인 업무를 원활하게 수행할 수 있음.
1	81～90	모국어 화자에 근접하는 상급의 의사소통 능력을 보이며, 단기간의 훈련을 거치면 특정 분야의 전문적인 업무를 수행할 수 있음.
2+	71～80	중상급의 의사소통 능력을 보이며, 중장기간의 집중훈련을 거치면 일반적인 업무를 원활하게 수행할 수 있음.
2	61～70	중급의 의사소통 능력을 보이며, 중장기간의 집중교육을 받으면 일반적인 업무를 큰 어려움 없이 수행할 수 있음.
3+	51～60	초중급 수준의 의사소통 능력을 보이며, 장기간의 집중교육을 받으면 약간의 어려움은 있지만 한정된 분야의 업무를 수행할 수 있음.
3	41～50	초급 수준의 의사소통 능력을 보이며, 장기간의 집중교육을 받으면 다소 미흡하지만 한정된 분야의 업무를 대체로 수행할 수 있음.
4	0～40	해당 언어에 대한 단편적인 지식만을 갖추고 있어 의사소통에 어려움이 있으며, 장기적인 기초교육이 필요함.

SNULT 프랑스어 vol. 2

실전문제

* 별책 실전문제는 문제집 본문의 문제 부분만 뽑아 SNULT 시험을 두 차례에 걸쳐 실전적으로 테스트 할 수 있게 구성하였습니다. 따라서 SNULT 프랑스어 시험 문제 형식을 그대로 채용하였습니다.

SET 1

프랑스어 | 청해
독해

청해

지금부터 프랑스어 청해력 시험을 시작하겠습니다. 이 시험은 객관식이며 문항 수는 50개이고 네 부분으로 구성되어 있습니다. 먼저 각 부분의 시험 방식을 우리말로 두 번 들려 드리고, 각 문항의 문제는 두 번, 선택지는 한 번 들려 드립니다. 즉, 두 번 들려 드리는 문제를 잘 듣고 난 후 (a), (b), (c), (d)의 선택지 중에 정답을 골라 답안지에 표시하십시오. 그러면 지금부터 문제를 들려 드리겠습니다. 답안 작성을 시작하십시오.

(문제 1~15)
다음 문장을 듣고 자연스러운 대화를 이룰 수 있는 가장 적절한 응답을 고르시오.

01.	답안지에 정답을 표시하시오.	(a)	(b)	(c)	(d)
02.	답안지에 정답을 표시하시오	(a)	(b)	(c)	(d)
03.	답안지에 정답을 표시하시오.	(a)	(b)	(c)	(d)
04.	답안지에 정답을 표시하시오.	(a)	(b)	(c)	(d)
05.	답안지에 정답을 표시하시오.	(a)	(b)	(c)	(d)
06.	답안지에 정답을 표시하시오.	(a)	(b)	(c)	(d)
07.	답안지에 정답을 표시하시오.	(a)	(b)	(c)	(d)
08.	답안지에 정답을 표시하시오.	(a)	(b)	(c)	(d)
09.	답안지에 정답을 표시하시오.	(a)	(b)	(c)	(d)
10.	답안지에 정답을 표시하시오.	(a)	(b)	(c)	(d)
11.	답안지에 정답을 표시하시오.	(a)	(b)	(c)	(d)
12.	답안지에 정답을 표시하시오.	(a)	(b)	(c)	(d)
13.	답안지에 정답을 표시하시오.	(a)	(b)	(c)	(d)
14.	답안지에 정답을 표시하시오.	(a)	(b)	(c)	(d)
15.	답안지에 정답을 표시하시오.	(a)	(b)	(c)	(d)

(문제 16~30)
다음 대화를 듣고 자연스러운 대화를 이룰 수 있는 가장 적절한 응답을 고르시오.

16.	답안지에 정답을 표시하시오.	(a)	(b)	(c)	(d)
17.	답안지에 정답을 표시하시오	(a)	(b)	(c)	(d)
18.	답안지에 정답을 표시하시오.	(a)	(b)	(c)	(d)
19.	답안지에 정답을 표시하시오.	(a)	(b)	(c)	(d)
20.	답안지에 정답을 표시하시오.	(a)	(b)	(c)	(d)

21. 답안지에 정답을 표시하시오. (a) (b) (c) (d)

22. 답안지에 정답을 표시하시오. (a) (b) (c) (d)

23. 답안지에 정답을 표시하시오. (a) (b) (c) (d)

24. 답안지에 정답을 표시하시오. (a) (b) (c) (d)

25. 답안지에 정답을 표시하시오. (a) (b) (c) (d)

26. 답안지에 정답을 표시하시오. (a) (b) (c) (d)

27. 답안지에 정답을 표시하시오. (a) (b) (c) (d)

28. 답안지에 정답을 표시하시오. (a) (b) (c) (d)

29. 답안지에 정답을 표시하시오. (a) (b) (c) (d)

30. 답안지에 정답을 표시하시오. (a) (b) (c) (d)

(문제 31~40)
다음 대화를 잘 듣고 제시하는 질문에 대한 가장 적절한 응답을 고르시오.

31. 답안지에 정답을 표시하시오. (a) (b) (c) (d)

32. 답안지에 정답을 표시하시오 (a) (b) (c) (d)

33. 답안지에 정답을 표시하시오. (a) (b) (c) (d)

34. 답안지에 정답을 표시하시오. (a) (b) (c) (d)

35. 답안지에 정답을 표시하시오. (a) (b) (c) (d)

36. 답안지에 정답을 표시하시오. (a) (b) (c) (d)

37. 답안지에 정답을 표시하시오. (a) (b) (c) (d)

38. 답안지에 정답을 표시하시오. (a) (b) (c) (d)

39. 답안지에 정답을 표시하시오. (a) (b) (c) (d)

40. 답안지에 정답을 표시하시오. (a) (b) (c) (d)

(문제 41~50)
다음 글을 듣고 제시하는 질문에 대한 가장 적절한 답을 고르시오.

41.	답안지에 정답을 표시하시오.	(a)	(b)	(c)	(d)
42.	답안지에 정답을 표시하시오	(a)	(b)	(c)	(d)
43.	답안지에 정답을 표시하시오.	(a)	(b)	(c)	(d)
44.	답안지에 정답을 표시하시오.	(a)	(b)	(c)	(d)
45.	답안지에 정답을 표시하시오.	(a)	(b)	(c)	(d)
46.	답안지에 정답을 표시하시오.	(a)	(b)	(c)	(d)
47.	답안지에 정답을 표시하시오.	(a)	(b)	(c)	(d)
48.	답안지에 정답을 표시하시오.	(a)	(b)	(c)	(d)
49.	답안지에 정답을 표시하시오.	(a)	(b)	(c)	(d)
50.	답안지에 정답을 표시하시오.	(a)	(b)	(c)	(d)

독해

독해시험은 총 50문항으로 구성되어 50분 내에 풀도록 되어 있습니다. 문제를 읽고 답을 선택하십시오.

(문제 1~4)
다음 대화문의 빈칸에 들어갈 가장 적절한 표현을 고르시오.

01. A : Tu sais qu'elle sort avec Jérémie ?
B : Jérémie ? Je _____ connais pas.

(a) n'en
(b) ne le
(c) ne la
(d) ne les

02. A : Où avez-vous mal ?
B : J'ai mal ___ tête.

(a) à
(b) au
(c) en
(d) à la

03. A : Je n'aime pas le café. Et toi ?
B : Moi __________, je trouve ça trop fort.

(a) si
(b) non
(c) non plus
(d) pas encore

04. A : Qu'est-ce qu'il fait là ?
B : Je n'en sais ______ !

(a) pas
(b) rien
(c) tout
(d) jamais

(문제 5~8)
다음 문장의 빈칸에 들어갈 가장 적절한 표현을 고르시오.

05. L'emploi du temps _____ affiché par la secrétaire.

(a) a
(b) aura
(c) a été
(d) étant

06. Lui, il est plus âgé que moi : il a un an _______.

(a) plus
(b) moins
(c) de plus
(d) de moins

07. En raison d'un cancer, l'actrice a décidé ________ opérer.

(a) à faire
(b) de faire
(c) à se faire
(d) de se faire

08. Les Français boivent ________ de rosé qu'ils doivent en importer.

(a) trop
(b) assez
(c) tellement
(d) beaucoup

(문제 9)
다음 대화에서 어법상 틀리거나 어색한 부분을 고르시오.

09. (a) A : Je voudrais une chambre double avec douche.
(b) B : Très bien, vous prendrez deux petits déjeuners ?
(c) A : Oui, à quelle heure doit-on quitter la chambre ?
(d) B : 10 heures avant, et vous pouvez régler en partant demain matin.

(문제 10)
다음 글에서 어법상 틀리거나 어색한 부분을 고르시오.

10. (a) Je ne sais pas si vous avez vu *Tanguy,* le film de Chatiliez, sorti en 2001... (b) Moi, j'ai l'impression de me retrouver un peu dans cette situation-là. (c) J'ai quand même 35 ans et j'habite encore avec mes parents, ce qui n'est pas très normal ! (d) Mais, la grosse différence, c'est ce que mes parents ne cherchent pas à me chasser du domicile familial.

(문제 11~15)
다음 대화문의 빈칸에 들어갈 가장 적절한 표현을 고르시오.

11. A : Ça va ? Je te donne à boire ?
B : Non, merci. Je n'ai pas _______.

(a) tort
(b) soif
(c) faim
(d) sommeil

12. A : Je suis désolée, mais je ne peux pas venir ce soir.
B : Oh, non ! Mais c'est vraiment ________ !

(a) bien
(b) mortel
(c) pas mal
(d) dommage

13. A : Tu sais, je ne viens pas demain.
B : ________________, bonne soirée alors.

(a) D'accord
(b) Pas de quoi
(c) C'est bien ça
(d) C'est pas dangereux

14. A : Mon chat est très gourmand.
B : Oui, le mien aussi : il accourt ________ que j'entr'ouvre la porte du frigo.

(a) dès
(b) après
(c) pendant
(d) jusqu'à ce

15. A : Tu vois qui c'est Pierre, le nouveau copain de Marie ?
B : Je ne ________ pas qui c'est.

(a) sais
(b) connais
(c) regarde
(d) considère

(문제 16~20)
다음 글의 빈칸에 들어갈 가장 적절한 표현을 고르시오.

16. Tout le monde sait que ______ tue, mais les gens continuent malgré tout de s'empoisonner les poumons.

(a) boire
(b) fumer
(c) manger
(d) respirer

17. Après la défaite de leur équipe, les supporters sont tous partis bien ____________.

(a) déçus
(b) retardés
(c) contents
(d) surprenants

18. Il dépose son sac et _______ à chercher à manger dans le frigo.

(a) joue
(b) part
(c) se met
(d) n'a qu'

19. Seuls huit marathoniens seraient capables de ____ le record du monde à brève échéance.

(a) taper
(b) battre
(c) frapper
(d) claquer

20. Les gens adorent le week-end, mais ils regrettent généralement de ne pas ______ faire leurs courses le dimanche.

(a) devoir
(b) laisser
(c) vouloir
(d) pouvoir

(문제 21~35)
다음 글을 읽고 빈칸에 들어갈 가장 알맞은 표현을 고르시오.

21. Maintenant, je ne me souviens pas des disputes de mes parents. J'avais 10 ans lorsqu'ils ________________. Ma sœur, elle, a choisi de vivre avec ma mère parce qu'elle voulait plus de liberté, et moi avec mon père car j'avais besoin d'autorité.

(a) sont morts
(b) ont divorcé
(c) ont déménagé
(d) se sont épousés

22. Depuis quelques années, un nombre ____________________ de films fait appel aux effets spéciaux. Ces derniers, presque incontournables, sont devenus tellement réalistes qu'on n'arrive plus à distinguer la réalité des images artificielles créées par ordinateur.

(a) très peu élevé
(b) parfois peu considérable
(c) de plus en plus important
(d) de moins en moins significatif

23. Une publicité montre une dizaine de top models toutes très filiformes dans une lingerie convenant à leur «corps parfait». Cette image et ce slogan ont provoqué __________________ chez de nombreuses personnes qui ne supportent pas ces canons de beauté standardisés.

(a) de beaux rêves
(b) un manque d'intérêt
(c) un sentiment de jalousie
(d) des réactions scandalisées

24. *Iron Man*, c'est l'histoire de l'inventeur de génie Tony Stark. Dans le premier film, il est kidnappé par des ravisseurs qui lui demandent de fabriquer une arme redoutable. Il trompe leur vigilance et construit une armure révolutionnaire avec laquelle il __________________.

(a) peut pénétrer
(b) réussit à s'échapper
(c) manque de s'en sortir
(d) ne faut pas compter

25. Même si certains fabricants enregistrent un recul de leurs ventes, le marché des smartphones __________________. Il faut dire que ces appareils proposent des fonctions qui les rendent presque indispensables. Il s'en vendrait maintenant cinquante-sept par seconde dans le monde.

(a) continue de reculer
(b) commence à s'arrêter
(c) continue de progresser
(d) commence à se gripper

26. Manger du chocolat serait dangereux ? Il faudrait arrêter de dire ________________ !

(a) n'importe quoi
(b) quoi que ce fût
(c) un je ne sais quoi
(d) il n'y a pas de quoi

27. Parfois l'histoire se rappelle à nous. Cette semaine, des ossements presque intacts de soldats français tués pendant la Première Guerre mondiale ont été découverts près de Verdun. De plus, comme il a également été retrouvé des affaires personnelles, des identifications sont ____________.

(a) en cours
(b) de nouveau
(c) mises au jour
(d) prises sur place

28. Si vous souhaitez rester informé, inscrivez-vous tout de suite sur notre liste de diffusion pour recevoir gratuitement notre lettre d'information et nous vous tiendrons ________ de nos nouveautés et activités.

(a) en état
(b) au point
(c) en mesure
(d) au courant

29. La question de l'égalité des sexes peut entraîner quelques absurdités. Étant donné que les hommes avaient le droit de se promener torse nu en été, les New-Yorkaises ont exigé de pouvoir en faire autant, aussi leur est-il maintenant légalement permis de se balader __________.

(a) seins nus
(b) pieds nus
(c) mains nues
(d) jambes nues

30. Un sociologue voulait montrer qu'il était très facile de kidnapper un enfant. Avec la permission de la mère, dans une aire de jeux, accompagné de sa petite chienne, il s'est approché de l'enfant et lui a proposé d'aller voir d'autres chiots. L'enfant a accepté sans aucune hésitation, ______________ de la maman.

(a) à l'immense joie
(b) à la petite victoire
(c) à la grande surprise
(d) à la totale incapacité

31. Pour gagner en célébrité ou en fortune, certains sont prêts à faire des révélations qui devraient ______________. Le dernier scandale à ce sujet concerne une chaîne de télévision qui compte diffuser un documentaire sur le membre d'un commando d'élite qui dit avoir abattu Ben Laden.

(a) être publiées
(b) rester secrètes
(c) rester chez elles
(d) être connues de tous

32. Même si l'économie mondiale connaît des crises, il y a bien un secteur ______________ du pessimisme ambiant : c'est celui de la défense. Le marché de l'armement s'est rarement aussi bien porté, soutenu par des ventes record dans la région Asie-Pacifique.

(a) qui se rate
(b) qui se moque
(c) qui se trompe
(d) qui se regarde

33. Où en est-on des « nouveaux animaux de compagnie » ? Le marché reste prospère et très moderne, comme en témoigne le Glofish, ce poisson transgénique ______________ poisson zèbre dans lequel on a introduit une protéine fluorescente et qui fait fureur chez les aquariophiles.

(a) vendu avec un
(b) nourri avec un
(c) présent dans un
(d) obtenu à partir d'un

34. Michael Jackson est de retour. N'allez pas croire qu'il est revenu d'entre les morts, non, c'est plus simple que ça : une maison de disques a juste sorti un nouvel album avec des morceaux enregistrés de son vivant. ___________ l'argent n'ait pas d'odeur, les héritiers n'ont pas à être fiers.

(a) Certes
(b) Malgré
(c) Bien que
(d) Cependant

35. Un système scolaire élitiste ne favorise pas l'emploi futur de mauvais élèves. _________, ce n'est pas digne d'une nation qui prône l'égalité des chances, tout en sachant que ces chances ne sont pas distribuées équitablement et qu'elles dépendent des origines familiales et sociales.

(a) De plus
(b) Pourtant
(c) Toutefois
(d) Bien que

(문제 36~50)
다음 글을 읽고 주어진 질문에 대한 가장 알맞은 답을 고르시오.

36. Tu aurais vu la mariée... Elle portait une robe blanche toute de dentelle. Elle avait la tête ceinte d'un diadème. Elle était vraiment princière. Son maquillage mettait ses grands yeux en valeur. Et puis, elle tenait un de ces adorables petits bouquets ronds, beaux comme des bijoux naturels.

Q. Selon cette personne, comment était la mariée ?

(a) Plutôt jolie.
(b) Trop naturelle.
(c) Extrêmement belle.
(d) Franchement banale.

37. Les Allemands n'en ont toujours pas fini avec la Seconde Guerre mondiale. Avec la découverte de plus de 1 400 tableaux d'art moderne au domicile d'un de leurs compatriotes, le sujet des œuvres d'art volées aux juifs pendant la dernière guerre redevient d'actualité. Mais comment retrouver les propriétaires originaux après tant d'années ?

Q. D'après le texte, la restitution des œuvres d'art volées pendant la guerre est :

(a) un sujet vieux et enterré.
(b) un problème qui doit encore être résolu.
(c) une énigme qui ne concerne pas les juifs.
(d) un motif de désaccord entre partis politiques.

38. Les médecins s'intéressent ces jours-ci aux champignons hallucinogènes. Leur but est d'utiliser les drogues psychédéliques pour traiter, à terme et avec un encadrement bien évidemment très strict, des maladies telles que la dépression. Aussi tentent-ils de comprendre avec précision comment ces drogues agissent sur notre organisme.

Q. Pouvez-vous trouver le meilleur titre pour ce passage ?

(a) Des dealers au sein de l'hôpital.
(b) La drogue, le plus violent des fléaux.
(c) La drogue au service de la médecine.
(d) La médecine en guerre contre la drogue.

39. Si les échouages massifs de baleines sont courants en Nouvelle-Zélande, celui qui vient de se produire a marqué les esprits puisque ce sont 58 baleines-pilotes qui sont mortes en trois jours à Ohiwa Harbour. Après avoir été repoussées vers le large par les secours, elles sont revenues s'échouer sur une plage pour y mourir. Les biologistes marins n'en comprennent pas la raison.

Q. De quel genre de texte s'agit-il ?

(a) Social.
(b) Politique.
(c) Scientifique.
(d) Économique.

40. Le lauréat du concours Lépine 2014 est un boulanger qui a inventé un distributeur automatique de baguettes. Pas pour deux ou trois euros, mais pour juste un euro, la machine vous délivrera une baguette réchauffée en dix secondes. Certains y voient une menace pour les boulangers, mais pour l'inventeur c'est une aubaine pour développer un marché international.

Q. Combien coûtera une baguette avec le distributeur automatique ?

(a) Un euro.
(b) Deux euros.
(c) Trois euros.
(d) On ne sait pas.

41. Connaissiez-vous l'existence du Championnat du monde de barbe ? Non ? On vous pardonne : ce n'est pas la spécialité la plus populaire qui soit. Ils sont pourtant 300 concurrents à participer au championnat 2013. Et ils ne prennent pas leur participation à la légère. En témoigne l'Américain Justin Kellermeier à qui il a fallu cinq heures de préparation pour présenter la sienne.

Q. Comment est l'attitude des concurrents ?

(a) Très sérieuse.
(b) Pleine d'humour.
(c) Agressive et compétitive.
(d) Franchement décontractée.

42. L'être humain bionique n'est plus du domaine du rêve. Il est vrai que l'ajout de prothèses de toutes sortes n'est pas une nouveauté, mais l'apparition de mains artificielles capables non seulement de mouvement mais encore de simuler la sensation de toucher rapproche encore plus la réalité des livres de science-fiction.

Q. Pouvez-vous choisir la réponse qui correspond bien au texte ?

(a) La réalité est très loin des livres de science-fiction.
(b) L'être humain bionique est juste un rêve impossible.
(c) Il existe maintenant des mains artificielles très sophistiquées.
(d) On peut trouver des prothèses meilleures que les membres humains.

43. Lutèce est l'un des anciens noms de Paris. On sait peu de choses sur elle, mais des archéologues auraient déjà mis au jour une église médiévale sous la préfecture de police qui se trouve sur l'île de la Cité. Ils n'ont que quelques mois pour poursuivre leurs fouilles, leur petit chantier devant laisser la place l'an prochain à un nouveau hall d'accueil au public de la Préfecture.

Q. D'après le texte, les fouilles vont se poursuivre pendant combien de temps ?

(a) Des mois.
(b) Des années.
(c) Quelques jours.
(d) Un an exactement.

44. Je suis folle du Festival de Cannes. Je n'ai eu l'occasion d'y faire qu'un unique tour, mais alors quel souvenir ! J'ai entr'aperçu des stars du cinéma sur la Croisette : Catherine Deneuve, Sienna Miller... Tous les ans à la même époque, j'achète tous les magazines qui parlent de cet événement.

Q. Cette personne est-elle déjà allée au Festival de Cannes ?

(a) Non, jamais.
(b) Oui, tous les ans.
(c) Oui, une seule fois.
(d) Oui, de temps en temps.

45. Depuis le 1er janvier 2013, les municipalités néerlandaises peuvent demander aux coffee shops de ne vendre du cannabis qu'aux Hollandais. Elles veulent lutter contre les nuisances – embouteillages, tapage nocturne – provoquées par la venue annuelle de millions d'étrangers dans ce type d'établissements.

Q. Pourquoi les municipalités veulent-elles agir ?

(a) Parce que la drogue n'est pas bonne pour la santé.
(b) Parce que les coffee shops sont en train de disparaître.
(c) Parce que l'Union Européenne a interdit ce commerce.
(d) Parce que le tourisme de la drogue cause des problèmes.

46. Facebook est peut-être plus utile que je le pensais. Cet invraisemblable outil de communication et de partage d'informations aurait aussi des vertus humaines. Par exemple, il permet de faire vivre quelqu'un de disparu. Grâce à ce réseau social, les proches continuent de donner des nouvelles et n'oublient pas la personne décédée. Cela permet d'éviter de la faire mourir une seconde fois, dans les mondes virtuels.

Q. Quelle est la position de l'auteur du texte vis-à-vis de Facebook ?

(a) Stable.
(b) Neutre.
(c) Critique.
(d) Évolutive.

47. Plus de la moitié des Russes seraient incapables de dire qui a construit le mur de Berlin. Cela montre que nous n'avons pas tous la même vision de l'Histoire, et cela s'explique par le fait que des régimes ont adopté des fondements du système occidental, comme l'économie de marché, en « oubliant » d'y intégrer la démocratie et en dissimulant ou faussant certains faits historiques.

Q. Comment est la vision de l'Histoire entre les Russes et les autres Occidentaux ?

(a) Différente.
(b) Contraignante.
(c) Presque identique.
(d) Tout à fait semblable.

48. Selon le journaliste et écrivain Jérôme Garcin, qui est en charge du service culturel du *Nouvel Observateur*, « le temps est loin où, en France, la critique littéraire était aussi de la littérature, et où les recueils de chroniques et d'études étaient des œuvres en soi. » De fait, il présente les essayistes Cécile Guilbert et Alain Veinstein comme des exceptions qui confirment la règle.

Q. Qu'en est-il de la critique littéraire française actuelle ?

(a) Elle recherche la rupture.
(b) Elle prolonge la tradition.
(c) Elle a perdu sa dimension littéraire.
(d) Elle a gagné une dimension historique.

49. Les enfants, il faut les laisser jouer et baser l'enseignement sur le plaisir. Faire du bourrage de crâne ne sert pas à grand-chose. Au niveau pédagogique, favoriser l'imagination est bien plus utile que d'apprendre par cœur. Cela suppose la mise en œuvre d'un projet mental qui ouvre une visée de sens et qu'il faut distinguer de toute rêverie vagabonde.

Q. Comment doit-on considérer l'imagination des enfants?

(a) Comme un rêve.
(b) Comme un jouet.
(c) Comme un outil pédagogique.
(d) Comme un exercice de mémorisation.

50. D'après un sondage, 59% des Français seraient favorables à l'élaboration de statistiques ethniques, contre 41% qui se disent défavorables. Parmi les «favorables» se trouvent nombre de sympathisants du Front National, qui n'est pas connu pour son amour des étrangers, mais également des gens appartenant à des associations de défense des minorités.

Q. Qui sont les personnes favorables à ces statistiques?

(a) Des Français de souche.
(b) Des étrangers sans papiers.
(c) Des personnes de divers horizons.
(d) Des gens réputés pour leur racisme.

SET 2

프랑스어

청해

독해

청해

지금부터 프랑스어 청해력 시험을 시작하겠습니다. 이 시험은 객관식이며 문항 수는 50개이고 네 부분으로 구성되어 있습니다. 먼저 각 부분의 시험 방식을 우리말로 두 번 들려 드리고, 각 문항의 문제는 두 번, 선택지는 한 번 들려 드립니다. 즉, 두 번 들려 드리는 문제를 잘 듣고 난 후 (a), (b), (c), (d)의 선택지 중에 정답을 골라 답안지에 표시하십시오. 그러면 지금부터 문제를 들려 드리겠습니다. 답안 작성을 시작하십시오.

(문제 1~15)
다음 문장을 듣고 자연스러운 대화를 이룰 수 있는 가장 적절한 응답을 고르시오.

01. 답안지에 정답을 표시하시오. (a) (b) (c) (d)

02. 답안지에 정답을 표시하시오 (a) (b) (c) (d)

03. 답안지에 정답을 표시하시오. (a) (b) (c) (d)

04. 답안지에 정답을 표시하시오. (a) (b) (c) (d)

05. 답안지에 정답을 표시하시오. (a) (b) (c) (d)

06. 답안지에 정답을 표시하시오. (a) (b) (c) (d)

07. 답안지에 정답을 표시하시오. (a) (b) (c) (d)

08. 답안지에 정답을 표시하시오. (a) (b) (c) (d)

09. 답안지에 정답을 표시하시오. (a) (b) (c) (d)

10. 답안지에 정답을 표시하시오. (a) (b) (c) (d)

11. 답안지에 정답을 표시하시오. (a) (b) (c) (d)

12. 답안지에 정답을 표시하시오. (a) (b) (c) (d)

13. 답안지에 정답을 표시하시오. (a) (b) (c) (d)

14. 답안지에 정답을 표시하시오. (a) (b) (c) (d)

15. 답안지에 정답을 표시하시오. (a) (b) (c) (d)

(문제 16~30)
다음 대화를 듣고 자연스러운 대화를 이룰 수 있는 가장 적절한 응답을 고르시오.

16. 답안지에 정답을 표시하시오. (a) (b) (c) (d)

17. 답안지에 정답을 표시하시오 (a) (b) (c) (d)

18. 답안지에 정답을 표시하시오. (a) (b) (c) (d)

19. 답안지에 정답을 표시하시오. (a) (b) (c) (d)

20. 답안지에 정답을 표시하시오. (a) (b) (c) (d)

21. 답안지에 정답을 표시하시오. (a) (b) (c) (d)
22. 답안지에 정답을 표시하시오. (a) (b) (c) (d)
23. 답안지에 정답을 표시하시오. (a) (b) (c) (d)
24. 답안지에 정답을 표시하시오. (a) (b) (c) (d)
25. 답안지에 정답을 표시하시오. (a) (b) (c) (d)
26. 답안지에 정답을 표시하시오. (a) (b) (c) (d)
27. 답안지에 정답을 표시하시오. (a) (b) (c) (d)
28. 답안지에 정답을 표시하시오. (a) (b) (c) (d)
29. 답안지에 정답을 표시하시오. (a) (b) (c) (d)
30. 답안지에 정답을 표시하시오. (a) (b) (c) (d)

(문제 31~40)
다음 대화를 잘 듣고 제시하는 질문에 대한 가장 적절한 응답을 고르시오.

31. 답안지에 정답을 표시하시오. (a) (b) (c) (d)
32. 답안지에 정답을 표시하시오 (a) (b) (c) (d)
33. 답안지에 정답을 표시하시오. (a) (b) (c) (d)
34. 답안지에 정답을 표시하시오. (a) (b) (c) (d)
35. 답안지에 정답을 표시하시오. (a) (b) (c) (d)
36. 답안지에 정답을 표시하시오. (a) (b) (c) (d)
37. 답안지에 정답을 표시하시오. (a) (b) (c) (d)
38. 답안지에 정답을 표시하시오. (a) (b) (c) (d)
39. 답안지에 정답을 표시하시오. (a) (b) (c) (d)
40. 답안지에 정답을 표시하시오. (a) (b) (c) (d)

(문제 41~50)
다음 글을 듣고 제시하는 질문에 대한 가장 적절한 답을 고르시오.

41.	답안지에 정답을 표시하시오.	(a)	(b)	(c)	(d)
42.	답안지에 정답을 표시하시오	(a)	(b)	(c)	(d)
43.	답안지에 정답을 표시하시오.	(a)	(b)	(c)	(d)
44.	답안지에 정답을 표시하시오.	(a)	(b)	(c)	(d)
45.	답안지에 정답을 표시하시오.	(a)	(b)	(c)	(d)
46.	답안지에 정답을 표시하시오.	(a)	(b)	(c)	(d)
47.	답안지에 정답을 표시하시오.	(a)	(b)	(c)	(d)
48.	답안지에 정답을 표시하시오.	(a)	(b)	(c)	(d)
49.	답안지에 정답을 표시하시오.	(a)	(b)	(c)	(d)
50.	답안지에 정답을 표시하시오.	(a)	(b)	(c)	(d)

독해

독해시험은 총 50문항으로 구성되어 50분 내에 풀도록 되어 있습니다. 문제를 읽고 답을 선택하십시오.

(문제 1~4)
다음 대화문의 빈칸에 들어갈 가장 적절한 표현을 고르시오.

01. A : Merci beaucoup de ton aide.
B : Il n'y a pas ____ quoi.

(a) à
(b) de
(c) en
(d) pour

02. A : Vous avez des sœurs ?
B : Oui, j'en ai ________.

(a) un
(b) plus
(c) deux
(d) quelques

03. A : Alors, tu ne viens pas demain ?
B : ____________, mais je partirai avant midi.

(a) Si
(b) Non
(c) Oui
(d) Je ne sais pas

04. A : Ben, je te laisse, à demain !
B : Tu ____ vas déjà ?

(a) te
(b) me
(c) t'en
(d) m'en

(문제 5~8)
다음 문장의 빈칸에 들어갈 가장 적절한 표현을 고르시오.

05. Dans le Sud de la France, il ne fait jamais très froid _______ hiver.

(a) en
(b) dans
(c) durant
(d) pendant

06. Le nombre de touristes s'est élevé à 60 millions, soit une hausse ___ 5,3 % par rapport à l'an dernier.

(a) à
(b) de
(c) en
(d) par

07. Internet n'est ___________ d'autre que le reflet de notre société.

(a) rien
(b) plus
(c) tout
(d) quelque chose

08. Les êtres humains désirent toujours plus que ________ ont besoin.

(a) dont ils
(b) ce qu'ils
(c) duquel ils
(d) ce dont ils

(문제 9)
다음 대화에서 어법상 틀리거나 어색한 부분을 고르시오.

09. (a) A: Bonjour, alors quoi de neuf depuis qu'on se soit vu?
(b) B : Salut, j'ai réussi mon bac! J'ai reçu mes notes hier.
(c) A: Toutes mes félicitations! Tu vas t'inscrire à l'université?
(d) B : Non, j'ai changé d'avis. Je veux passer un an à l'étranger.

(문제 10)
다음 글에서 어법상 틀리거나 어색한 부분을 고르시오.

10. (a) Quand on est adolescent, on a des rêves à réaliser qui représentent une étape vers l'âge adulte. (b) La mienne, c'était d'aller à Rome et de voir la chapelle Sixtine peinte par Michel-Ange. (c) J'ai effectué ce voyage à 20 ans, après la mort d'un proche. (d) J'en garde un souvenir émerveillé et une idée d'accompli.

(문제 11~15)
다음 대화문의 빈칸에 들어갈 가장 적절한 표현을 고르시오.

11. A: Est-ce que vous prenez des medicaments?
B : Oui, je prends des somnifères pour bien _______.

(a) dormir
(b) manger
(c) marcher
(d) travailler

12. A : Pierre te manque ?
B : Oui... Je voudrais tellement qu'il ________ bientôt.

(a) parte
(b) revienne
(c) s'en aille
(d) s'en souvienne

13. A : Je trouve le français vraiment difficile.
B : Je crois que tu devrais étudier ____.

(a) très
(b) trop
(c) plus
(d) fort

14. A : Alors, demain soir, ça vous va ?
B : Non, je suis déjà ______.

(a) libre
(b) prise
(c) tenue
(d) pressée

15. A : Où est-ce que tu penses déjeuner demain ?
B : Peut-être _______ restaurant où je ne suis encore jamais allé.

(a) au
(b) à un
(c) chez un
(d) dans un

(문제 16~20)
다음 글의 빈칸에 들어갈 가장 적절한 표현을 고르시오.

16. Cette actrice est très belle, mais peut-être un peu ________ maigre.

(a) trop
(b) plus
(c) bien
(d) beaucoup

17. Les États-Unis et l'Allemagne ne s'espionneront pas selon un accord __________.

(a) latéral
(b) mutuel
(c) antérieur
(d) concomitant

18. Ces pluies mettront sans doute _____ au problème de la pénurie d'eau.

(a) fin
(b) bout
(c) ordre
(d) temps

19. Un salarié peut être _____ à la disposition d'une autre société sous certaines conditions.

(a) mis
(b) pris
(c) posé
(d) porté

20. __________ à trouver un nom pour un bébé singe, les visiteurs d'un zoo ont choisi Charlotte, en hommage à la petite princesse d'Angleterre.

(a) Forcés
(b) Appelés
(c) Nommés
(d) Destinés

(문제 21~35)
다음 글을 읽고 빈칸에 들어갈 가장 알맞은 표현을 고르시오.

21. Nous avons __________ vous accueillir sur notre nouveau site. Vous y trouverez tous les renseignements sur notre entreprise, nos produits et nos services, dans un environnement agréable et convivial.

(a) l'air de
(b) besoin de
(c) très peur de
(d) le grand plaisir de

22. Même si Calais est une ville d'accueil de migrants, les conflits qui agitent le Proche-Orient et les récents flux de réfugiés ont transformé une partie de la ville en campement de fortune. Mille personnes y vivent dans des __________ qui frôlent la crise humanitaire.

(a) familles faciles
(b) conditions misérables
(c) appartements admirables
(d) logements méconnaissables

23. Un jeune soldat a téléchargé et transmis 700 000 documents militaires classifiés « top secret » au site d'investigation Wikileaks. Il dit avoir voulu dénoncer des crimes commis par l'armée américaine. Faut-il pour cela le considérer comme un héros de la démocratie ou comme ______________________ ?

(a) un réfugié politique
(b) un traître à son pays
(c) une innocente victime
(d) un agent secret de l'armée

24. Le sport est une source incroyable de revenus financiers. On aura beau louer le sport en général, parler de l'esprit sportif, des valeurs de combat ou de persévérance qu'il véhicule, le sport professionnel est, ____________________, une histoire de gros sous.

(a) avant toute chose
(b) avant chaque heure
(c) mais c'est secondaire
(d) avec de faibles chances

25. La presse écrite est-elle en voie de disparition ? C'est possible, car les nouvelles technologies offrent un accès aux informations plus rapide, plus fourni et moins cher. Et les livres ? Devrons-nous échanger ______________________ contre une tablette, certes souvent plus pratique mais sans âme ?

(a) nos tables de bois
(b) nos chaises hautes
(c) notre vieille penderie
(d) nos lourdes bibliothèques

26. Il s'appelle Yi Qi, a la taille d'un pigeon et possède des ailes de chauve-souris. Il s'agit du dernier spécimen d'un dinosaure étonnant découvert récemment par des paléontologues, lesquels y voient comme une expérimentation non aboutie ____________________ de l'évolution.

(a) dans l'essai
(b) dans le processus
(c) dans la possibilité
(d) dans l'accomplissement

27. Qui est la personne la plus puissante du monde ? Le magazine américain *Forbes* se pose la question chaque année et ils ont dû trancher ____________________, d'un dictateur à la tête d'une puissance belliqueuse, ou d'un dirigeant à la tête du pays dominant le monde, avait le plus de poids.

(a) pour savoir où
(b) pour savoir qui
(c) pour comprendre quoi
(d) pour comprendre pourquoi

28. Le numéro de sécurité sociale est ____________ l'Institut national des statistiques et des études économiques, soit l'Insee. Il sert à chaque assuré dans ses relations avec sa caisse d'Assurance Maladie et les autres organismes de sécurité sociale, et avec le monde médical.

(a) refusé à
(b) pris pour
(c) attribué par
(d) connu comme

29. Avec l'augmentation des divorces au moment de la retraite, le déremboursement des médicaments que l'on prend pourtant en plus grande quantité avec l'âge, et la multiplication des frais liés à la dépendance, les seniors sont, de plus en plus, ________ ________.

(a) touchés par la pauvreté
(b) intéressés aux bénéfices
(c) exposés aux intempéries
(d) annoncés par la municipalité

30. Les hommes politiques et les femmes qu'ils fréquentent ou courtisent ont toujours été au centre de nombreuses rumeurs. Certaines d'entre elles sont justes ou paraissent possibles. Par exemple, il __________ maintenant que la nouvelle maîtresse du président de la République française est en train de prendre ses marques à l'Élysée.

(a) se dit
(b) se fait
(c) se parle
(d) se complote

31. Le mariage, ce n'est plus __________________. Bien sûr, les Français se marient encore. Quelque 241 000 mariages ont été célébrés en 2013, soit autant qu'en 2011 et 2012. Mais, si ces chiffres sont stables, ils ne doivent pas cacher une autre réalité : le succès du PACS (pacte civil de solidarité), deux Pacs se concluant pour trois mariages.

(a) un sujet traité
(b) ce que c'était
(c) ce qui m'intéresse
(d) une question démodée

32. La France produit plusieurs centaines, voire plusieurs milliers de fromages de toutes sortes et figure parmi les plus grands consommateurs au monde ; pas étonnant alors que l'on trouve ____________________ françaises liées à ce produit laitier.

(a) de nombreux symboles
(b) de nombreux proverbes
(c) de nombreuses révélations
(d) de nombreuses expressions

33. Un voyageur a été très grièvement blessé, hier soir, vers 19 heures, à la station Cité Universitaire. Selon la police, la victime aurait chuté en actionnant l'ouverture des portes du train encore en mouvement. Le trafic ____________ pendant plus d'une heure dans les deux sens.

(a) a été coupé
(b) a été pendu
(c) n'a pas entraîné
(d) n'a pas succédé

34. Synonyme de bonté, la gentillesse est souvent méprisée. Les gens n'aiment pas être qualifiés de gentils. _______________, il s'agit bien là d'une belle qualité puisque la gentillesse renvoie au caractère de quelqu'un qui est d'une complaisance attentive et aimable. Une qualité rare à vrai dire.

(a) Malgré
(b) De plus
(c) Pourtant
(d) Contrairement

35. Les Français achètent trop peu de logements neufs. Plus de cent mille logements de ce type restent toujours invendus. Les transactions chutent. Cela s'explique ainsi : si les Français n'achètent pas, c'est __________ les logements neufs sont trop chers, peut-être les plus chers d'Europe.

(a) que
(b) pourquoi
(c) comme si
(d) autant que

42. La Coupe du monde de football au Brésil en 2014 ne fait pas l'unanimité. En effet, là où certains ne voient que la gloire d'organiser un événement mondial, d'autres pensent que c'est du gaspillage dans un pays où une grande partie de la population est encore très pauvre.

Q. Comment est la Coupe du monde de football au Brésil ?

(a) C'est un événement assez polémique.
(b) C'est uniquement une source de fierté.
(c) C'est une opportunité pour le commerce.
(d) C'est une bonne occasion pour s'amuser.

43. Sais-tu que dans certains pays, il ne fait pas bon être athée ? Regarde ça : un blogueur athée vient d'être tué à coups de machette au Bangladesh par un commando masqué. C'est le troisième meurtre de ce type depuis février dernier. La police craint une recrudescence de ce genre de crime extrémiste.

Q. Qu'envisage la police à propos du nombre de ces meurtres ?

(a) Il va diminuer.
(b) Il va augmenter.
(c) Il va se stabiliser.
(d) Il va passer à zéro.

44. S'il est maintenant possible en France de se marier entre personnes du même sexe, certains pays, comme la Zambie, interdisent de telles relations et les condamnent par des peines de prison. Ce n'est pas près de changer, le ministre zambien des Affaires intérieures ayant déclaré il y a peu : « Il n'y aura pas de discussions sur les droits des gays. »

Q. Quelle phrase ne convient pas au passage ?

(a) Les homosexuels zambiens risquent la prison.
(b) Le mariage homosexuel est possible en France.
(c) La Zambie est de plus en plus à l'écoute de la communauté gay.
(d) S'aimer entre personnes du même sexe n'est pas un crime en France.

45. Il est étonnant de voir, dans une vidéo, l'orchestre national de musique de chambre du Danemark manger du piment avant d'exécuter un morceau de classique avec la plus grande virtuosité. Le piment est ici le symbole de leur volonté de sauvegarder leur groupe qui est menacé de disparition dans quelques mois.

Q. Que symbolise le piment mangé par le groupe ?

(a) Sa perplexité.
(b) Son hésitation.
(c) Sa détermination.
(d) Son découragement.

46. La tablette et une formation au numérique à partir de la cinquième, telle est l'option éducative prise par le gouvernement. Le problème, c'est que ces nouveaux outils sont plus conçus pour la lecture ou le visionnage de vidéos que pour la production. Mais quand cela est le cas, les processus cognitifs sont souvent perturbés par des affichages automatiques.

Q. À quoi sert avant tout la tablette utilisée en classe ?

(a) À créer des jeux.
(b) À envoyer des messages.
(c) À développer la cognition.
(d) À lire ou visionner des images.

47. L'acteur Romain Duris nous revient dans le dernier film de François Ozon, *Une Nouvelle Amie*. Il y campe un jeune père de famille, qu'une amie surprend maquillé, en robe et en talons, autrement dit taraudé par la question du genre. Tout le mérite du film est d'éviter les clichés sur la question et de la traiter avec beaucoup d'humour et de délicatesse.

Q. Quel est le ton de cette critique de film ?

(a) Dur.
(b) Neutre.
(c) Ironique.
(d) Favorable.

48. Fichte a donné un raisonnement intéressant sur le droit d'auteur. Selon lui, un livre a une double nature : matérielle et spirituelle. Il y a des idées qui appartiennent à tout le monde, mais il y a aussi la forme, la manière d'énoncer des idées, d'exprimer des sentiments propres à l'auteur. Ce n'est que par ce dernier élément que ce droit se justifie.

Q. D'après le texte, de quoi l'auteur est-il le propriétaire ?

(a) De rien.
(b) Du style.
(c) Du contenu.
(d) De tout le livre.

49. La Marine marchande britannique a utilisé des tubes musicaux comme « canons ». Il paraît qu'ils font fuir les pirates somaliens. Ceux-ci détesteraient en effet notre production musicale. Et cela à tel point que les chansons de Britney Spears les feraient réfléchir à deux fois avant d'attaquer des navires pour s'y livrer à des prises d'otages.

Q. À quoi compare-t-on ici la musique pop ?

(a) À une arme sonore.
(b) À un pirate bruyant.
(c) À une bête qui hurle.
(d) À une machine hors contrôle.

50. Depuis *La Môme*, qui l'a révélée en 2007, Marion Cotillard est une actrice très convoitée : par de grandes marques ou des réalisateurs de renom, comme Christopher Nolan ou James Gray. Une icône est née, mais les icônes sont souvent artificielles et les failles possibles. Marion Cotillard n'est pas une grande élégante, comme elle vient de le révéler sur un plateau de télé en laissant échapper un juron.

Q. Comment seraient les icônes ?

(a) Factices.
(b) Capricieuses.
(c) Bien formées.
(d) Agréablement naturelles.